아감벤
호모 사케르

조르조 아감벤
호모 사케르

알렉스 머레이 지음 | 김상운 옮김

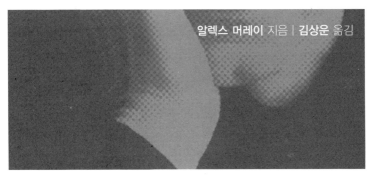

앨피

아감벤 이후

아감벤의 모든 것

Giorgio Agamben

조르조 아감벤과 "호모 사케르" 기획

1

미학자이자 (정치)철학자로서의 조르조 아감벤을 일약 전 세계적으로 유명하게 만든 책인 《호모 사케르: 주권권력과 벌거벗은 생명》이 이탈리아어로 출판된 것이 1995년이다. 이로부터 거의 20여년이 지난 2014년에 《신체의 사용》이 간행됐고, 2015년에는 《내전: 스타시스, 정치의 패러다임》이 출판됐다.[1] 이리하여 이른바 "호모 사케르" 기획은 완결됐다. 아니 "완결됐다"는 말은 정확하지 않다. 아감벤의 말에 따르면, 《신체의 사용》의 〈머리말〉에도 적혀 있듯이, "포기됐다"고 해야 한다. 이것은 자못

---

[1] 여기서 언급하는 책 제목은 국역본이 있을 경우 그것에 따랐으나, 다르게 번역해야 하는 것도 있음을 미리 일러둔다. 가령 《내전》으로 번역된 책은 부제까지 감안하면 그리스어를 음차해서 《스타시스》라고 해야 부제가 살아날 것이며, 《언어의 성사》에서 '언어'는 아감벤에게 대체로 '언어활동'이라는 의미가 있다. 또한 《아우슈비츠의 남은 자들》 역시 (아감벤이 《남은 시간》에서 밝히듯이 '남은 것', '남은 자', '잔여' 등과 관련되어 있으며 특별히 인칭적인 의미를 제거하고 있기 때문에) 《아우슈비츠의 남은 것》이 적합할 것이다. 그리고 "호모 사케르" 시리즈에는 포함되지 않으나 《행간》의 경우에도 《스탄차》로 음차해서 표기하는 편이 정확하다. 참고로 《극빈》은 문자 그대로 《가장 높은 가난》으로도 옮길 수 있다.

아감벤다운 표현인데, 철학적인 "탐구는 시 짓기 및 사유의 모든 작업들과 마찬가지로, 결코 마감될 수 없으며, 그저 포기될 수 있을 뿐이다(그리고 아마 다른 이들이 계속할지도 모른다)"(UC 9).[2] 어떤 경우든 이미 써진 책은 아직 써지지 않은 책을 위한 서막인 것이다.

아무튼 여기서 우리가 하려는 것은 이렇게 "포기된" 장대한 기획을 계승하는 것이 아니며, 그럼에도 20년 동안의 "호모 사케르" 기획이 도대체 무엇이었는지를 되짚어 보는 일이다. 아감벤은 이 기획의 "포기" 이후에도 《악의 신비》 등에서도 드러나듯이 이와 유사한 작업을 담은 저작이나 논고를 내고 있고 또 낼 것이라고 기대하지만, 그래도 이 기획 자체를 재개하는 일은 없을 것 같기 때문에 더 늦기 전에 이런 작업을 해야 할 것이다.

우선 "호모 사케르" 기획의 구성을 총 9권으로 이루어진 책 제목으로 확인하자(참고로 총 9권을 한 권으로 정리한 프랑스어 번역본이 2016년에 쇠이유 출판사에서 나왔고, 영역판은 2017년에 스탠포드에서 출판됐다. 같은 종류의 이탈리아어판은 아감벤과 연이 깊은 쿼드리베트에서 나올 예정인 듯하다).

I. 《호모 사케르: 주권권력과 벌거벗은 생명Homo sacer. Il potere sourano e la nuda vita》, 1995. [HS로 표기]

---

[2] 여기서 쓰인 약호는 이탈리아어본을 기준으로 했기 때문에 영어본의 약호와 다르다. 참고할 약호는 아래에 표기해 두었다. 한국어 번역본이 있는 경우에는 이탈리아어본 쪽수 뒤에 '~쪽으로 표기해 두었으나, 번역은 필요에 따라 원문을 참조해 수정했다.

II-1. 《예외상태Stato di eccezione》, 2003. [SE로 표기]

II-2. 《내전: 스타시스, 정치의 패러다임Stasis. La guerra civile paradigma politico》, 2015. [GC로 표기]

II-3. 《언어의 성사: 맹세의 고고학Il sacramento del linguaggio. Archeologia del giuramento》, 2008. [SL로 표기]

II-4. 《왕국과 영광: 오이코노미아와 통치의 신학적 계보학을 향하여Il regno e la gloria. Per una genealogia teologica dell'economia e del governo》, 2007. [RG로 표기]

II-5. 《오푸스 데이: 성무의 고고학Opus Dei. Archeologia dell'ufficio》, 2012. [OD로 표기]

III. 《아우슈비츠의 남은 자들: 문서고와 증인Quel che resta di Auschwitz. L'archivio e il testimone》, 1998. [QRA로 표기]

IV-1. 《극빈: 수도원 규칙과 삶의 형태Altissima poverta. Regole monastiche e forma di vita》, 2011. [AP로 표기]

IV-2. 《신체의 사용L'uso dei corpi》, 2014. [UC로 표기]

크게 파악하면, I은 문제 제기, II는 권력의 구조, III은 주권 권력 하에서의 삶[생명], IV은 새로운 제언과 관련된 것으로 볼 수 있으리라. 이중 II가 5권으로 다수를 차지하는 것은, 제목에서도 살필 수 있듯이, 법과 언어와 신학 같은 다양한 관점에서 권력의 구조의 계보학을 구상했기 때문이다.

이미 알아챌 수 있듯이, "호모 사케르" 기획의 구성 순서는 출판 순서와 대응하지 않는다. 그래서 전망을 잘 하기 위해서

구태여 출판 순서대로 재배열해 보자.

1995년, 《호모 사케르》("호모 사케르" I)

1998년, 《아우슈비츠의 남은 자들》("호모 사케르" III)

2003년, 《예외상태》("호모 사케르" II-1)

2007년, 《왕국과 영광》("호모 사케르" II-4)

2008년, 《언어의 성사》("호모 사케르" II-3)

2011년, 《극빈》("호모 사케르" IV-1)

2012년, 《오푸스 데이》("호모 사케르" II-5)

2014년, 《신체의 사용》("호모 사케르" IV-2)

2015년, 《내전》("호모 사케르" II-2)

이렇게 제목을 늘어놓기만 해도 곧장 알아챌 수 있는 것은, 2007년의 《왕국과 영광》 이후부터 신학 혹은 정치신학으로 향하는 경향이 갑자기 세졌다는 것이다. 하이데거와 벤야민의 강한 영향 아래에서, 1970년대에 《내용 없는 인간》과 《행간》에서 다뤄지는 미학과 시학에서 출발한 이 철학자는 푸코(와 아렌트)한테서 감명을 받아 1990년대에 멋들어진 정치적 전회를 수행한 후(이것을 드러내는 가장 빠른 징후가 《도래하는 공동체》이다), 2000년대에 들어서자 슈미트 등에게서 자극을 받아 신학과의 대결 자세를 분명히 드러내는데(그 전환점이 《남은 시간: 로마인들에게 보낸 편지에 대한 주석》이다), "호모 사케르" 기획도 이런 아감

벤의 발자취를 확실하게 반영하고 있다고 볼 수 있으리라.[3]

그런데 《왕국과 영광》은 2007년에 초판이 출판된 시점에서는 "호모 사케르" II-2라고 안내됐으나, 최종적으로는 "호모 사케르" II-4로 변경됐다. 이것은 이후 《언어의 성사》가 "호모 사케르" II-3으로, 또 《오푸스 데이》가 II-5로 잇달아 출판됨으로써, 결과적으로 II-4가 누락된 형태가 됐기 때문에, 그래서 다시금 《왕국과 영광》이 II-4로 조정됐을 것이다. 하지만 그렇게 하니까 이번에는 II-2가 누락된 꼴이 되었는데, 이 자리를 메우는 것이 《내전》이다. 이 기획이 "포기됐다"고 처음으로 밝힌 《신체의 사용》은 "호모 사케르" 시리즈를 마무리하는 것일 테지만, 그럼에도 불구하고 곧바로 《내전》이 출판된 것은 이런 사정 때문인 것 같다. 그 증거로 《내전》은 9·11 직후인 2001년 10월에 미국의 프린스턴대학교에서 열린 두 개의 세미나에 기반을 둔 것으로, 새롭게 작성된 것이 아니다. 이를 감안하면, "호모 사케르" 기획 그 자체도, 아마 모든 조감도가 처음부터 결정되어 있었다기보다는 오히려 정치경제 등을 둘러싼 세계정세나 사상계의 동향에도 마음을 쓰면서 임기응변식으로 진행된 면도 있는 것 같다. 이런 의미에서 건축적이라고도 혹은 음악적이라고도 형언할 수 있는 "호모 사케르"는 이와 동시에 현대미술에서 말하는 이른바 "진행 중인 작업work in progress"의 성격을

---

[3] 서양에서 최근의 "신학적 전회"에 대해서는 다음을 참조. Dominique Janicaud, *Le tournant théologique de la phénoménologie française*, Eclat, 2001.

갖고 있다.

2

이 기획의 출발점인 "호모 사케르" I에서 제기된 것은 생명정치 기계가 고대부터 지금까지 줄곧 산출해 왔고 현재 더욱 더 양산하고 있는 "벌거벗은 생명", 즉 비오스(정치적 삶)에 의한 조에(자연적 생명)의 포함적 배제를 둘러싼 문제 영역이며, 게다가 근대의 정치적 패러다임으로서의 "수용소"라는 테제인데, 이것들을 받아들여 그 이후 출판된 것이 《아우슈비츠의 남은 자들》인 이유는 어떤 의미에서는 필연적인 귀결일 것이다. 근대의 생명정치가 치닫게 된 궁극적인 형태(극한상태)인 나치의 수용소는 바로 "벌거벗은 생명"을 생산하는 잔혹한 기계이며, 그것을 체현한 것이 은어로 "무젤만(회교도)"이라고 불렸던 "비틀거리며 걷는 시체"(생환자인 프리모 레비에 따르면 "고르곤을 본 자")였다. 생명정치bio-politique는 필연적으로 죽음정치tanato-politique로 뒤집힌다는 것, 이것이 아감벤 특유의 테제이다. 제목에 있는 "남은 것", 즉 잔여는 생명정치의 분할기계가 낳는 "더 이상 살아 있지 않은 것"과 "아직 죽지 않은 것" 사이, 즉 "문턱"에 있는 것들이다. 하지만 아감벤은 이것이 또한 신학적·메시아주의적 개념으로도 이어진다는 점에 주의를 촉구한다(QRA, 151). 구약성서의 예언서인 《이사야서》와 《아모스서》에 따르면, 구원되어야 할 것은 그들 "남은 것"들이다. 신학에 대한 참조는 사실상 애초부터 시사되고 있었다.

고금古今의 철학은 물론이고, 정치학과 신학, 인류학과 언어학 등등의 책을 박학다식하게 종횡무진 섭렵하는 "호모 사케르" 시리즈 속에서 《아우슈비츠의 남은 자들》은 다소 특이하며, 오히려 시적인 맛도 있다. 사색과 시짓기의 결합이라는 이념은 아감벤이 하이데거와 비트겐슈타인에게서 계승하려고 하는 것이기도 한데, 위 책에서는 이것이 상대적으로 두드러지는 것 같다. 실제로 말을 할 가능성과 불가능성의 경합 속에 자리매김되는 생환자들의 "증언"은 아감벤에게서 시적 언어에 필적할 수 있는 것으로 간주되고 있는 셈이다. 문제 제기를 하는 책인 "호모 사케르" I도 마찬가지로 한 권의 책으로 독립해 있으며, I을 빼면, 전체의 거의 중앙에 배치되어 있는 《아우슈비츠의 남은 자들》은 소나타의 형식에 빗댄다면 거의 초반의 전개부에 해당된다고 할 수 있다.

3

그리고 이 책에 이어 출판된 것이 《예외상태》인데, 이 순서에도 나름의 까닭이 있다. 왜냐하면 "벌거벗은 생명"과 나란히 "예외상태" 혹은 "포함적 배제"도 I에서 제기된 주요 테제 중 하나이기 때문이다. "주권자는 법적 질서의 밖과 안에 동시에 있다"는 슈미트의 이 유명한 테제를 아감벤은 벤야민의 〈역사의 개념에 대해〉의 이른바 8번 테제에 근거해 좀 더 부연하고, "오늘날 예외 상태 자체가 바로 근본적인 정치 구조로서 점점 더 전면에 떠오르고 있으며, 궁극적으로 규칙이 되어가고 있다"(HS 24 : 63쪽)고 갈파했다. 예외상태 혹은 계엄상태나 비상사태는 9·11 이후의 미국이 상징하듯이, 이제 혁명기와 전시뿐 아니라, 현대에서 오히려 일상화하고 있고 지배적인 통치의 패러다임이 되어가고 있다. 이를 이어받아 《예외상태》에서는 예외상태의 기원을 주권독재에서 찾으려고 한 슈미트에 맞서, 로마법에 있는 "유스티티움iustitium"에서, 즉 "법의 정지", "법의 공백의 공간"에서 추적한다. 그것은 "모든 법적 규정이—특히 공적인 것과 사적인 것 사이의 구별 그 자체가—작동하지 않게 되는 아노미의 지대"(SE 66 : 99쪽)이며, 그래서 "오히려 모든 시민이 통상적인 법질서라는 관점에서는 정의되지 않는 일시적이고 이례적인 최고명령권 imperium을 부여받은 것처럼 보인다"(SE 58 : 87쪽). 주권독재에서 아노미로, 이렇게 슈미트의 논의는 완전히 전도된다.

구태여 이렇게 말함으로써 아감벤이 일언지하에 의도하는 것은 벤야민을 슈미트와 대결시키는 것이다. 아감벤에 따르면, 슈미트에게서 결정적인 "예외상태"라는 개념은, 벤야민의 "순수폭력"에 대한 응답이었다. 〈폭력 비판을 위하여〉에서 벤야민은 법을 정지(중지)할 수 있는 힘을, 순수하고 아노미적인 폭력의 가능성으로서 제기하지만, 이에 대해 《정치신학》에서 슈미트는 포함적 배제라는 조작을 통해 모든 것을 법의 지배 아래로 돌려보내려고 한다. 즉, "예외상태란 전면적으로 아노미적인 인간의 행동에 관한 벤야민의 주장에 슈미트가 대답하기 위해 사용하는 장치에 다름 아니다"(SE 71 ; 107쪽). 똑같이 불분명 지대, 미식별 지대에 눈을 돌리면서도, 한쪽이 법과의 관계를 끊고 해방될 가능성을 보고자 하는 반면, 다른 쪽은 어떻게 해서든 법과의 관계를 유지하려고 한다.

이 대목에 이르면 우리는 뭔가를 깨닫게 된다. 즉, 아감벤에게서 주권자와 "호모 사케르" 혹은 "벌거벗은 생명"은 같은 동전의 앞과 뒤 같은 관계에 있는 것은 아닐까라는 것이다. 주권자는 예외로서 스스로를 위치시킨다. "호모 사케르"는 "추방, 쫓겨남bando" 내지 포함적 배제에 의해, 예외라는 형태로 존재한다. 사실 이미 이 기획의 처음부터 그는 이렇게 말했다. "예외상태가 규칙이 된 곳에서는 과거 주권권력의 맞짝이었던 호모 사케르의 삶은 권력이 더 이상 붙들 수 없는 것처럼 보이는 하나의 실존으로 전도된다"(HS, 170 ; 294쪽)고 말이다. 혹은 또한 "메시아주의는 예외상태의 이론이다"(HS, 67 ; 135쪽)라고도. 주권자에 의해 창출된 불분명 지대, 비식별 지대, 즉 "문턱"에 저항할 수 있는 것은 다름 아니라 거기에 위치한 존재이며, 아감벤이 골라잡은 것도 그 몸짓이자 스타일이다("호모 사케르"는 이탈리아의 철학자에게 '영웅'이 될 것이라고 비꼬는 것은 알랭 바디우이다). 그것은 또한 "호모 사케르" 기획 전체를 관통하는 중심 주제 중 하나인 〈삶-의-형태forma-di-vita〉와도 관련되지만, 이것에 대해서는 후술하자. 아무튼 피해야 할 것은 반대로 바람직한 것으로, 예외는 범례(패러다임)으로 전환할 수 있다는 것이며, 그런 (약인 동시에 독이라는) 파르마콘적인 역설 속에 아감벤의 사유의 역동성이 있다(동시에 비판받는 점이기도 하다).《도래하는 공동체》에는 다음과 같은 대목이 있다.

> 범례[예]는 개별적이지도 보편적이지도 않고, 특이한 대상이며, 그 러한 것으로서 스스로를 제시하고, 자기의 특이성을 **보여 준다**. 그 리고 바로 거기에 그리스어로 범례라는 용어의 심오한 의미가 있 다. 즉, '파라─데이그마para-deigma', '곁에서 보여지는 것'이다(이는 흡사 독일어의 '바이─슈필Bei-spiel', '범례=곁에서 노는 것'과 똑같 다).(CHV, 8 : 20-21쪽)

게다가 고대로까지 계보를 거슬러 올라가 추적함으로써 아감 벤이 군이 불러내고 있는, 거기서 놀고 있는 '범례'는 '호모 사케 르'이든 '오이코노미아'이든, 그때까지 서양의 정치철학에서는 어 디까지나 주변부에 머물러 있던 것이며, 거기에 새로운 빛을 쬐 여 가는 기법도 또한 니체와 푸코에게서 촉발되어 그가 발전시 킨 것이다. 역사의 누더기나 쓰레기를 눈여겨보는 벤야민의 교 훈을 바탕으로 하여.

4

헌데 "예외상태"는 또한 내전(스타시스)이나 봉기, 레지스탕스의 문제와 밀접하게 연결되어 있다. 그래서 앞서 말했듯이, 원래의 예정에는 없던 《내전》이 최종적으로, 《예외상태》에 이어서 "호모 사케르" II-2에 편입된 것도 전혀 이상하지 않다. 게다가 그 내용은, 역시 앞에서 지적했듯이, 2001년 9·11 직후 미국에서 열린 세미나에서의 발표를 기초로 삼은 것이다. 서두에서 아감벤이 지적하듯이, 전쟁의 이론인 "폴레몰로지polemologia"나 평화의 이론인 "이레놀로지irenologia"는 사고됐으나 내전의 이론으로서의 "스타시올로지stasiologia"는 존재하지 않는다(GC 10 ; 28쪽). 이 책은 그 누락을 메우기 위한 최초의 시론이다.

여기서 아감벤은 '스타시스'를 '오이코스(가족)'에서 유래하는 "가족 내 전쟁"으로 간주하는 니콜 로로Nicole Loraux와는 달리, 폴리스(도시)와 오이코스 사이의 경계선상에 위치되고 정치화와 탈정치화의 문턱에서 발생하는 긴장관계라고 재정의한다. 그래서 내전은 기존의 정치적 패러다임에 근거하는 한, 서양정치의 무대에서 사라질 일이 없다. 게다가 오이코스가 예를 들어 "유럽의 집"이나 전 지구적인 시장원리주의 같은 형태를 취하는 현대에서, 내전은 세계 규모의 테러리즘으로 변모한다. 일상화되고 규칙화된 예외상태로서의 내전은 이제 테러와 대테러라는 테러에서 헤어날 수 없는 "세계적 내전"이 된다고 아감벤은 진단하는 것이다(GC 31-32 ; 53쪽). 9·11 직후에 구상된 이 책은 "호모 사케르" 기획의 이른바 '결번'을 메우는 대타pinch hitter로서 2015년에 갑자기 출판됐는데도 그 역할을 훌륭하게 이뤄내고 있다고 하겠다.

5

오이코스와 폴리스의 관계라는 문제는 또한 《예외상태》 다음에 출판된 《왕국과 영광》의 중심 테마가 된다. 가족의 관리, 가정(家庭이 아니라 家政이다)을 의미하는 "오이코노미아(오이코스+노모스)"가 여기서의 핵심 개념이다. 그 배경에는 전 지구적 시장에서 세계가 갈수록 경제화하고, 경제원리만이 오로지 우선시된다는 현 상황에 대해 비판적으로, 원점으로 돌아가자는 의도가 있었던 것 같다. 아리스토텔레스적인 의미에서의 오이코노미아가 초기 기독교의 신학자들에 의해 삼위일체의 분절(성부와 성자와 성령)로 다시 읽혀지는 경위가, 여느 때처럼 박학다식하게, 그리고 꼼꼼히 추적된다. 이렇게 하는 까닭은, 아감벤이 서양의 통치성의 원점을 푸코가 말하는 기독교의 "사목" 속에서가 아니라 오이코노미아 속에서 찾아내려고 하기 때문이다. 유일신에 정초하는, 유일신에서 그 기초를 찾아내려고 하는 주권의 초월성과, 화신한 신의 아들에 의한 인간의 통치 사이의 분할을 내포하는 오이코노미아는, 그래서 신과 피조물, 신과 인간 사이의 거래 전체에 관련된 것이며, 신이 창조한 세계를 유지하고 관리하고 구제하기 위해 뭔가 조처를 취하고 배려(프로노이아)하는 것에 다름없다. 본래는 일자일 신의 분열은 또한, 하나와 여럿, 초월성과 내재성, 구성하는 권력과 구성된 권력, 오르디나티오(질서)와 에크세크티오(실행), 입법권과 행정권 등, 서양의 철학적이고 정치적인 이분법의 기원이기도 하다. 그리고 신과 인간 사이, 즉 초월성과 내재성 사이를 잇는 천사들의 위계질서가 교회의 위계질서가 되며, 더 나아가 관료제로 '세속화'되어 간다는 것이 이 책의 큰 줄거리이다. 천사에 있어서, 신비적인 존재 mysterium와 (신을 기린다고 하는) 임무ministerium가 합체하고 있지만, 천사학은 또한 권력의 이론이기도 하다. "벌거벗은 생명"을 산출해 온 장치의 근원에는 오이코노미아의 정치신학이 있었던 것이다.

그런데 오이코노미아를 둘러싼 이런 신학적 문제가 반드시 "호모 사케르" 기획의 처음부터 분명하게 의도된 것 같지는 않다. 사실 제1권에서는 이 기획이 "정치와 철학, 의학적–생물학적 과학과 법학 사이의 교차점에서 출발"한다고 규정되고 있으며(HS 211 ; 353쪽), 여기에 신학이라는 용어는 보이지 않는다. 그저 딱 하나, 즉 "성스럽다"와 "저주받다"라는 양면적인 의미를 지닌 라틴어 형용사 "사케르sacer"와 관련해서 "신성화sacratio와 주권적 예외 사이에 있는 대칭관계"(HS 94 ; 178쪽)라고 지적됐음을 잊지 않고 덧붙여 두자. 아감벤이 신학에 적극적으로 눈을 돌리기 시작한 것은, 앞서 말했듯이, 바울의 사상을 벤야민의 메시아주의를 통해 새롭게 독해하는 2000년의 《남은 시간》부터이다. 그렇긴 해도, "호모 사케르" I의 서두에서도, "생명체는 자기 안에서 자기 목소리를 없애 버리는 동시에 보존함으로써 로고스를 갖게 됐다"(HS 11 ; 44쪽)고 얘기했으며, 로고스에 의해 포함·배제되는 포네(음성)가 "벌거벗은 생명"에도 비유되고 있다. 또 로고스가 신(의 말씀)을 뜻한다는 점을 생각하면, 아감벤이 말하는 로고스의 분열에는 신학적인 배경이 있다고 사고하는 것은 자연스럽다.[4] 게다가 벤야민에 따르면, 인간의 전달적인 언어는 낙원에서의 아담의 명명적인 언어가 죄지음에 의해 추락한 것일 뿐이라고 보는데, 이 언어관은 아감벤에게도 깊은 그림자를 드리우고 있다.

6

그리고 바로 언어라는 테마에 바쳐진 것이 《왕국과 영광》의 이 듬해에 발표된 《언어의 성사》이다. 〈맹세의 고고학〉이라는 부제가 달린 이 책에서 밝히는 것은, 한마디로 말하면, 바로 언표의 행위수행적인 맹세(선서)가 정치적이고 신학적인 근원에 있다는 점이다. 일반적으로는 이와 반대로 이해된다. 즉, 맹세의 힘이나 효과는 이것이 속하는 주술이나 종교의 영역에서 찾아진다. 그러나 아감벤에 따르면, 이것은 본말이 전도된 것이다. 왜냐하면 그렇게 되면 이미 이른바 "종교적인 인간"을 원초적인 것으로서 전제하게 되기 때문이다(SL, 19 ; 34-35쪽). 맹세가 종교나 법에 선행하는 것이지, 그 반대가 아니다. 즉, "맹세는 바로 언어활동이 그것을 통과하여 법과 '종교religio'로 들어서게 되는 문턱을 나타낸다"(SL 39 ; 63쪽). 게다가 언표의 행위수행성은 "사물의 어떤 상태를 기술하는 것이 아니라 하나의 사실을 즉각적으로(무매개적으로) 산출하고 그 의미작용을 실현하는 것이다"(SL 74 ; 116쪽).

[4] Colby Dickinson, *Agamben and Theology*, T&T Clark, London 2011, p.69.

다신교에서의 신들의 이름, 그리고 특히 일신교에서의 신의 이름이 바로 그러하듯이.

또 아감벤은 언어의 이런 근원적인 행위수행성을 법의 예외상태에도 빗댄다. "예외상태에서 법이 자신의 유효성을 정초하기 위해서만 자신의 적용을 중단하듯이, 행위수행성에 있어서 언어는 그 지시적 의미denotazione를 중지시킴으로써 사물과의 사이에서 어떤 관계를 정초한다"(SL 76 ; 118쪽).

그런데 이런 언어활동의 고고학적 고찰은 "호모 사케르" 기획 전체에서 도대체 어떤 의미를 가질까? 아감벤에 따르면, 한편으로 법이나 종교가, 다른 한편으로 시詩나 문학이 태어나는 것이 바로 맹세(선서)로부터라는 것이고, 철학은 이것들 사이에 걸쳐 있다(SL 81). "인간사회를 지배하는 '법의 힘', 그리고 그것을 준수할 수도 있고 위반할 수도 있는, 생명존재에게 안정적으로 의무를 지게 하는 언어적 언표행위라는 관념, 이것들은 인간 발생적 경험의 원초적이고 행위수행적인 힘을 고정시키려는 시도에서 유래한다. 이런 의미에서 이것들은 맹세와 이것이 동반하는 저주 사이의 부대현상이다"(SL 96 ; 144-145쪽).

여기서도 아감벤의 몸짓은 양의적이다. 왜냐하면 맹세는 저주와 잇닿아 있으며, 말의 행위수행성은 꼼짝없이 그 정치적·종교적·법적인 힘을 밀어붙이는 것이자, 이와 동시에 반대로, 의미나 전달로 환원되지 않는 언어의 가능성(철학으로서의 시, 시로서의 철학, 새로운 정치학)에 열려 있기 때문이다. 그래서 맹세(선서)는 철학의 문제로서 비판적으로 검토되어야 한다. 그리고 이 책은 이렇게 마감된다.

> 유럽의 모든 언어가 헛되이 맹세하지 않을 수 없는 듯하고 정치가
> '오이코노미아'의 형태, 즉 벌거벗은 생명에 대한 빈말의 지배라는
> 형태만을 띨 수 있을 뿐인 이때, 언어활동을 가진 생명체가 그 역
> 사에 있어서 도달한 극단적인 상황을 냉철하게 자각함으로써 저항
> 과 전환을 위한 지침이 도래할 수 있는 것은 또 다시 철학에서부터
> 인 것이다.(SL 98 ; 148쪽)

《언어의 성사》로부터 몇 년 후, "호모 사케르" 기획의 마무리
를 장식하는 세 권의 책인 《오푸스 데이》와 《극빈》, 그리고 《신
체의 사용》이 집중적으로 잇달아 출판됐는데, 실제로도 이것들
은 총 9권 중에서도 특히 서로 긴밀하게 연결되어 있다.

7

우선 《왕국과 영광》과 《언어의 성사》를 이어받는 형태로 《오푸
스 데이》에서는 기독교에서 정교하게 가다듬어진 성무聖務(정해
진 시간에 하느님을 찬미하는 교회의 공적인 기도)나 예배에 깃든 통
치성의 원형을 추적한다. "그리스도의 희생(그의 '신비mistero')을
예배를 통해 기림으로써, 그리스도는 삼위일체의 에코노미를
완수하게 한다. 한편, 구원의 에코노미인 한에서 이 에코노미
의 임무ministero는 예배의 신비로 실현되고(채워지고) 번역된다.

여기에서 에코노미의 은유와 정치의 은유는 동일화된다"(OD 31).

이 성무에서 가장 우선적으로 요구되는 것은 그 실효성 내지 유효성이다. 아감벤에 따르면, 바로 이런 성무의 실효성이 서양에서 존재와 행동의 패러다임의 원점에 있다. "존재에 대해서든 행동에 대해서든, 우리는 실효성과는 다른 표현rappresentazione을 갖고 있지 않다. 유효한 것만이 실재[현실]적인 것이며, 그러한 것으로서 통치 가능하고 효험이 있다"(OD 9). 이런 의미의 실효성이나 경제성에 입각해 정치를 사고하는 것에서 어떻게 벗어날 수 있는가? 이것은 또한 "호모 사케르" 전체를 가로지르는 주요 테마이기도 하다.

설령 숨어 있는 형태더라도, 서양의 존재론에 처음부터 나타났던 과정, 즉 존재를 행동으로 해소하거나, 혹은 적어도 존재와 행동을 섞어 버려서 혼동하는 경향은 작동operatività[효과 있음]이라는 패러다임에서 그 정점에 이른다.

이런 의미에서 아리스토텔레스에게서 가능태-현실태potenza-atto의 구별은 분명히 존재론적이다(뒤나미스와 에네르게이아는 '존재가 말해지는 두 가지 방식이다'). 그럼에도 불구하고 존재 속에 분할을 도입하고, 그러고 나서 뒤나미스에 대한 에네르게이아의 우위를 옹호한다는 바로 그 사실 때문에, 이 구별은 효과 있음으로 향하는 존재의 정향을 암묵적으로 내포한다. 실효성effettualità의 존재론의 원초적인 핵을 구성하는 것은 이 구별이다. … 존재는 실현되어야 하거나 작동되어야—할messo-in-opera 그 무엇이다. 이것은 신플라톤주의와 기독교 신학이, 아리스토텔레스에서 출발하면서도 아리스토텔 레스적이지 않은 전망에서 전개시키게 될 결정적인 특징이다.(OD 72)

조금 길게 인용했지만, 여기서 생각하고 싶은 것은, 현실태(현 실성)를 가능태(잠재성, 잠재력)보다 우선시하는 서양의 이런 집요 한 전통에 대해 아감벤은 아리스토텔레스를 새롭게 고쳐 읽음 으로써 이미 "호모 사케르" I에서 날카로운 의문을 던졌다는 것 이다. 즉, 현실태로 이행하지 않는 순수한 잠재성, "~하지 않을 수 있는 잠재성", 즉 "비-잠재성adynamia"의 자율성에 대해 사고 했던 것이다(HS 51-52 ; 110-111쪽). 그러나 그 경향은 "무위desidia"의 계 보를, 중세의 수도사들에게 들러붙어 있던 "한낮의 다이몬" 속 에서 추적하는, 1977년의《행간》에서 이미 꿈틀거리고 있었다.

게다가 더 흥미로운 것은 존재론의 범주와 정치의 범주를 서 로 맞댐으로써 정치철학을 존재론의 차원에 접속시키려는 시도 가 일찍이 "호모 사케르" 기획의 출발 시점부터 이뤄졌다는 점 이다. 이 접속(아감벤의 말로는 "정치철학에서 제일철학으로 옮겨 가는 것"(HS 51 ; 109쪽)도 "호모 사케르" 기획 전체의 핵심을 이루는데, 아감벤 이전에는 거의 누구 하나 발을 내딛고자 하지 않은 영 역이다. 이 점에 대해서는 머레이의 책에서 불충분하게나마 강 조되고 있다. 예를 들어 구성하는 권력과 구성된 권력의 관계 (벤야민은 이것을 법을 정립하는 폭력과 법을 유지·보존하는 폭력의 관 계로 규정했는데, 아감벤도 이것을 바탕으로 삼고 있다)를 바로 잠재 성과 현실성의 관계에 연결시키는 곡예사와도 같은 논의가 있다. 이는 이른바 순수한 잠재성을 상정해야 가능한 일이다.

무슨 말인지를 콕 짚어 지적한다면 다음과 같을 것이다. 잠재성이 현실성에 선행하듯이, 구성하는 권력은 구성된 권력에 선행한다고 일반적으로는 사고되고 있다. 그런데 "주권자는 법적 질서의 밖과 안에 동시에 있다"고 하는 슈미트의 테제를 좇는다면, 주권은 예외상태를 선포함으로써 자신을 법적 질서의 밖에 두고, 이 법을 중지할(즉, 순수한 잠재성에 머무를) 수 있으며, 그렇게 함으로써 오히려 절대적인 형태로 자기를 표현한다. 즉 현실성이 된다. 예를 들어 아우슈비츠에서 일어난 것은 바로 그 전형이다. "궁극적으로 보자면 순수한 잠재성과 순수한 현실성은 구분되지 않으며, 이러한 비식별 지대가 바로 주권자이다"(HS 54 ; 114쪽). 이것은 바꿔 말하면 "주권권력은 자신을 구성하는 권력과 구성된 권력으로 나누지만, 이 두 가지가 식별되지 않는 지점에 머물면서 두 권력 모두와 관계를 유지한다"(HS 48 ; 104쪽)는 것이기도 하다. 즉, 스스로의 적용의 밖에 섬으로써 예외로서 스스로를 적용하는 주권적 추방의 구조는, 현실성으로 이행하지 않음으로써 현실성과의 관계를 유지하는 (비)잠재성에 대응하는 것이다(HS 54 ; 114쪽). 독자들도 이미 알아차렸겠지만, 여기서도 아감벤은, 원하지 않는 것(주권적 추방)과 원하는 것((비)잠재성) 사이의 구조적 유비 위에서 놀고 있다.

8

이처럼 《호모 사케르》에서 가장 농밀한 논의가 전개되는 정치철학과 존재론의 접속은 《오푸스 데이》에서는 어떤 형태로 전개될까? 아감벤에 따르면, 서양의 존재론은 전통적으로 의무나 명령에 속박됐다. 혹은 혼동됐다. 즉, "~이다"와 "~여라"는 거의 떼어 낼 수 없는 것으로 여겨졌다. 왜냐하면 기독교에서의 성무聖務의 실효성과 유효성이 둘의 밑바탕에 가로놓여 있기 때문이다. 확실히 이탈리아어의 "우피초ufficio"(영어의 오피스office)에는 "성무(성스러운 직무)"나 "제사의식"과 더불어 "의무"나 "임무"라는 의미가 있으며, 게다가 그것은 《언어의 성사》에서도 분석된 언표의 행위수행성과도 깊이 관련되어 있는데, 이것들의 어원은 라틴어의 "오피키움officium"이다. 이렇듯 존재와 당위는 계속 한 쌍을 이루고 있는 것이다.

가령 칸트의 윤리학에서 정언명령은 명령의 존재론의 궁극적인 벼려냄인데, 그 원점은 성무에서 명령의 존재론과 실효성의 존재론이 밀접하게 연결되어 있다는 점에서 찾을 수 있다. 아무튼 아감벤 식으로 표현하면, 예를 들어 이렇다. "여기에서 분명하게 알 수 있는 것은 '~이어야 한다'라는 관념은 그저 단순히 윤리적인 것만도, 존재론적인 것만도 아니라는 점이다. 그것은 오히려 푸가의 음악적 구조 속에서 존재와 실천을 아포리아적으로 묶고 있다. 여기서 행동이 존재를 초과한다면, 그것은 단순히 행동이 존재에 항상 새로운 명령을 주기 때문만이 아니라, 또한 그리고 무엇보다 존재 그 자체가, 순수한 의무(부채)와는 다른 내용을 갖지 않기 때문이다"(OD 124). 이리하여 존재(의 존재론)는 명령(의 존재론)을 마치 끝이 없는 푸가처럼 뒤쫓으며 서로 얽히게 된다.

더 나아가 "칸트 윤리학에서 당위는 누메논과 물자체가 형이 상학에서 맡은 역할과 일치한다." "칸트가 이룩한 '코페르니쿠스적 전회'는 객체를 대신해 주체를 중심에 둔 것에 있다기보다는, 오히려—그렇지만 사실은 두 개의 역할은 분리할 수 없는데—실체의 존재론을 명령comando의 존재론으로 대체한 점에 있다"(OD 139-140)고도 말한다. 칸트를 수용하는 것마냥 하이데거도 《형이상학 입문》에서 존재와 당위는 구별된다고 하더라도 당위는 존재의 바깥에서 초래된 것이 아니라 존재 자체에서 유래한다고 말했다(OD 135).

이처럼 "성무"의 정치학과 명령의 존재론은 밀접하게 이어져 있지만, 이 실을 끊어 버리는 것, 존재론에서 당위를 떼어 내는 것은, 아감벤에게서 도래할 정치철학을 사고하는 데 있어서 중요한 과제가 된다. 이리하여 《오푸스 데이》는 다음과 같이 마무리된다. "도래하는 철학의 문제는 실효성과 명령의 저편에서 존재론을 사유하는 것, 의무와 의지라는 개념에서 완전히 해방된 윤리와 정치를 사유하는 것이다"(OD 147).

9

지금까지 서양 정치의 계보를, 기존에는 주변적으로 간주된 패러다임('성무'도 그중 하나이다)을 발굴하여 구사함으로써 해명해 온 아감벤이, 마지막 "호모 사케르" IV를 구성하는 두 개의 저작인 《극빈》과 《신체의 사용》에서 꺼내 놓는 것은 새로운 철학과 정치를 열어젖히기 위한 몇 개의 단서이다. 여기에서 중심을 이루는 것은 (소유 대신) "사용"이며, "양태적 존재론"이며, "삶-의-형태"이다. 이 세 가지는 밀접하게 관련되어 있다. 이중에서 "양태적 존재론"은 다음 기회를 빌려 살피기로 하고, 여기서는 주로 나머지 두 가지를 검토하자.

《극빈》은 다음과 같은 서두로 시작한다. "이 연구의 대상은 수도원 생활의 범례적인 사례의 탐구에 입각해 어떤 '삶-의-형태'를, 다시 말해 그것과는 분리할 수 없을 정도로 그 형태와 밀접하게 연결된 삶을 구축하려는 시도이다"(AP 7). 여기서 "삶-의-형태"는 forma-di-vita를 옮긴 것이다. "형태forma"와 "삶vita"을 떼어 낼 수 없다는 것을 가리키기 위해 옆줄로 연결한 것이다. 그래서 "삶-의-형태"라고 표기하기도 하고 "삶의-형태"라고도 표기한다.

이런 "삶-의-형태"의 한 가지 가능적인 방식을 수도원, 그중에서도 특히 아시시의 성인이 13세기 초에 설립한 프란체스코〔프란시스코〕 수도회에서 탐색한다는 것이 이 책의 취지이다. 그런데 바로 뒤에 다음의 글이 이어진다. "하나의 '삶-의-형태'는 그 실현에 완강하게 접근하면서도 이를 완강하게 결여하고 있다"(AP 8)고 말이다. 프란체스코 수도회의 이상은 **좌절했다**는 것이다. 아마 가장 마지막에 쓴 듯한 이 〈서문〉에서, 아감벤은 결론은 선취하고 있는 듯하다.

그러면 왜 "결여"하고 있는가, 즉 왜 성취되지 못했는가? 그 이유를 찾는 것이 이 책의 진짜 목표였을 터다. 감히 단순화시켜 말한다면, 아감벤의 대답은 이렇다. 즉, 프란체스코 수도회―특히 창설자인 성 프란체스코의 가르침에 충실코자 한 성령파(스피리투알리)라고 불리는 일파―는 소유나 사유私有를 포기하고 "가난한 사용"을 이상으로 내걸었다. 이들에게는 이것이 "삶-의-형태"였는데, 교황 요하네스 22세(1316~34년 재위)가 성령파를 철저하게 탄압함으로써 완전히 좌절되었다. 이때 교회는 소유 없는 사용이 있을 수 없다고 분명히 선고했다. 그리고 아감벤은 아주 주도면밀하게 이렇게 덧붙이기를 잊지 않는다. "요하네스 22세는 사용과 소비를 근본적으로 대립시킴으로써, 수세기가 지난 후의 소비사회에서 완전히 실현된, 사용하기의 불가능성의 패러다임을 무의식적인 예언에 의해 제공한다"(AP 160). 대량소비사회의 머나먼 발단은 소유에 대해 사용을 철저하게 깎아내렸던 이때였다는 것이다.

아감벤에게 아마 성 프란체스코는 "호모 사케르"이기도 하며 메시아일 수도 있는데(사실 메시아론인 《남은 시간》에 그 이름이 등장한다), 이 책의 마무리는 어딘가 비관적인 어조마저 띠고 있는 것 같다.[5]

---

[5] 아감벤의 논의 자체가 "프란체스코적 존재론"이라고 비꼬는 경우도 있다. Lorenzo Chiesa, *The Virtual Point of Freedom. Essays on Politics, Aesthetics, and Religion*, Northwestern University Press, Evanston 2016, pp.72-81. 또 아감벤은 이름을 언급

프란체스코회 수도사들의 삶의 형태는, 이것 이후에는 삶의 양태들modi vivendi을 역사적으로 다양하게 분배하는 것이 더 이상 가능해지지 않은 모든 삶의 극한finis omnium vitarum, 궁극적인 양태modus이다. '극빈'은 거기에서의 사물들의 사용과 더불어, 서양의 모든 삶의 형태들이 역사적 소모에 이르게 됐을 때 시작되는 "삶-의-형태"인 것이다.(AP 175)

이렇게 다시 한 번, "삶-의-형태"와 "사용"이라는 테마를 "양태적 존재론"과 함께 재고한다는 과제가 "호모 사케르" 기획의 마지막을 장식하는 《신체의 사용》에 부과된다.

10

그렇지만 "삶-의-형태"는 이미 이 기획의 출발점에서부터 의도됐던 것이다. 《호모 사케르》는 바로 "스스로의 형태이며 형태로부터 분리할 수 없는 채의 삶"으로서 규정되는 "삶-의-형태"를 어떻게 사고할 수 있는가라는 질문으로 끝을 맺기 때문이다. 그렇다면 원래 "호모 사케르" 전체가 주권권력에 의한 삶의 분리·분단의 메커니즘(그 기점에 있는 것이 조에/비오스의 분할이다)을

하지 않으나, 《극빈》과 같은 해에, 이탈리아의 정치철학자인 엘레트라 스티밀리도 "가난"의 의미를 적극적으로 되묻는 저작 《산 자의 부채: 고행과 자본주의》를 아감벤과 인연이 깊은 쿼드리베트 출판사에서 냈다. Elettra Stimilli, *Il debito del vivente. Asceso e capitalism*, Quodlibet, Macerata 2011.

옮긴이의 글 |

정치와 철학, 언어와 법, 더 나아가 신학과의 교차점에서 비판적으로 검증함으로써, 그 피안 또는 차안에서 새롭게 "삶-의-형태"를 추구하는 기획이었다고 바꿔 말할 수도 있을 터다.

게다가 이 기획 이외에도, 아감벤은 몇 번이나 이 테마로 돌아간다. 가령 《목적 없는 수단》에는 에두르지 않고 곧장 "삶-의-형태"(MSF 13-19)라는 제목의 논고가 수록되어 있으며, 이 문제는 "도래하는 정치의 주도 이념"이라고도 일컬어진다. 여기에서 "삶-의-형태"의 가능성은 국가와 주권에 의거하지 않는 정치의 가능성과 연결되며, "잠재성을 가진 삶" 혹은 "사고한다는 순수한 잠재성의 경험" 등으로 바꿔 말해진다.

또한 《도래하는 공동체》(CHV 27-29)에서 이 테마는 "발생상태에 있는 존재", "본질도 실존도 아니고 발생의 방식maniera"으로 연결되며, 우리를 자체적으로 정초하는 것이 아니라, 이른바 비자체적으로 산출하는 양식으로서 파악되고 있다. 왜냐하면 바로 비자체적인 것, 비인칭적인 것 속에 공동성의 기초가 놓여 있기 때문이다. 더 흥미로운 것은 "양태mode"와 "방식maniera"이라는 용어가 형태나 스타일과 거의 같은 의미로 사용된다는 것인데, 이는 《신체의 사용》의 중요한 논점("양태적 존재론"이나 "스타일의 존재론")을 선취하고 예고하는 것이기도 하다.

그렇다면 그 형태로부터 떼어 낼 수 없는 삶이란 도대체 어떤 삶일까? 다양한 분할선에 의해 가로질러지고 쪼개질 수 없는 삶이 정말로 존재할 수 있을까? 벤야민은 그것을 "산보객flaneur" 속에서 언뜻 엿보았는지도 모르겠다. 《신체의 사용》에서

"형태"는 또한 "스타일stile"이나 "양태"로 바꿔 불리기도 하는데, 그렇다면 흔히 얘기되는 "라이프 스타일"과는 어떻게 다를까? "라이프 스타일"이 어디까지나 소비사회의 원리와 결탁하는 것인 한에서, 이것과 구별되어야 한다는 점은 자명하며, 그래서인지 사실상 아감벤은 이를 얘깃거리로도 삼지 않는다. 한편, 비트겐슈타인이 제창하는 "생활형식(삶의 형태)Lebensform"에 대해서는, 언어게임과의 연결로부터, 이것을 "있는 그대로 취해져야 할 주어진 것과도 같은 어떤 것"으로 해석한다(UC 305).

그것은 또한 전작인 《극빈》에서 추적한 수도원에서의 삶의 방식과도 무관치 않다. 거기에서 삶은 회칙會則에 종속되는 것도, 회칙이 삶을 규제하는 것도 아니고, 둘은 있는 그대로 동일화되며, 그래서 삶의 형태와 규칙의 형태는 불가분한 관계이다. 이런 회칙의 방식은, 가령 로마법의 전통과는 전적으로 다른 것이며, 회칙과 법=권리를 혼동해서는 안 된다(AP 41-42, 80-81). 수도원이 그 모델이라는 점에서 파악할 수 있듯이, 여기에서는 "삶-의-형태"는 또한 넓게 "공통(공동)의 삶koinos bios"으로 파악되고 있다.

11

그런데 앞서 지적했듯이, 이런 형태에서의 수도원적인 "삶-의-형태"에서 한계를 봤기 때문일까, 《신체의 사용》에서는 "공통의 삶"의 측면이 뒤로 물러나고 있는 것 같다. 《도래하는 공동체》

에서도 현저하듯이, 그것은 이 철학자의 오래된 테마였을 텐데. 이를 대신해 이 책에서 초점이 맞춰지는 것은 푸코가 말년에 도달한 "자기에의 배려"이며, 더 거슬러 올라가면 하이데거에게서의 현존재의 "배려(염려)"라는 테마이다.

이런 논의들을 감안하면서 아감벤은 "배려"를 "사용"으로 바꾸자고 제안한다. 즉, "자기란 자신의 사용 이외의 아무것도 아니다"(UC 86)라는 것이다. 하지만 물론 그것은 타자를 위해서든 자신을 위해서든, 자기를 목적론적으로 이용하는 것을 의미하는 게 아니다. 아감벤은 "사용하다(크레스타이)"가 그리스어에서 능동태도 아니고 수동태도 아니라 중동태中動態였다는 점에 우리의 주의를 환기시킨다.[6] 그래서 사용에서 주체와 객체라는 구별은 무효가 되며, 인간과 세계는 절대적이고 상호적인 관계에 놓인다. 예를 들어, 우선 언어의 사용이 그렇듯이, "사용"은 사용하는 것과 사용되는 것 사이에 불분명(비식별)의 영역을 연다. "삶-의-형태"는 이런 "자기의 사용"에 주어진 다른 이름이기도 하다. 이것은 또한 그것을 사용할 수도 있고 사용될 수도 있는, 우리의 잠재성(잠재력)이 "가질 수 있는(헥시스)" 문제이기도 하다 (UC 78-96).

---

[6] 아감벤은 〈비정립적 역량 이론을 위한 개요〉(김상운 옮김, 《문화과학》, 80호, 2014년 12월호)에서 중동태론(위 번역본에서는 '중간태'라고 했으나 내용을 감안하면 '중동태'로 수정되어야 한다)을 전개했는데, 이때 언급하는 '크레스타이khrêstai' 등의 논의에 촉발되어 본격적인 중동태론을 전개한 것으로는 다음의 책이 있다. 國分功一郎, 《中動態の世界: 意志と責任の考古学》, 医学書院, 2017年〔고쿠분 고이치로, 《중동태의 세계: 의지와 책임의 고고학》, 김상운 옮김, 난장, 근간〕.

그렇지만 목적론에 얽매이지 않는 자유로운 "자기의 사용"은 무엇일 수 있을까? 그것은 요컨대 일종의 유아론에 불과하지 않을까? 사실 그런 비판이 이미 이뤄지고 있는데,[7] 이것은 예를 들어, 다음과 같은 말을 통해서도 알아차릴 수 있을 것이다. "우리가 '삶-의-형태'라고 부르는 것은 이런 스타일의 존재론에 대응한다. 그것은 개인singolarità이 존재 속에서 자기 자신을 증언하고, 존재가 개인의singolo 신체 속에서 자기 자신을 표현할 때의 양태를 가리킨다"(UC 297). 그렇다면 이것은 《도래하는 공동체》로부터의 후퇴에 다름없지 않을까? 프란체스코회의 "실패"가 거기에 그림자를 드리우고 있는 것일까?

또한 "삶-의-형태"는 윤리적인 문제(개인이나 집단의 에토스)나 미학적인 문제로부터 존재론의 차원으로 다시금 돌려보내야 한다고 아감벤은 말하고 있지만(UC 296), "스타일"이나 "방식"과도 관련될 때, 미학적인 울림은 어디까지나 계속 남아 있는 것 아닐까? 마치 푸코의 "자기의 배려"가 "실존의 미학"과 떼어 낼 수 없는 것과 흡사하게.[8]

혹은 다음과 같은 의문을 불식하는 것도 쉽지 않을 것이다. 즉 소유나 법으로부터도, 의무나 명령으로부터도, 나아가 비오

---

[7] Antonio Lucci, "L'opera, la vita, la forma. La filosofia delle forma-di-vIta di Glorgio Agamben," in *Giorgio Agamben. La vita delle forme*, a cura di Antonio Lucci e Luca Vighaloro, il melangolo, Genova 2016, pp.84, 87.

[8] 이런 테마에 대한 푸코의 견해와 관련해서는 다음을 참조. 다케다 히로나리, 《푸코의 미학: 삶과 예술 사이에서》, 김상운 옮김, 현실문화, 2018.

스/조에, 인간/동물, 본질/실존, 능동/수동 등, 서양에서 유래한 철학과 정치와 언어에 걸쳐 있는 선긋기로부터도 해방되어, 그 피안 또는 차안에서 살아가는 "삶-의-형태"는 정말로 가능할까? 그것은 아감벤도 분명하게 자각하고 있듯이, 그리고 바로 스스로 그것을 떠맡고자 하는 것처럼, 또 다른 "호모 사케르"이자 "벌거벗은 생명"에 다름 아니다. "벌거벗은 생명이 그 안에 사로잡혀 있는 추방의 관계는 철학자에 의해 자신의 문제로 요구되고 받아들여진다"(UC 300)고 하는, 하나의 결의 표명이라고도 할 수 있는 발언에서 인식될 수 있듯이. 하지만 결국 그것은 실행이 매우 곤란한 채로 머무는 것 아닐까라고 비판하는 것은, "가난"을 적극적으로 평가하는 점에서 아감벤과도 가까운 철학자인 엘렉트라 스티밀리이다.[9]

게다가 대체로 모든 국면에서, "카타르게인(비활성화하기, 작동하지 못하게 하기, 작동불능으로 만들기)"라는 바울의 메시아론적인 관점을 꺼내들고서, 어디까지나 잠재성의 차원에 머무르려고 하는 아감벤의 사유는, "순수한 무기력"으로 끝날 뿐 아니냐고 목소리를 높이는 것은, 역시 그를 높이 평가하기를 주저하지 않는 디디 위베르만이다.[10]

이들의 의문에 답하는 것은 쉽지 않으며, 또한 각각의 비판에

---

[9] Elettra Stimilli, "L'uso del possibile," in *Giorgio Agamben*, cit., p.32.

[10] Didi-Huberman, "«Puissance de ne pas», ou la politique du désœuvrement," in *Critique* 836-837(janvier-février 2017), *Giorgio Agamben*, p.30. 똑같은 비판은 사실상 이미 안토니오 네그리, 파울로 비르노 등이 제기했다.

도 일리가 있다. 고백한다면, 나 또한 아감벤을 읽으면서 "그래서 어떻게 하면 된다는 것이냐"라고 마음속으로 중얼거린 적도 적지 않다. 하지만 그가 구태여 기피하는 것은, 우리가 곧바로 납득할 수 있거나 실천할 수 있는 즉답을 주는 것이다. 그렇게 하면 사유의 가능성을 빼앗겨 버리기 때문이다. 사유의 잠재력이란, 혹은 잠재성의 관조란 "삶-의-형태"에 주어진 다른 이름이기도 하다. 원래 서양의 정치나 경제를 이끌어 온, 실효성이나 유효성이나 생산성이라는 지상명령을 뛰어넘는 사유가, "호모 사케르" 기획의 전체를 이끌어 온 것이다.

왜 아감벤인가?

Giorgio
Agamben

우리는 모두 잠재적 '호모 사케르'이다

조르조 아감벤(1942~)에 따르면, 우리의 현대세계를 특징짓는 것은 고전적 정치관념의 쇠퇴, 스펙터클의 저질 문화, 그리고 '인간the human'에 관한 우리의 관념을 규정짓는다고 우리가 생각하는 [인간] 권리 개념의 지속적인 침식이다. 하지만 아감벤의 비판은 냉소적 허무주의자들의 비판도 아니고, 역사적 깊이가 없는 것도 아니다. 사실 아감벤의 사유를 특징짓는 것은 오히려 깊이이다.

그의 사유는 우리의 현대적 계기를 통해 사고할 때 필요한 깊이를 제공한다. 또 그런 동시대적 세계를 새롭게 상상하는 것을 중시한다는 것도 그의 사유가 지닌 특징이다. 이런 의미에서 아감벤의 사유는 가능하고 가장 좋은 방식에서 비판적이다. 그는 현대에 대한 급진적으로 열려 있는 비판에 착수한다. 이 비판은 우리의 문제를 과거와 무관한 '새로운' 것으로 받아들인다거나 현재를 근본적으로 변경될 수 없다고 받아들이는 것을 거부한다.

아감벤의 저작은 방대하다. 현대유럽철학, 시학, 홀로코스트 문학, 성서텍스트비평, 영화연구, 중세문학, 법철학(고대 법철학과 근대 법철학), 언어철학, 이탈리아 정치 및 세계정치에 관한 논평, 우정론, 예술·미학, 철학사 같은 다양한 영역을 포괄한다. 또, 그의 저작에는 단편이라는 형식을 활용한 사변적인 비평문도 있다. 논의 지형이 이렇게 광범위하기 때문에 지레 겁을 먹을 수도 있으나, 본서는 아감벤의 저작이 하나의 통일체를 이루고 있다고 제시한다.

그의 저작은 언어에 대한 관심에서 출현한다. 그의 관심이 무엇인지를 이해하게 되면, 비평가이자 독자로서 우리가 하는 실천도 변형될 것이다. 그렇지만 앞서 암시했다시피 그의 사유는 가혹하리만치 동시대적이다. 고대 그리스 철학부터 중세 시, 현대의 스페터클 사회에 이르기까지, 아감벤이 무엇을 논의하든 그의 작업은 언제나 권력장치들을 비활성화시키는 데 맞춰져 있다. 이는 현재적인 동시에 아직 실현되지 않은 '도래하는 공동체'를 위해서이다.

대부분의 사람들은 '호모 사케르'(성스러운 인간)나 생명정치에 대한 설명 때문에 아감벤을 읽어야겠다고 생각한다. 몇몇 주석자들 사이에서 시끌벅적한 공격을 초래한 논의 말이다. 아감벤의 저작이 지닌 이런 측면은 서구의 법적·정치적 체제의 본성과 관련된다. 이 측면은 이 체제의 핵심에 통제와 지배가 여전히 남아 있음을 시사한다. 최근의 철학에 그가 한 근본적인 기여 중 하나는, 그가 서구의 법과 정치의 '생명정치적' 기능이라고 부른 것에 대해 지도를 그려 내는 방법이다. 이에 관해서는 4장에서 길게 다루겠지만, 아감벤은 조에zoe(생명)와 비오스bios(자격이 부여된 삶)의 균열(분열)을 고대 그리스의 정치적인 것의 개념 속에서 추적한다. 정치는 벌거벗은 생명과 문제 많은 관계를 맺고 있는데, 아감벤은 이 관계를 '조에'가 정치적 영역에서 배제되는 것으로 규정한다. 그는 아리스토텔레스와 고대 그리스부터 로마법과 영국의 인신보호영장을 거쳐 국가사회주의의 강제수용소와 현대의 난민이 처한 곤경에 이르기까지, 벌거벗은 생명이 정치적인 것으로부터 포함적 배제를 겪는 모습을, 또 삶의 형태를 정치화하고 통제하는 것을 주요 기능으로 삼는다고 그가 제시하는 정치 체제 아래서 살아가는 만인all people의 취약한 모습을 추적한다.

2001년 10월 26일, 미국에서 테러리스트 용의자의 법적 지위를 말소하는 '애국자법'이 상원에서 가결됐다.[1] 이를 근거로 관타나모만에 캠프 델타라는 생명정치적 수용소가 설치됐으며, 국가의 안전security[2]이 위험에 처했다고 대통령이 간주하면 언제든 법의 지배를 중지할 수 있는 영구적인 예외상태가 도입됐다. 아감벤은 이 사건이 서구의 법적·정치적 체제의 내적 모순과 연결되어 있으며, 국가사회주의 아래서 1933년에 행해진 법 지

---

[1] 흔히 '애국법'으로 번역되는 이 법은, 2015년 정보기관의 광범위한 도감청을 스노든이 폭로한 이후 폐지됐다. 정확하게는 시효 만료됐다.

[2] security는 '보안'이나 '안보'라고 옮겨야만 하는 특별하고 드문 경우를 빼면, 아감벤에게 중요한 푸코의 논의를 감안해 '안전'으로 옮기는 편이 정확하다.

배의 중지와 같은 기존의 '예외상태'를 많은 점에서 거울처럼 반영하고 있음을 증명했다.

아감벤의 이런 주장이 종종 원래의 문맥에서 떼어내어 다뤄지곤 하지만, 이 주장은 언어에 대한 아감벤의 주장과 합치한다. 또, 이는 권력이 언어 속에서 유통되는 방식을 현시하는 것으로도 읽을 수 있다. 권력이 언어 속에서 유통된다는 통념은 다음의 질문을 제기한다. 어떻게 언어를 권력 조작과 통제에 대립하도록 사용할 수 있는가? 이 질문에 대한 아감벤의 답변은 권력의 언어들이 지닌 논리를 분쇄하고, 그 대신 언어의 '발생'[3]을 노출시키자는 관념과 결부되어 있다. 그 어떤 '저항' 행위도 현존하는 제도의 바깥에서 출현하지 않으며, 그것은 현재의 모순들 자체에 자리매김되어야 한다.

현대의 언어활동은 "우리가 그 안에서 살고 있는 민주주의-스펙터클 사회의 정치를 정의하는 비대화와 수탈의 대상"(MwE : x(10쪽))이라는 장소에 놓여 있는데, 저항에는 이런 장소에 대한 도전이 포함되어 있다. 따라서 그가 제안하는 것은 미래에 대해 처방전을 내리는 정치가 아니라, 현재에 정치적 '전술'이 긴급한 중요성을 갖고 있다는 것이다. 그는 어떤 인터뷰에서, 카를 마르크스가 아르놀트 루게에게 보낸 편지에서 말했던 "내가 살아가고 있는 사회의 절망적 상황이 나를 희망으로 채워 준다"는

---

[3] 여기서 '발생'으로 옮긴 'taking place'는 이탈리아어(aver-luogo)의 중의적인 의미를 그대로 드러내고 있다. 즉, '발생'이라는 의미 외에도, 문자 그대로 '장소를 차지하다'라는 뜻이다. 후자의 의미는 부정성의 '장소'와 관련된 1장의 논의에서 매우 중요하다.

진술을 지지한다('I am' : 123n에서 마르크스의 말을 재인용).[4] 이는 아감벤에게 체제와 구조를 멈추게 하는 방식을 이해하려면 체제와 구조에 태생적인 위기와 모순을 이해해야 함을 뜻한다.

실제로는 재현과 언어에 결부되어 있는 이 과정은, 아감벤의 사유에서 현상들이 복잡하게 배열되어 있는 곳에서 발견된다. 사유의 이질적 형태들 사이의 접속과 통로를 조명하는 철학적 사유 능력이 그것이다. 그리하여 아감벤의 방법론적 접근법은 문화적 생산(영화, 문학)과 정치적 사건('대테러 전쟁', 프랑스혁명)에 관한 새로운 이해를 가능케 한다. 이런 이해는 우리의 과거와 현재의 이질적인 요소들을 연결시키는 실絲을 포착함으로써 얻어질 수 있다. 본서를 통해 거듭 검토되는 이 방법론은 과거와 현재 둘 다를 비판적인 명민함으로 바라볼 수 있는 길을 제공한다.

---

[4] 마르크스가 1843년 5월에 아르놀트 루게에게 보낸 편지에서 한 말. 원문은 "Sie werden nicht sagen, ich hielte die Gegenwart zu hoch, und wenn ich dennoch nicht an ihr verzweifle, so ist es nur ihre eigene verzweifelte Lage, die mich mit Hoffnung erfullt." 영문은 "You won't say that I hold the present too high, and if I do not despair of it, it is only because its desperate situation fills me with hope"이다. Karl Marx-Friedrich Engels, *Werke*, Bd. 1 (Dietz Verlag : Berlin DDR, 1976), p.342을 보라. 참고로 *Rethinking Marxism* 16, no. 2 (April 2004) : 115–24에 "'I am sure that you are more pessimistic than I am ...' : An Interview with Giorgio Agamben"라는 제목으로 수록된 이 인터뷰는 원래 Varcarme에 수록된 "une biopolitique mineure-entretien avec Giorgio Agamben-entretien réalisé par Stany Grelet & Mathieu Potte-Bonneville"을 영역한 것으로, 불어본에는 다음과 같이 간결하게 언급되어 있다. "La situation désespérée de la société dans laquelle je vis me remplit d'espoir." http://www.vacarme.org/article255.html

| 두 명의 아감벤? |

이처럼 아감벤의 저작은 현대에 대한 비판인 동시에, '도래하는 공동체'를 명확히 지향하는 그런 비판에 착수한다. 아감벤과 거의 동시대인인 이탈리아의 정치철학자 안토니오 네그리(1933~)는 최근 이 두 가지 요소, 즉 비판적인 심문과 급진적 개방성을 개괄했다.[5]

네그리에 따르면, 한편으로 아감벤의 사유는 제2차 세계대전 이후의 모든 사유를 정의한 '부정적 비판'으로 특징지어진다. 대륙철학 전통에 속하는 모든 비판적 사상가들은 제2차 세계대전 후 마르크스주의와 같은 많은 철학 체계들의 특징이 됐던, 총체화하는 사유totalising thought라는 '변증법적' 형식에서 탈피하려 노력했다고 네그리는 주장한다. 홀로코스트Holocaust의 끔찍함horrors을 경험한 후, 근대성Modernity을 추동한 진보와 발전의 서사에 대한 신뢰가 상실된 후, '변증법적' 형식에 대한 이런 거부는 필연적이었다. 이 거부는 권력과 지배의 남용으로 이어지

---

[5] 네그리는 아감벤에 대해 몇 편의 서평과 비판을 썼는데, 그중 가장 초기의 것이자 가장 많이 알려진 것이 본문에서 다뤄지고 있다. Negri, A. (2003) "The Ripe Fruit of Redemption", Review of Giorgio Agamben, *The State of Exception*, Il Manifesto-Quotidiano Comunista (26 July) (in Italian). 그러나 본서의 1장과 3장에서 다뤄지는 내용과 관련해 더 중요한 것은 최근에 한국어로 번역된 다음의 글이다. Antonio Negri, "Giorgio Agamben : The discreet taste of the dialectic," In Matthew Calarco & Steven DeCaroli (eds.), *Giorgio Agamben : Sovereignty and Life*, Stanford University Press, 2007, pp. 109-125(안토니오 네그리, 〈조르조 아감벤 : 변증법의 신중한 맛〉, 《진보평론》, 통권 65호, 2015 가을호, 324~348쪽.)

는 사유의 체계와 구조를 탈구축하려는 시도를 특징으로 삼는다. 〔따라서 한편으로는 이런 거부로 특징지어지는 아감벤이 있다.〕 다른 한편, 이런 지배 형식들을 해소하기 위해 언어의 근본적 잠재력에 관심을 기울이는 아감벤이 있다. 즉, 언어를 분석하는 형식들을 지배 형식들의 파열을 위한 열쇠로 간주하는 능동적 저항 모델에 관심을 기울이는 아감벤이 있는 것이다. 네그리가 말하듯이, "사실상 두 명의 아감벤이 있다. 한 명은 실존적인, 운명적인, 끔찍한 배경에 매달리며, 죽음의 관념과 계속해서 대면할 수밖에 없다. 다른 한 명은 문헌학적 노고와 언어학적 분석에 흠뻑 빠져 생명정치적 지평을 움켜잡고 있다(퍼즐 조각을 맞추고 〔생명정치적 지평을〕 조작·건설하고 있다)"(Negri 2003, 13).

두 아감벤은 어떻게 협력하고 있는가? 아니, 정말로 두 사람인가? 이 질문은 본서 전체에서 가장 전면에 놓일 것이다. 본서는 광범위한 비평적 기획을 통해 사고할 때 이 두 개의 서로 다른 실이 하나로 연결될 수 있다는 가능성을 드러내려고 애쓴다. 1장에서는 아감벤의 언어론을, 마르틴 하이데거와의 고군분투engagement를 통해 얻어진 '부정적' 기반foundation의 대표자로 제시한다. 이후 2장 및 3장에서는 아감벤의 더 '생산적'인 계기들로 나아간다. 이 계기들이란 변증법이나 이항대립이라는 관념 자체를 중단시킴으로써 그가 무위, 잠재성, 도래하는 공동체를 도입하는 계기들이다.

본서의 1장 '왜 아감벤인가?'는 아감벤 사유의 '구조'를 독자들이 알아차리도록 마련됐다. 앞 부분을 읽고 나면 아감벤이 여러 철학적 출입구들, 즉 하이데거와 벤야민의 작업을 활용하는 방식을 파악할 수 있다. 그리고 나면 정치, 문학, 예술, 영화, 윤리 등 나머지 장들에서 탐구될 다양한 영역들에 접근할 수 있다. 여기서 짚어야 할 것은, 하이데거와 벤야민이 어쩌면 이런 "두 명의 아감벤"의 각 원천처럼 여겨질 수도 있다는 점이다. 하이데거가 부정적인 아감벤이고, 벤야민이 긍정적인 아감벤이라는 식으로 말이다. 하지만 본서를 통해 보게 되겠지만, 네그리가 설정하는 이 두 개의 변증법적 대립물이 정말로 대립 속에 있는지는 분명하지 않다. 아감벤의 사유는 벤야민과 하이데거 사이에서 전개된다. 벤야민이 하이데거에 대한 부정이나 해독제로서 발견됐다는, 출처가 불분명한 주장(de la Durantaye 2000, 8)과는 다른 지점이다.

하이데거와 벤야민 사이의 이런 대립이 허위라는 것은 네그리의 변증법적 분석에 대해서도 시사하는 바가 있다. 본서의 서술이 진행되면서, 이 '두 명'이 그저 겉보기에만 그렇다는 것이 분명해질 것이다. 오히려 이와 반대로 아감벤의 작업을 하나의 전체로서 생각할 필요가 있다. 궁극적으로는 그 어떤 비평적 계기도 앞으로 도래하는 공동체의 근본적 잠재성으로 연결되어야 하기 때문이다.

| 언어에 관한 물음 |

아감벤의 사유가 전반적으로 통일성을 갖고 있다는 점을 파악하려면, 아감벤 사유의 근본적 전제를 탐구하는 게 좋다. 그 전제란, 인간이 언어 '능력faculty'에 의해 정의되고 끊임없이 재정의된다는 것이다. ("언어는 존재의 집이다"라고 한 하이데거와 같은 사상가들에 의존하는) 아감벤에 따르면, 인간이 언어를 갖고 있다는 단순한 사실이야말로 우리가 누구이고 무엇인지를 이해하는 데 결정적으로 중요하다. 그런데 언어란 무엇인가? 그것은 어떻게 작동하는가? 인간이 언어를 갖고 있다고 가정하더라도, 인간은 언어를 어떻게 경험하는가? 우리가 언어와 맺는 관계는 무엇인가? 우리는 언어에 앞서는 경험을 할 수 있는가? 그리고 만일 그럴 수 있다면, 그것은 언어를 통한 것과는 다른 방식으로 표현될 수 있는가? 언어와 이를테면 이미지의 관계는 무엇인가? 언어에 관한 아감벤의 성찰을 다음과 같이 서로 연결되어 있으나 뚜렷하게 구분된 부분들로 나누는 것이 도움이 될지도 모른다.

1. 언어는 존재와 다소 본질적으로 연결되어 있으며, 따라서 철학의 대상이다. 이 철학적 관심사는 언어의 '본질'이라는 관념에 관한 것이며, 우리가 세계 안에 있다는 것을 언어가 어떻게 구성하는가와 관련된다.

2. 언어는 권력 있는 자들에 의해 조작되며, 따라서 정치의 대상이다. 언어-사용의 형식 바깥에는, 고유하게 말해서, 정치란 없다.

여기서 아감벤은 통치와 법이 자기네 권력을 창출하고 강화하기 위해 어떻게 언어를 사용하고 조작하는지, 뿐만 아니라 재현과 언어 사용이 어떻게 그 권력에 도전할 수단일 수 있는지를 탐색한다.

3. 언어는 창조적 표현의 매체[매개]이며, 따라서 문학의 대상이다. 시와 산문에서 언어의 사용과 전개는 우리가 언어를 경험하는 방식에 대한 재분절화를 구성한다.

그러니까 존재론과 정치와 문학, 그리고 이 세 가지 사이의 관계들이 아감벤 저작의 중심 화두이다.

이 목록을 보면 언어철학이 다른 영역에 손을 뻗치는 상이한 방식에 대해 감sense을 얻을 수 있다. 또 철학, 정치/법, 문학, 이 세 가지 사이의 전통적 경계선을 무너뜨리는 데 도움을 준다. 아감벤에게 두드러지는 것은 어떤 '시학'으로 향해 가는 움직임이다. 이때의 '시학'이란 세 영역들에 주어진 제약들에 결부되지 않고 그 대신 사유의 덫entrapment을 뛰어넘는 사고 형식을 가리킨다. '간학문적' 연구로 특징지어지는 지적 환경, 전통적인 지식 영역의 경계가 점점 더 유동적이게 된 지적 환경에서, 아감벤의 저작은 상이한 분야를 한데 모으려고 노력하는 사람들에게 강력한 자원이다.

하지만 본서 전체를 통해 분명해질 테지만, 상이한 지식 형식들이 결합된다고 해서 이것이 아카데미즘의 실리적 실천을 촉진하는 경우는 좀체 없다. 아감벤은 특히 정치철학 연구자들에게서 거센 비판을 받고 있다. 평소에는 비평적 실천이 보지 못하는 분과학문 속에 비평적 실천을 도입했다고 비판받는 것이다. 예를 들어 그는 밀도 높은 정치철학 논의를 전개하는 가운데, 논쟁에 개입하기 위해 자주 문학 텍스트들로 향한다. 아감벤은 언어철학을 둘러싼 안정적 토대를 바탕으로 작업하기 때문에 이 분과학문에서 저 분과학문으로 널뛰기 하는 것을 여러 의미에서 '정당화'할 수 있다. 예를 들어 그는 언어철학에 토대를 둠으로써 다양한 분과학문들 사이의 경계를 흐릿하게 만드는 다음과 같은 진술을 한다. "문제는 시작詩作이 정치와 관련이 있는가의 여부가 아니라, 정치가 여전히 시작과의 원초적인 결속을 감당할 수 있는가 여부이다"(IH : 148(244쪽)).

하지만 이미 지적했듯이, 이런 명제는 아감벤의 저작 속에서 그 기능적 장소를 발견한다. 다양한 일련의 논쟁들에 개입하기 위해, 또한 철학이 무엇일 수 있는가에 관한 지배적 이해를 채색하고 있는 비평적 전제를 불안정하게 하기 위해 문학의 형상들과 예술의 예들을 사용하는 그의 저작 속에서 말이다. 이 실천은 '정치'나 '사회적 현실'이 '문학'과 똑같은 평면에 놓여서는 안 된다고 주장하는 비평가들의 노여움을 샀다(Ross 2008, 11). 이런 오해는 전통적인 '철학적' 방식으로 진행되지 않는 아감벤의 저작이 갖고 있는 비정통적인 본성에서 유래한다('전통적' 철학이 세계 안에 있음에 관한 진술의 진리를 요구하는 것이라면 말이다). 하지만 더 중요한 것은, 아감벤의 이론적 프로그램은 어떤 종류의 아카데미즘도 충실히 따르기를 거부한다는 점이다. 그의 프

로그램은 현대의 '지적' 문화를 특징짓는 잡지와 논문을 넘어서
비판적 사유의 잠재성을 확장시키는 기획이다.

| 재현 가능성 |

아감벤의 저작의 중요한 부분인데도 그의 저작에 대한 흔한 오
독은 그의 저작이 재현(표상) 가능성에 대해 주목하고 있는 것
과 관련된다. 그의 저작은 '잠재성'의 본성과 같은 관념을 텍스
트들의 구조, '건축', 재현하기 방식을 통해 증명하려는 시도이
며, 또한 재현에 관한 어떤 논점을 수행하려고 시도한다. 이런
재현 형식을 아감벤은 '비평'이라고 규정한다.

　그렇다면 '비평'은 무엇을 성취하는가? 비평은 복잡한 관념이
지만, 간단하게 말하면 어떤 제시presentation 형식을 통해 그 테
제들을 탐구하고 수행하려는 시도와 관련된 어떤 글쓰기 스타
일이다. 철학의 몇몇 형식들은 삼단논법이나 논리적 명제와 같
은 형식을 통해 진행될 수도 있는 반면, 아감벤의 저작은 종종
에둘러 가고 단편적이다. 그러니까 본서는 아감벤 저작의 핵심
개념과 관심사를 개괄하는 개념적 지도로 읽어야 할 것이다.
하지만 이 개념들도 텍스트 자체의 제시 방식 속에서 전개되는
것으로 간주되어야 한다.

　이런 제시 방법은 아감벤의 독해 모델과 어울린다. 그의 독해
모델은 분과학문들과 미디어를 가로질러 텍스트들을 탐구하고

발굴하는 과정이며, 이런 단편들 속에서 어떤 철학 형식을 찾아내는 과정이다. 그가 주장하듯이, "철학은 어떤 특정성도, 고유한 영토도 갖고 있지 않다. 철학은 문학 안에, 예술이나 과학이나 신학, 혹은 임의의 것 안에 있다. 철학은 발전될 가능성을 포함하고 있는 이런 요소이다. 어떤 의미에서 철학은 모든 영토에 흩어져 있다. 그것은 항상 디아스포라이며, 회상되고 한데 모아져야 한다"(Agamben 'WP').[6]

그래서 그는 철학적 '모자이크'를 창출하기 위해 다양한 사상가, 예술가, 필자의 실들을 한데 모은다. 이 모자이크의 기초는 도처에서 발견되는 언어철학에 있다. 다음 장들에서는 아감벤이 자신의 성좌를 이끌어 낸 얼마간의 핵심 필자들을 소개한다. 마르틴 하이데거(1899~1976), 발터 벤야민(1892~1940), 미셸 푸코(1926~1984), 아비 바르부르크(1866~1929), 프란츠 카프카(1883~1924) 등이 그들이다. 이들을 다 다룬다고 해서 아감벤의 원천이 모조리 해명되는 것은 아니지만, 이 핵심 인물들은 아감벤이 이들을 어떻게 읽고 다른 이들의 저작을 어떻게 사용하는지에 관한 감각을 독자에게 줄 수 있다.

철학이 모든 영토에 '흩어져 있다'고 보는 것은 중요한데, 이 중요성은 아감벤의 저작이 미치는 범위에만 있는 게 아니라 '회상하기'와 '한데 모으기'라는 과정 속에도 있다. 이 과정은 현재

---

[6] 여기서 WP는 "What is a Paradigm?", 즉 〈패러다임이란 무엇인가?〉를 가리키지만, 이것은 《사물의 표시》(양창렬 옮김, 난장)에 수록된 것과 같은 판본이 아니라 2002년 European Graduate School Lecture에서 한 강의를 가리킨다.

에서 정치적·사회적 통제의 헤게모니적 형식들을 불안정하게 만들도록 작동한다. 현재의 억압과 폭력 형식들에 관한 이 계보학은 과거로 '회귀'하려는 목적으로 수행되는 것이 아니다. 이 계보학은 현재 구조들의 특징을 기원적 지점으로까지 추적함으로써 이 구조들이 작동 불능으로 만든다.[7] 현재가 늘어뜨리는 그림자를 과거 속에서 추적함으로써 현재의 '어둠'이 작동 불능이 되도록 하는 것이다. 고대 그리스에서든 근대 초기에서든, 철학적 논고나 정치적 소책자를 분석하든 시를 분석하든, 이 과정은 아감벤이 '도래하는 공동체'라고 부른 바로 그 이름으로 행해진다. 이 도래하는 공동체를 실현한다는 것은 아감벤의 사유가 우리에게 제공하는 도전, 가벼이 받아들일 수 없는 도전이다.

---

[7] 아감벤에게 inoperatività는 일차적으로 비활동, 비활성화deactivation, 작동 불능을 뜻하며, 이와 관련해 무위décœuvrement와도, 비잠재성과도 연결된다. 특히 '무위'는 장 뤽 낭시의 똑같은 개념과 불가분의 관계에 있다. '무위'는 아무것도 하지 않는다거나 게으름, 나태 등의 의미에 앞서 기존의 것을 작동 불능에 빠뜨리는 것과 연동되어 있다.

제 1 장

언어와 존재의 부정성

Giorgio
Agamben

본서가 아감벤의 작업에 관해 딱 한 가지만 주장해야 한다면, 그것은 그의 사유에 언어철학이 중심을 차지한다는 것이리라. 아감벤이 정치와 윤리, 심지어 영화와 같은 분야를 어떻게 이해하는지 그 방식을 파악하고 싶다면, 마르틴 하이데거의 철학, 문헌학, 언어학에 대해 그가 품고 있는 관심에서 그의 사유가 출현한다고 볼 필요가 있다.

이번 장에서는 아감벤이 인간, 언어, 사유의 관계를 개념화하는 데 목소리,[1] 직시사deixis,[2] 존재론과 같은 핵심 범주들을 어떻게 사용하는지를 이해하기 위해 그의 중심 텍스트들 중 몇 가지를 읽으려 한다. 이렇게 함으로써 우리는 인간을 언어의 장소로서 설정하고 존재Being의 부정적 기반을 언어 능력 자체와 연결시키는 아감벤이 복잡하지만 일관된 철학적 기반을 산출한

---

[1] 이하 voice는 목소리, Voice는 목소리, sound는 음音 또는 음성으로 옮긴다.

[2] 직시사deixis·直示詞 또는 오늘날의 식으로 풀이하면 '언표의 지시자' 또는 '전환사shifter'로 옮길 수 있다. 발화 상황에 따라 지시 관계가 달라지는 많은 표현들은 실제의 발화 상황에서만 이해될 수 있는데, 직시사는 이와 같이 맥락에 의존하는 화용론적 지시 관계를 가리키는 기호학 용어이다. '여기', '거기', '지금', '이것', '저것'과 같은 지시어나, '나' '너' 또는 '그' '그녀' 등의 인칭대명사들이 이에 해당된다.

다는 것을 보게 될 것이다. 이런 기반이 있기에 우리는 그의 저작을 읽기 시작할 수 있다. 그의 작업에서 부정성의 산출은 원초적인 분할과 결부되어 있는데, 이 원초적 분할을 비활성화하려면 이 분할을 검토해야 한다.

| 아감벤과 출발점으로서의 하이데거 |

본서의 도입에서 지적했듯이, 아감벤은 독일의 현상학자 마르틴 하이데거Martin Heidegger와 아주 가까운 관계였다. 아감벤은 프로방스의 르 토르에서 열린 하이데거의 세미나에 1966년과 1968년에 참석했으며,[3] 《행간: 서구문화에서의 말과 판타즘》[4]은 하이데거 추모에 헌정됐다. 이런 개인적인 연결을 제쳐 놓더라도, 아감벤의 저작은 하이데거의 사유 흔적을 거듭 담고 있다.

하이데거 철학은 존재의 본질에 대한 관심을 중심으로 바탕이 놓인다. 이것은 존재론이라고 알려진 철학의 한 지류이다. 다른 철학이라면, "가장 좋은 삶의 방식은 무엇인가?", "인간의 행복이란 무엇인가?", "우리는 어떻게 지식을 획득하는가?" 등

---

[3] 1966년 세미나의 경우 아감벤은 5명의 초빙객 중 한 명이었다. 66년 강의는 헤라클레이토스에 관한 것이었고, 68년은 헤겔에 관한 강의였다. 《언어활동과 죽음》은 다소나마 이것의 영향을 받은 것일 수 있다.

[4] 원제는 '스탄체Stanze'로서 시의 연을 뜻한다. 이것은 아감벤의 메시아적 구조와 관련되어 '뛰포스', '토르나다'의 중요성과 연결되어 있다. 자세한 것은 본서 257~258쪽의 각주 3 참조.

등과 같은 물음을 제기할 것이다. 이런 종류의 물음이 19세기 독일의 철학 동아리를 지배했다. 하지만 하이데거에 따르면, 그들은 사유의 본질에 관해 적극적으로 사고하지 못했다. 하이데거에게 사유의 본질은 존재의 물음(존재란 무엇인가)이다. 존재란 사유의 이념idea을 가리킨다. 이것은 철학에 의해 탐구되지만 드물게만 파악되는, 사고의 명료하고 순수한 조건이다. 하이데거는 이 존재를 인간 혹은 '현존재Dasein'가 수행하는 활동으로 봤다. 현존재는 존재의 이념을 조명하려고illuminate(밝게 비추려고) 시도한다. "이러한 존재자, 즉 우리들 자신이 각기 그것이며 여러 다른 것들 중 물음이라는 존재가능성을 가지고 있는 그런 존재자를 우리는 현존재라는 용어로 파악하기로 하자"(Heidegger 1978 : 27(《존재와 시간》, 이기상 옮김, 까치, 1998, 22쪽)).

하이데거의 저작은 친숙하지 않은 비평 어휘를 제시하지만, 그래도 우리는 아감벤에게 중요한 하이데거 사유의 몇몇 요소들을 식별할 수 있다.

첫째, 하이데거는 사유와 존재의 기반에 관심을 기울인다. 하이데거와 마찬가지로 아감벤도 철학이 제기한 이런 가장 근본적인 물음들에서 시작하며, 그의 저작 전체는 이를 두고 고심하는 아감벤 자신의 과정을 뒤따르고 있다.

둘째, 하이데거는 존재를 은폐된 상태에 있다고 봤다. 철학은 자신의 사유 기반을 한결같이 의문에 부침으로써 이 상태를 탐구해야 한다고 간주된다. 아감벤도 철학을 이런 과정의 일부로 보며, 그의 사유는 대개 언어의 물음을 통해 존재의 은폐를 탐구하고자 한다.

셋째, 하이데거는 인간을 자신이 죽을 것이라는 감sense을 갖고 있는 동시에 언어 능력을 갖고 있는 동물이라고 개념화한다. 이 근본적 통찰은 아감벤에게 매우 중요한 핵심이며, 이것이 그의 중요한 연구인《언어활동과 죽음: 부정성의 장소》에서 고찰의 초점이다.

넷째, 하이데거는 언어를 '혼잣말'로 본다. "그것은 홀로 고독하게 자신과 얘기를 나눈다"(Heidegger 1993 : 397). 이와 동시에, 언어는 언어 자체를 빼면 다른 아무것도 참조 대상으로 삼지 않는다. 겉보기에는 동어반복적으로 그는 이렇게 말한다. "언어란 곧 언어, 말하기이다. 언어는 말한다"(Heidegger 1971 : 191). 하지만 언어는 어떤 공간에서, 어떤 공간을 통해서 말해야 한다. '인간'이 그 공간이다(비록 하이데거에게 '인간'이라는 이 범주가 의미하는 바가 양가적인 채이기는 하지만). 따라서 우리는 언어를 경험하지만, 그럼에도 불구하고 언어의 경험으로부터 근본적으로 제외되어 있다. 이 역설, 곧 언어는 언어 자체에 대해, 언어에 관해 말하지만, 인간을 통해 말한다는 것은 아감벤과 하이데거의 필시 가장 중요한 상호 관계이다. 두 사람 모두 철학을 "언어에의 길"이며, "인간 삶의 거처"로 이끌 수 있는 '오솔길path'(Heidegger 1971 : 193)로 간주한다는 것도 중요하다. 이것을 이해하려면, 언어의 추상적인 구조를 파악하는 것만으로는 충분치 않다. 그것은 사유에서in thought 파악되어야 한다.

언어에 관한 아감벤과 하이데거의 성찰 사이에는 이처럼 정확한 상호 관계가 있으나, 많은 차이도 있다. 아래에서는 그중 몇 가지만을 다룰 테지만, 지금으로서는 언어가 그 자체에 대해, 그 자체에 관해 말하지만 인간을 통해 말한다는 이런 관념을 아감벤 사유의 출발점으로 삼을 수 있다.

인간과 언어의 관계라는 이 관념을 명확히 하기 위해, 〈언어의 경험Experimentum Linguae〉[5]이라는 제목이 달린 아감벤의 짧으나 중요한 논고로 향해 보자. 이 논고에서 아감벤은 다른 곳에서도 물었던 질문, 자신의 연구를 안내하는 물음을 제기한다.

> 인간적인 목소리라는 것이 있을까? 귀뚤귀뚤이 귀뚜라미의 목소리이고 히힝이 당나귀의 목소리인 것처럼, 인간의 목소리가 존재할까? 그리고 만약 그게 실제로 존재한다면, 이 목소리는 언어라 할수 있을까? 목소리와 언어의 관계, '포네'와 '로고스'의 관계는 무엇인가? 인간의 목소리 같은 것은 실존하지 않는다고 한다면, 그때에도 여전히 인간은 언어를 가진 생명체(살아 있는 존재)로서 정의될수 있을까? 이렇게 정식화된 물음은 어떤 철학적 물음을 표시한다
>
> (Agamben IH : 3-4(12-13쪽)).

우리는 여기서 언어에 대한 인간의 관계를 둘러싼 하이데거의 물음과 목소리에 대한 아감벤의 관심이 연결되어 있음을 곧바로 알아챌 수 있다. 당나귀나 귀뚜라미는 추상화된 언어를

---

[5] 여기서 experimentum은 실험이 아니라 경험 혹은 체험이라는 뜻이다.

갖고 있지 않으나 제 고유한 '목소리', 혹은 직접적인 소통 방식을 갖고 있는 듯하다. 반면 인간은 언어를 사용할 수 있을 뿐이고, 그 언어는 비자연적인 것, 학습된 것이다. 따라서 언어는 우리에게 속해 있지 않다. 우리는 언어를 소유하지 않으나, 언어를 한결같이 그리고 항구적으로 사용한다. 이것은 실존의 중심에서 기묘한 '부정성negativity'을 창출한다. 인간 존재가 갖고 있으나 갖고 있지 않은 바로 그것으로 정의된다는 사실에서 인간 실존의 모든 측면이 유래한다는 점에서, 이 부정성은 근본적이다. 언어의 부정성은 언어와 목소리의 균열에서 출현하는 역설이며, 아감벤의 모든 저작을 관장하는 것이다. 그는 우리가 어떻게 언어의 부정성을 갖기에 이르렀으며 그것을 극복할 가능성이 있는지를 탐구하고 싶어 한다.

| 《언어활동과 죽음》 읽기 |

아감벤이 이 부정성을 가장 정교하게 분석하는 것은 《언어활동과 죽음》이다. 이번 절은 길고, 밀도가 약간 높을 수 있다. 하지만 그의 저작을 하나의 통일체로 읽고 싶다면, 그의 더 넓은 관념들이 어떻게 출현하는지 이해하고 싶다면, 이번 절을 읽어 두는 것이 나름의 보상을 해 줄 것이다.

　《언어활동과 죽음》은 인간을 언어능력을 지닌 존재이자 언젠가는 반드시 죽는 존재로 규정하는 하이데거의 말을 인용하며 시작된다. 하이데거의 주장에 따르면, "죽음과 언어의 본질적 관계는 우리 앞에서 [섬광처럼] 번쩍 빛나지만, 여전히 사유되지 않고 있다"(Agamben LD : xi). 이후 아감벤은 이런 관점에서[즉, 죽음과 언어활동 사이에 존재한다고 간주되는 "여전히 사유되지 않고 있는" 본질적 관계를 묻는다는 관점에서] 주로 하이데거라는 인물과 독일의 위대한 철학자 G. W. F. 헤겔(1770~1831)을 통해 서양철학사를 읽어 내는 쪽으로 나아간다.

아감벤에 따르면, 반드시 죽는 동시에 언어를 소유하고 있다는 인간 관념은 그가 형이상학의 근본적 부정성이라고 여기는 것과 관련된다. 형이상학이라는 철학의 이런 지류는 세계가 어떻게 있는가와 관련된 모든 관념을 초월하는 현실의 원리들이 필요하다고 설정한다. 형이상학이 제공하는 '제1원리들'이 있어야 우리는 존재의 본성을 사고하기 시작할 수 있다는 것이다. 형이상학은 인간과 세계의 관계에는 부재하는 어떤 것이 있고, 공백void이 있다고 자주 시사한다. 아감벤에 따르면, 이것이 부정성의 '장소'이다. 형이상학은, 그리고 심지어 하이데거와 헤겔의 형이상학 비판에서도 부정적 공간을 창출할 필요가 있다는 것이 아감벤의 주장이다. 이 부정적 공간 내부에 세계에 대한 설명의 기초가 놓인다는 것이다.

이 부정적 공간은 헤겔의 저작에서는 '이것'이라는 용어로 시작되고, 하이데거의 저작에서는 '거기'라는 용어로 시작된다. 하이데거는 대작인 《존재와 시간》에서, 사고하는 존재의 형상인 '현존재'는 자신의 '거기'를 데리고 있어야 한다고 단언한다. '현존재'는 자신의 '거기'를 갖고 있기 때문에만 실존할 수 있다. 이것이 '현존재Dasein'라는 이름에 포함되어 있다. 아감벤은 이것을 '거기-있음(존재)essere-il-ci'으로 번역한다. 이는 'Da(거기)'가 'Sein(존재)'로부터 인간을 제거하는 것임을 시사한다. 우리는 항상 '존재Sein'를 겉으로 드러내려 시도하지만, 그리 할 수 없다. 그건 우리가 어떤 장소를 차지하고 있기 때문이다('거기'는 우리가 그로부터 실존하는 장소 혹은 공간을 가리킨다). 아감벤이 말하듯이, "'Da(거기)'라는 작은 단어에는 사물을 무화시키는 것, 자신의 'Da(거기)'여야만 하는 존재자entity, 즉 인간에 부정성을 도입하는 어떤 것이 있다"(LD : 5). 그래서 인간은 부정성의 장소 자체가 되며, 'Sein(존재)'에 접근할 수 없도록 숙명처럼 정해져 있다. 인간은 부정적인 장소로부터만 말할 수 있기 때문이다.[6]

아감벤에 따르면, 헤겔의 '이것'도 사유가 출발하게 되는 부정적인 장소이다. 아감벤은 헤겔에 대한 색다른 해석을 제시하는데, 그 해석은 헤겔이 26세 때 쓴 모호한 시로 시작된다. 고대

---

[6] 죽음과 관련된 대목의 논점을 더 선명하게 제시하면 이렇다. 하이데거는 《존재와 시간》의 Dasein(다자인, 현존재)으로서의 인간과 그 죽음의 관계에 관해 분석하는 대목에서, 현존재로서의 인간은 그 구조 자체에서 죽음을 향하도록 운명지어진 존재이며, 그런 것으로서 항상 이미 죽음과의 관계 속에 놓여 있다고 한다. 그리고 이와 더불어 죽음을 선취한다. 즉, 실제로 죽기도 전에 죽음으로 앞질러 달려가 본다는 점에서 현존재로서의 인간이 갖고 있는, 동물 일반과는 구별된 고유성을 찾을 수 있다고 말한다. 아감벤은 이것에 주목해서 다음과 같이 말한다. 그런데 이렇게 보면, 죽음을 선취적으로 경험한다는 것은, 원래 인간의 실존 자체, 인간이 세계 속에 존재하는 것 자체가 불가능하게 되는 가능성을 경험한다는 것에 다름 아니다. 즉, 죽음의 선취는 순전히 부정적인 구조를 갖고 있는 것이며, 현존재로서의 인간 존재의 가장 진정한 가능성의 경험은 가장 극단적인 부정성의 경험과 부합하게 된다는 것이다.

그리스의 엘레시우스의 신비와 관련된 이 시는, 인간이 "천사들의 언어"를 지켜볼contemplate 수밖에 없다고 지적한다. 처음에는 "단어의 빈곤"을 경험하기 때문이다. 이 역설은, 단어가 본질적으로 실패한다는 점을 인정할 때에만 우리가 언어의 본질에 대한 이해에 접근할 수 있을 뿐임을 시사한다. 즉, 언어는 모종의 목소리에 대한 빈약한 대체물이다.

이 심상치 않은 출발점에서 아감벤은 더 나아가, 헤겔의 철학적 탐구인 《정신현상학》이 부정적 명제나 공간에서 출발한다고 지적한다.[7] 아감벤은 이 부정적 명제나 공간을 '이것'이라는 용어에서 발견한다. 헤겔은 《정신현상학》에서 의식, 자기의식, 이성Reason, 정신Spirit, 종교를 포함하는, 세계를 의미 있게 만드는 상이한 철학적 설명(개념)을 통해 절대지absolute Knowing라는 최종 개념에 도달한다. 하지만 그의 체계는 그 이전의 모든 체계를 포함해야 한다. 왜냐하면 "앎이란 무엇인가에 대한 정신의 통찰을 이해"하려는 자신의 노력이 그것에 앞서는 다른 모든 사유 형식들을 종합한 것으로 간주되어야 하기 때문이다. 그리하여 아감벤은 세계를 아는 데 있어서의 최초 형식으로서 감각

[7] 《언어활동과 죽음》의 순차적 전개는 본서의 저자 알렉스 머레이가 설명하는 것과 다르다. 1장에서 하이데거를 검토하고, 2장에서 헤겔을 검토한 후에야 《엘레시우스의 신비》와 관련된 내용 검토에 들어가기 때문이다. 참고로 아감벤이 검토하는 《정신현상학》은 1장인 〈감각적 확신 혹은 이것 및 말하고 싶다고 생각하는 것〉이다. 국역본(임석진 옮김, 한길사, 2005)에는 이 제목이 〈감각적 확신, '이것'과 '사념'〉으로 옮겨져 있는데, 출처 불명의 번역어가 이해를 어렵게 만든다. 영어로 하면 something meaning으로, 여기서 meaning은 객관적인 의미sense라기보다는 의도하는 바로서의 의미에 가깝다.

적 확신을 거론하는데, 이는 헤겔에게서 부정적인 것을 살피기 위한 아감벤의 출발점이다.

헤겔에게 감각적 확신은 세계에 의미를 부여하는 가장 기본적이고 가장 세련되지(사변적이지) 않은 수단이다. 이 명칭이 시사하듯이, 감각적 확신은 세계에 대한 우리의 즉각적인 감각적 인상이 참이고 정확하다고 확신할 수 있다고 설정한다. 한 대상을 예로 들어 보자. 감각적 확신은 *이것*(내가 보고 느끼고 듣고 등등의 대상)이 이것에 대한 내 인상에 의해 그 전체성entirety에 있어서 파악된다고 시사할 것이며, 따라서 감각적 확신은 가장 구체적이고 가장 믿을 수 있는 지식의 형식인 듯 보인다. 하지만 헤겔이 계속 증명하듯이, 우리는 대상에 대해 말하는 것만 할 수 있을 뿐이며, 추상화를 통해 우리의 감각적 확신을 파악하는 것만 할 수 있을 뿐이다. 이 추상화가 바로 언어이다.

"*이것*은 무엇인가?"라고 물음으로써, 우리는 이미 대상을 잃어버린다. 우리는 대상에 대해 말하는 대신, 언어에 관해서만 말할 뿐이다. 우리는 감각적 확신을 표현할 수 없다. 왜냐하면 언어는 우리가 의도한 바를 표현하지 않음으로써 보편적 성질(부정적인 것)을 파악하기 때문이다. 본질적으로 언어는 의식에 속한다. 따라서 언어는 언어 자체에 관해 말한다. 하지만 그 자신을 의미 속에 자리매김할 수는 없다. 헤겔이 지적하듯이, "(말하려고) 의도되고 있는 감각적인 *이것*은 … 언어에 의해서는 도달될 수 없다"(Agamben LD : 13에서 재인용). 이것이 뜻하는 것은, 언어는 "말할 수 없는 것을 말함으로써, 즉 말할 수 없는 것을 부정성에 있어서 파악함으로써, 말할 수 없는 것을 지키고 있다"(LD : 13)는 것이다. 아감벤에게는 부정성이 *이것*이라는 용어로 발생한다는 것이 무엇보다 중요한 듯하다.

그렇다면 이렇게 하이데거의 '*거기*'와 헤겔의 '*이것*'이라는 용어에서 언어의 부정적 근거가 발생한다는 것이 왜 중요할까? 대답은 '직시사'라는 언어학의 범주와 관련된다. '직시사'는 아감벤의 언어철학에서 열쇠가 되는 용어이다. '직시사'란 '나', '너', '그', '그녀', '거기', '이것' 등 우리가 일상 회화에서 사용하는 일련의 대명사이다. 이 용어들은 어떤 것을 지시하거나 어떤 것과 관련될 때 비로소 의미를 지닌다.

'이것'이라는 단어를 예로 들어 보자. 내가 특별히 어떤 것을 지시하지 않는다면, 이 단어는 무의미하다. 내가 '이 사과'라고 말할 때 이를 어떤 대상과 관련시키거나 지칭하지 않는다면, 나는 공허한 단어를 내뱉고〔발화하고〕 있는 것이다. 이와 동시에, '나'라고 말한다는 것은 무엇을 의미하는가? 이 '나'라는 대명사는 분명 아감벤에게 가장 중요하다. 이 대명사의 기능은 다름 아니라 언어가 발생하고 있다는 것을 지칭하기 때문이다. 그는 여기서 '나'의 기능을 설명하기 위해 프랑스의 언어학자 에밀 방브니스트Émile Benveniste(1902~1967)를 원용한다. 방브니스트는 이렇게 묻는다. "'나'나 '너'가 지시하는 실재reality는 무엇인가? 그것은 아주 특이한 어떤 것인 '담론의 실재'일 뿐이다. '나'는 객관적〔대상적〕 용어에 입각해서가 아니라 '발화행위locutions'에 입각해서만 정의될 수 있다. … '나'는 "'나'를 포함하는 담론의 현재 심급을 발화하는 인칭"을 의미한다"(Agamben LD : 23에서 재인용).

따라서 '나'라는 용어는 발화, 언어에서만 의미를 가질 뿐이며, 다름 아니라 언어가 발생하고 있다는 단순한 사실, 언어의 '사건'을 지칭할 뿐이다.[8] 이 때문에 1인칭 대명사의 본성이 20세기 문학에서 그렇게도 문젯거리가 된 것이다.

여기서 사무엘 베케트를 생각할 수 있을 것이다. 베케트의 후기 작품에서는 '나'라는 대명사가 그토록 문제적이게 됐다. 언어의 발생 이상의 그 무엇도 포함할 수 없는 그 공허함, 무능력은 '나'라는 대명사를 무의미한 동시에 죽음의 지표로 표시한다. 베케트의 후기 산문집인 《동반자Company》는 공허한 자리잡음location 말고는 다른 아무것도 재현(표상)하지 않는 '나'가 지닌 불가능성을 잘 드러낸다. "2인칭을 쓰는 것은 목소리를 표시한다. 3인칭을 쓰는 것은 궤양을 일으키는cankerous 타자를 표시한다. 만일 그가 말을 할 수 있고 목소리가 그에 대해 말을 할 수 있다면(만일 그가 목소리가 말을 거는 바로 그, 목소리가 말하는 바로 그를 향해, 그에 관해 말을 건넬 수 있다면), 1인칭이 있을 수 있다.

---

[8] 좀 더 쉽게 풀이하면 다음과 같다. 하이데거가 '현존재'='거기-있음'이라고 말하고, 또 헤겔이 *이것*을 붙들다"고 말할 경우, *거기*와 *이것*이라는 "언표의 직시자deixis"(방브니스트) 내지 '전환사shifter'(야콥슨)에 의해 지시되는 것은 "언어활동이 발생한다(장소를 가진다)"(aver-luogo)라는 사실 혹은 방브니스트가 말하는 "실제로 진행 중인 담론행위instance du discours"가 존재한다는 사실 그 자체에 다름 아니다. 언어활동이 뭔가에 관한 의미표현행위를 수행할 수 있기 위해서는, 이보다 앞서 언어활동이라는 사건 자체가 발생해야 한다. 이 언어활동의 발생을 지시하는 역할을 맡고 있는 것이 대명사를 필두로 하는 "언표의 직시자" 혹은 "전환사"인 것이며, 이것들은 실재하는 개별 대상을 지향하는 데 앞서서 언어활동이라는 사건 자체를 지향하는 것을 가능케 한다는 것이다.

하지만 그는 할 수 없다. 그는 하지 않을 것이다. 너는 할 수 없다. 너는 하지 않을 것이다"(Beckett 1982 : 6). 베케트의 단편화된 산문에서 우리는 이 전환사들shifters(직시사와 거의 동의어)에서 탈출하는 것이 불가능함을 알게 된다. 그러나 또한 이런 전환사들이 궁극적으로 공허하다는 것도 알게 된다. 베케트는 소통할 수 없다는 언어의 무능력을 소통하면서, 언어의 내속적inherent 부정성을 출현하게 만듦으로써, 이 대명사들을 언어로서 제시한다.

| 목소리 |

전환사라는 이 범주는 부정성의 관념들과 어떻게 관련되는가? 또 이 범주는 인간이 목소리를 갖고 있는가 여부에 대한 아감벤의 탐문과 어떻게 관련되는가? 전환사는 언어의 '발생'을 지시한다는 점에서 목소리와 복잡한 관계를 맺고 있다.[9] 아감벤

---

9 여기에서 머레이는 불가피한 측면이 있기도 하지만 논의 비약을 한다. 아감벤은 "실제로 진행 중인 언술행위 혹은 언어활동의 발생 자체를 '지시'하는 것은 어떻게 가능해지는가?"라고 묻는다. 아감벤이 보기에 근대의 언어학도 이 물음에 대답하지 않고 내버려뒀다. 오히려 근대 언어학은 언어활동이 의미표현행위의 가능성에 있어서 다양한 전환사들을 통해 스스로를 '지시'할 수 있다고, 고대 문법학자들로부터 이어진 전통에 따라 이를 '자명한 전제'로 받아들이고 그 지점에서 연구를 시작한다.

그러나 아감벤은 이 질문, 즉 "이런 '지시행위'가 도대체 어떻게 일어나는가?"라고 집요하게 묻는다. 그리고 이에 대한 답변의 실마리를 찾기 위해 우선 아우구스티누스의 《삼위일체론De Trinitate》에 '사어死語(dead language, vocabulum emortuum)'에 대한 흥미로운 설명이 등장한다는 점에 주목한다. 여기서 '사어'란 더 이상 단순한 목소리

에게 목소리라는 관념은 단순히 음흠·sound으로 이해되어서는
안 된다. 만일 모든 음흠의 의미를 이해할 수 있다면, 우리는 결
코 언어를 획득하지 않았을 것이다. 그렇지 않은 이상, 우리는

가 아니라, 뭔가의 기호이라는 것은 알지만 그것이 무슨 기호인지는 모르는 "알려지지
않은 말an unknown word, verbum incognitum"을 가리킨다. 아감벤은 이렇게 말한다.
여기서는 음sound과 의미 사이의 주인 없는 땅에 살고 있는 말의 독특한 경험이 끄집
어내지고 있다고 말이다.
이런 아우구스티누스의 경험에 이어서, 이보다 더 보편적이고 본원적인 의미 차원을
근거짓고자 한 시도로, 신의 존재에 관한 안셀무스의 존재론적 증명에 대해 이견을
밝히면서 "목소리에서만 거주하는 사유cogitatio secundum vocem solam"의 경험 가능
성을 제기한 11세기의 베네딕트회의 수도사 가우닐로Gaunilo의 주장을 소개한다. 이
"목소리에서만 거주하는 사유"를 가우닐로는 "목소리 자체가 아니라 … 청취된 목소리
의 의미를 사고하는 사고, 그러나 또한 목소리에 의해 보통 무엇이 의미되고 있는지를
아는 자에 의해 사고되고 있는 방식에서가 아니라, 그 목소리의 의미를 모르고, 청취
된 목소리의 효과와 지각된 목소리의 의미를 표현하려고 노력하는 영혼soul의 움직임
을 따라서만 사고하는 자에 의해 사고되는 방식에 있어서 사고하는 사고"라는 식으로
설명한다. 이 설명을 받아들여 아감벤이 지적하는 바에 따르면, "목소리에서만 거주
하는 사유"는 더 이상 동물 일반에 공유된 단순한 목소리가 아님과 더불어, 아직 의미
를 표현한 것이 아닌 것의 경험으로서, 사유에 미증유의 차원을 여는 것이라고 한다.
그것은 아직 아무런 특정한 의미 표현도 수반하지 않은 채, 그저 단순히 언어활동이
순수하게 발생하고 있다는 사실을 "지시"한다. 이것에 의해, 그것은 이미 항상 모든
발언행위 아래에 가로놓이는 일종의 "범주 중의 범주", 그리하여 아리스토텔레스 이후
의 형이상학의 전통에 있어서 존재 또는 있음에 작용됐던 것과 비슷한 범주로서 출현
한다는 것이다.
아감벤은 이렇게 가우닐로에 의해 *사유* 본래의 거처라는 식으로 파악된 인간에게 특
유한 목소리를 동물 일반에 공유된 목소리와 구별하여 목소리(원어는 대문자로 시작되는
"Voce")라고 표기한다. 그리고 이런 의미에서의 목소리는 형이상학의 전통 속에서 자연
으로부터 인간에 의한 언어활동의 본원적 분절을 구성하고 있으며, 언어활동의 발생
자체를 포착하는 것을 가능케 하는 최고의 전환사로서 기능한다는 점에 주의하라고
얘기한다. 그러나 이 목소리는 더 이상 목소리가 아니고 아직 의미가 없다(아니다)라는 신
분을 갖고 있는 한, 그것은 필연적으로 부정적인 성격을 띠고 있다. 심지어 그것은 모
든 존재론 내지 논리학이 그것에 의거하는 부정적인 근거로서의 위치를 차지하게 된
다. 그리고 이 부정성이 다음번에는 언어활동 분야가 의미表現행위와 지시행위로 분열
된다는 것을 분절한다.

항상 음을 의미로 변환하려 노력한다. 그것은 귀에 들리는 음에서 음소phonemes를 포착하고 이를 기표(단어)로 만들며, 이로부터 의미를 끌어낸다.

아감벤에 따르면, 목소리란 의미를 전개하기 위해, 언어가 의미를 갖기 위해 제거되어야 하는 것이다. 이 과정은 우리를 모든 목소리가 제거된 곳에 놓고, 언어와 발화의 중심에 본질적인 공백을 창출한다. 이제 아감벤은 언어의 발생에 체현되어 있는 이 과정을 [목소리Voice]라고 부른다(우리가 접근할 수 없는 목소리와 구별하기 위해 [ ]로 묶자). 아감벤에게 [목소리]는 더 이상 목소리가 아니지만, 정확하게 말하면 의미도 아니다. [목소리]는 아감벤에게 *존재*와 *시간* 둘 다의 토대인 단순한 언어행위이다. *존재*(하이데거가 구별한 의미에서의 *존재*)를 가지려면, 우리는 어떤 의식 형식을 가져야 한다. 그것은 우리가 현전(현재)이라는 감각sense을 가진 순간에만 실존하는 의식 형식이다(우리는 자신에 관해 생각할 때, 시간 속에 놓여 있는 것으로서 생각한다). 아감벤에게 [목소리]는 언어가 지금 발생하고 있다는 것을 의미함으로써, 우리에게 *존재*와 *시간* 둘 다를 가져다준다. [목소리]는 시간을 창

그리고 이렇게 동물 일반에게 공유된 목소리와는 구별된 인간의 목소리가 맡는 분절 작용에는 더 이상 목소리가 아닌 동시에 아직 의미가 아니라는 이중적 의미에서의 부정성이 뒤따르고 있음을 분명히 한 아감벤은, "만약 우리가 지금까지 해 왔던 분석이 옳다면, 헤겔의 사상 속에서도 하이데거의 사상 속에서도, 우리는 본원적인 부정적 분절로서의 목소리의 사유를 찾아낼 수 있을 것임이 틀림없으리라" 말하면서, 자연으로부터 인간에 의한 언어활동이 분절되는 데에서 목소리가 차지하는 독자적인 위상에 주목한 곳에서부터 다시 헤겔과 하이데거의 텍스트를 독해하려 시도하는 것이다.

출하며, 존재의 의식을 분절한다. 그러므로 아감벤에 따르면, [목소리]는 "언어가 발생하고 있음을 파악할 수 있게 해 주는 최고의 전환사"이며, [목소리]는 "모든 존재론이 그것에 기초하고 있는 부정적 근거로서, 모든 부정을 유지하는 원초적인 부정적인 것으로서 나타난다"(LD : 36). [목소리]라는 형상에서 우리는 아감벤의 철학적 관점의 근본 요체를 볼 수 있다. 존재에 관한 모든 탐구, 언어와 맺는 관계를 통해 의미를 구축하는 모든 형식은 겉으로 보기에 벗어날 수 없는 부정성 위에 정초되어 있다.

부정적인 것을 하이데거와 헤겔 안에서 근거지은 후, 이어서 [목소리] 범주를 도입한 아감벤은 이제 "원초적인 부정적 분절"(LD : 37)로서의 [목소리]를 이 두 명의 사상가에게서 탐색한다. 여기서는 그의 분석을 깊이 파고들어 탐색할 수 없으나, 아감벤의 논증은 대체로 다음과 같다.

헤겔에게 목소리는 절대자 속에 깃들어 있으나, 일단 말해지면 '사라진다.' 하이데거에게 언어와 'Stimme(독일어의 목소리)'의 균열은 자신이 진정한 목소리를 갖고 있지 않음을 깨달은 '현존재'가 직면한 불안의 'Stimmung(기분)' 안에 반향을 불러일으킨다. 아감벤에 따르면, 그 결과 또 다른 [목소리], 침묵에서만 발생하는 [목소리]가 생겨난다. 이것은 사유에 있어서 언어의 장소에 관한 아감벤의 해석 지평인 듯하다. 즉, 언어는 우리가 갖고 있었을 수도 있는 모든 즉각적인 목소리를 모호하게 하고 제거하며, 이를 또 다른 [목소리]로 대체하는데, 이 [목소리]는 침묵만을 소통할 뿐이다.[10] 혹은 아감벤이 하이데거의 용어를 사용해 '침묵학sigetics'이라고 부르는 것만을 소통할 뿐이다.

아감벤은 사유와 존재의 중심에 있는 이처럼 근본적이고 벗어날 수 없는 듯 보이는 부정성을 그려 낸 후, 이제 12세기의 프로방스 시로 향한다. "말할 수 없는 기반에 의존하지 않은 또 다른 언어 경험"(LD : 37)을 거기서 드러낼[탈은폐할] 수 있는지를 묻기 위해서 말이다. 그런데 왜 프로방스 시인들일까?

본서의 서문에서 지적했듯이, 아감벤의 저작은 어원과 중세·고전 텍스트를 탐구하는 것이 특징이다. 현재의 문제들을 재구축하고 설명하는 방식과 수단을 과거의 모호한 작품들 속에서 발견하려는 것이다. 여기서 프로방스 시인들은 시가 아직 '토픽topics'과 연관되어 있었을 때 문필 활동의 정점에 있었던 사람들이라고 제시된다.[11] '토픽[토피카]'은 고대의 수사학적[변론술적] 실

---

[10] 뒤의 형이상학 관련 대목에서 다시 지적하겠지만, 지금까지의 내용을 간결하게 정리하면 다음과 같다. 아감벤은 말로 표현할 수 없는 침묵의 [목소리]야말로 사유가 언어활동의 발생을 경험하는 것을 가능케 하는 최고의 전환사임을 밝혔다. 그리고 [목소리]의 신화소야말로 형이상학의 본원적 신화소를 이루고 있다고 결론을 내린다. 이와 더불어 [목소리]는 부정성의 본원적 장소이기도 하기 때문에, 부정성은 형이상학과 불가분한 관계에 있다고 한다. 심지어 이로부터, 부정성을 철저하게 함으로써 형이상학의 지평을 넘어서고자 하는, 하이데거부터 데리다에 이르는 모든 시도의 한계가 드러난다고 주장한다. 그런 시도는 형이상학의 근본 문제를 단순히 반복하고 있는 것에 지나지 않는데도, 그것을 마치 형이상학의 극복인 양 잘못 생각하고 있다는 것이다.

[11] 토포이topoi의 라틴어 번역어인 topika는 둘 다 '장소들'을 뜻하는 말이다. 이를 부정성과 관련하여 부연하면 다음과 같다. 고대 수사학에서 라티오 이우디칸디ratio iudicandi(진위를 판단하기 위한 기법)보다 앞서 습득되어야 할 라티오 인베니엔디 ratio inveniendi(논거의 본연의 장소를 발견하기 위한 기법)라며 중시된 토피카는 특히 변론가를 염두에 둔 것이라고 한다. 그러나 계속해서 임기응변으로 대처할 수 있

천이다. 이리하여 과거에 시는 언어의 수사학적 '장소들(토포스들)'을 사용하고 언어를 이미 주어진 것으로 간주하면서 구축되었다. 그리고 좀 더 근대적인 시 개념은 살아 있는 현실reality을 표현한다고 간주됐다.

이후 아감벤은 두 편의 시 작품을 검토하는 것으로 나아간다. 이는 시가 어떻게 "자신의 단어의 원초적 사건을 무로서"(LD : 74) 여전히 제시하고 있는지를 논증하는 것이다. 이 두 편의 시 작품에 대한 분석은 복잡하며, 아감벤의 작업에서 정독이 중요하다는 것을 입증하지만, 여기서 그 분석을 요약하는 것은 이번 장의 범위를 넘어선다. 아감벤의 조사가 시사하는 바는, 철학이 그렇게 하듯이, 시도 언어의 장소를 부정성에 다름 아닌

는 수많은 논거를 항상 갖추고 있어야 하는 변론가의 필요에 부응하려는 것인 한, 토피카는 말(언어)이 발생하는 모습을 여실히 드러낸다는 "본래의 임무"를 수행하지 못한 채, 이윽고 기억의 테크닉으로 '타락'해 간다. 이런 가운데, 고전적 토피카의 라티오 인베니엔디가 "라소 데 트로바르razo de trobar"로 계승된다. 이후 이것을 근본적으로 새로운 방식으로 재해석하며, 다름 아닌 언어활동의 발생 자체의 경험으로 향하게 하려는 시도, 즉 12세기 무렵 프로방스 지방에서 대두된 음유시인들의 시도가 있었다고 소개한다.
특히 아감벤이 주목하는 것은 프로방스의 음유시인 에메릭 드 페길란Aimeric de Peguilhan이 13세기 초반에 작성한 〈무에 관한 논쟁시tenzo de non-re〉이다. 이 시에서는 시적 언어의 발생이라는 본원적 사건이 "non-re"—무 혹은 실체 없는 것—로서 경험된다. 더욱이 그 무의 의미 차원은, 그것을 명명하는 언어활동은 존재하나 그것에 의해 의미되는 사물은 존재하지 않는 차원을 여는 것인 한, 언어활동의 발생 자체를 지시하는 전환사의 의미 차원과 인접한 곳에 위치하고 있다. 그렇다면 우리는 이로부터 서양의 철학적 전통의 근저에서 만났던 부정성의 장소로서의 언어활동이 발생하는 장소의 경험과 인접한 것을 읽어 낼 수 있지 않을까? 아감벤은 이렇게 묻고 말한다. 이어서 19세기 이탈리아 시인 자코모 레오파르디Giacomo Leopardi의 전원시 〈무한L'infinito〉에 대해 독해가 이뤄진다. 여기서는 자세히 살피지 않겠지만, 〈무한〉에서 자주 사용되는 지시대명사의 기능에 주목하고 있다는 점도 지적해 둔다.

것으로 개념화하려 애쓴다는 것임은 말할 것도 없다.

바로 이 지점에서 아감벤에게 시와 철학의 관계가 무엇인지를 짧게 적어두는 것은 가치 있는 일이다. 우리는 본서 전체에서 이 관계로 또다시 돌아갈 것인데, 이 관계는 아감벤이 자신의 비평적 실천을 어떻게 개념화하고 있는지를 이해하는 데 여전히 중요하기 때문이다. 인류에게 새로운 에토스 또는 거처를 찾아내라고 하는 아감벤의 호소는, 《언어활동과 죽음》에서는 철학과 시라는 이 두 개의 담론 사이의 어딘가에서 찾아져야 할 것이다. "어쩌면 철학의 순수한 산문이 시적 세계의 시구詩句를 분쇄하기 위해 어떤 지점에서 개입하고, 시의 시구詩句가 철학의 산문을 고리로 구부리기 위해〔둥글게 말기 위해〕 개입할 때의 언어만이 진정으로 인간적인 언어일지도 모른다"(LD : 78).

이 서술은 의도적인 것마냥 수수께끼 같으며, 존재의 중심에 부정성이 있음을 드러낸 후 이에 대한 대안을 만들려 하는 그의 일련의 몸짓들 중 하나이다. 내가 도입에서 지적했듯이, 그리고 본서 전체를 통해 거듭 보게 될 것이지만, 그가 제기한 문제에 대해 그가 제시한 '해결책'은 의도적인 것마냥 처방전이 아니다. 여기서 시와 철학이라는 두 실천 사이의 구별이 붕괴했다는 그의 암시는 결론부에서 시로 다시 향하는 것과 한 쌍을 이룬다.

《언어활동과 죽음》의 끝에서 두 번째 절은 우리 문화 전체의 신비적 기반을 '청산'하기 시작하는 것이야말로 형이상학의 '지평'을 넘어서서 사고하는 하나의 방식이라고 지적한다.[12] 신비적 기반에 관해서는 유아기 논의와 관련하여 후술하겠지만,[13] 이 신비적 기반이 지닌 문제란, 이 기반이 존재의 중심에 부정적

---

[12] 형이상학의 극복, [목소리]와 부정성으로부터의 해방은 아감벤에게도 궁극적인 목표일 것이다. 아감벤은 말한다. "[목소리] 없는 언어활동이란 무엇인가? … 이것은 우리가 여전히 사고하기를 배워야 하는 어떤 것이다"라고 말이다. 〈서론〉에서 아감벤은 이미 "만일 인간이 언어를 말하는 존재도 아니고 죽을 수밖에 없는 존재도 아니라면, 그래도 계속해서 죽어 가고 있고 말하고 있다면(죽는 것도 말하는 것도 그치지 않고 있다면) 어찌될까?"라고 자문했다. 즉, 이 궁극적 목표를 향해 나서려 할 때, 부정성을 철저하게 함으로써 형이상학의 지평을 넘어서는 것 외에 도대체 어떤 다른 길이 있다는 것일까? "그 어떤 [목소리]에 의해서도 거기로 호출되지 않고 언어활동 속에 실존하는 것, 죽음의 목소리에 의해 호명되지 않고 그저 단순히 죽는 것"―이것이 이 물음에 대한 아감벤의 대답이다. 이 경험은 어쩌면 가장 끝도 바닥도 모를 경험이다. 더 이상 언어활동과 죽음이 [목소리] 속에서 발생하는 것이 아닌 데서 출발함으로써 비로소 처음으로, 인간에게 본래의 에토스의 경험이 가능해지는 게 아닌가라는 것이 아감벤의 예상이었다.

아감벤은 이런 [목소리]에서 해방된 에토스의 가능성 중 하나를, 화가인 파울 클레가 〈1914년〉이라는 시에서 노래하는 "어떤 어머니의 자궁에 의해서도 / 길러지지 않았던Where I was brought / by no mother's womb", "새로운 나라neues Land", 즉 이 세상에 태어나지 않은 사람들로 이루어진 나라(태어나지 않는 자들 속에서 거주하게 되는 나라) 속에서 보고 있다. 그리고 여기서 수행되는 언어활동이라는 경험은 이제 자신이 익숙했던 거처를 떠나 존재의 경이와 무의 공포를 경유했다면, 그것이 처음에 있던 곳으로 돌아간다는 여행의 형태를 취할 수 없을 것이라고 한 다음, 머레이가 언급하는 카프로니의 시 〈귀환〉을 언급한다.

아감벤은 《언어활동과 죽음》이 자리잡은 곳은 인간의 "아직 말을 갖지 못한infantile" 거처라고 말한다. 그것은 결코 존재한 적이 없는 유아기다. 레비는 해방 후의 아우슈비츠에서, 세 살 정도의 어린아이인 '휘르비넥Hurbinek'과 마주치게 된다. 어느 날 이 아이는 하나의 말을 반복하게 된다. mass-klo 혹은 matisklo라고 말이다. 아무도 독해할 수 없는 비밀의 말. 1945년 3월 초에 죽은 휘르비넥, 이름 없는 "말 없는 자." mass-klo, matisklo라는 비-언어를, 그렇다면 살아남아서 증언하는 사람은 어떻게 말하면 좋을까? 《언어활동과 죽음》이 에필로그 〈사유의 종언〉에서 도달하는 "말하는 자"의 윤리는, 이 증인의 윤리로 일직선으로 통한다.

[13] '유아기'는 2장에서 다뤄지는데, 사실 내용으로 보면 infancy는 '유아기'로 옮겨지는 것은 부적절하다. 'infancy'는 원래 라틴어 'infantia'는 'fari(말하다)'에 부정의 접두사

형식(침묵)을 위치시킨다는 것이다.

아감벤에 따르면, 우리는 목소리가 출현하는 지점을 향해서, 즉 언어의 기원들을 향해서 항상 회귀하려고 한다. 하지만 아감벤에게 '회귀'는 원래대로 돌아가려는 향수 어린 시도가 결코 아니며, 불가능한 회귀를 설정하고는 이를 〔지금은 아니지만 언젠가는 가능할 수 있는〕 필연적인 것이라며 있는 그대로 내버려 두는 그런 회귀도 아니다. 이렇게 하는 대신 아감벤은 부정적인 기반이 출현할지도 모를 지점으로 진입하려 하고, 그렇게 함으로써 현재에 기반이 되고 있는 텅 빔 자체를 없애 버리려 한다. 그러니까 아감벤의 '회귀' 개념은 과거로의 시간적 회귀가 없는 회귀이며, 그 대신 "부정성과 죽음에 의해 표시되지 않는 언어"(LD : 95)의 드러냄uncovering〔탈은폐〕이다. 또다시 이 언어는 그저 몸짓으로 드러날 뿐이며, 결코 서술되는 것이 아니다. 이 언어를 서술하는 대신 그는 이 절을 두 편의 시로 마무리한다. 하나는 독일〔스위스〕의 예술가이자 비평가인 파울 클레Paul Klee(1879~1940)의 것이고, 다른 하나는 현대 이탈리아 시인 겸 번역자인 조르조 카프로니(1912~1990)의 것이다. 이 두 편의 시는 모두, 한 번도 있어 본 적이 없는 장소, 한 번도 실존한 적이 없는 장소로의 회귀에 관해 말한다. 여기서는 카프로니의 시를 인용하자.

'in-'이 붙어서 만들어졌기에, '말할 수 없다/말하는 것을 할 수 없다'를 가리킨다. 따라서 인간의 특정한 시기가 아니라 "아직 언어활동을 갖지 못한 상태"를 가리킨다. 본서 89쪽 이하 참조.

그곳으로 나는 돌아간다.

없었기에 예전부터 아무것도 변하지 않았다.

테이블 위 (왁스가 칠해진

체크무늬 천 위)에 절반이 쏟아진

컵을 찾아냈다

가득 찬 적이 없었던 컵을. 모든 것이

내가 결코 떠난 적이 없었던 것처럼 그대로였다.(Agamben LD : 98에서 재인용)

I returned there

where I never had been.

Nothing had changed from how it was not.

On the table (on the checkered

tablecloth) half-full

I found the glass

which was never filled. All

had remained just as I never left it.(quoted in Agamben LD : 98)

결코 안 적이 없는 공간으로 회귀한다는 이 이미지는, 결코 알지 못했으나 불길할 정도로 친숙한 듯한 언어의 땅으로 회귀한다는 감각을 우리가 어떻게 상상할 수 있는지를 일러 주기 위해 제시된다. 우리는 이 책 전체를 통해 마음에 담아 두어야할 것이다. 특히 7장에서 메시아적인 것과 마주칠 때, 전면적으로 바뀌었으나 아무것도 바뀌지 않은 공간과 마주친다는 유사한 관념을 보게 될 것이다.

《언어활동과 죽음》의 마지막 여담에서, 아감벤은 성스러운 것, 혹은 사케르sacer를 도입한다. 이 용어와 형상은 그의 저작 내내 거듭 등장할 것이며, 가장 논란을 빚은 그의 저작 《호모 사케르》의 초점이 된다. 여기서 내가 이것을 언급하는 것은, 훗날의 '정치적' 작업들이 언어에 관한 초기 작업들에서 어떻게 이미 선취됐는가, 그의 저작들을 하나의 전체로 읽어 내는 것이 얼마나 필요한지를 잘 보여 주기 때문이다.

《언어활동과 죽음》에서 '성스러운 것sacer'은 인간 공동체의 기반으로서 출현한다. 아감벤에 따르면, 인간 공동체는 본질적으로 근거가 없다. 따라서 인간 공동체에 견고성을 부여하려면 실천들과 의례들이 필요하다. 아감벤에게 인간 공동체는 원초적 배제와 더불어 도래한다(무엇인가가 바깥에 실존할 수 있기 때문에 우리는 공동체를 갖는 것이며, 우리는 공동체에 포함되지 않은 것을 이 것에 비춰서 우리 자신들을 측정하기 위해 사용한다). 이 과정은 희생 제의로 구현된다. 희생제의는 누군가를 사회의 바깥에 둠으로 써[사회의 바깥에서 취함으로써] 거기에 문턱이 있음을, 혹은 아감 벤의 구절을 사용하면 바깥과 안 사이의 '비식별 지대'가 있음을 드러낸다. 누군가가 배제될 수 있다면, 우리 모두는 잠재적으로 배제될 수 있다. 아감벤은 이 희생제의적 폭력의 바깥에, 자신이 희생제의와 등치시킨 무nothingness[무의미함]의 바깥에, "사회적 실천 자체, 자기 자신에 대해 투명해진 인간의 발화 자체"(Agamben LD : 106)를 정립[설정]한다.

《언어활동과 죽음》은 이 사회적 실천과 사회적 발화라는 관념으로 끝을 맺는다. 그것은 카프로니에게 헌사된 짧은, 거의 시적이기도 한 에필로그에 담겨 있다. 이 마지막 몇 줄은 아감벤의 새로운 윤리적 공동체의 원칙에 대해 이렇게 진술한다.

"따라서 언어는 우리의 목소리, 우리의 언어이다. 지금 네가 말하고 있듯이, 그것이 윤리이다"(LD : 108).

여기서 〔보이는〕 양가성, 이 마지막 몇 줄을 우리는 '말하는'가, 읽는가 아니면 생각하는가가 여기서는 중요하다. 윤리와 마주치기 위해서는 말하다, 읽다, 생각하다 같은 실천들 사이의 분할이 취소되고 닳아 없어져야 한다. 철학의 중심에 있는 부정성에 관한 길고 복잡한 분석 후에, 아감벤은 우리더러 그 부정성을 넘어선 곳에 놓여 있는 사유·언어·삶의 왕국으로 들어서라고 당부하고 있는 듯하다. 이것이 '도래하는 공동체'이다. 이것은 3장에서 보듯이, 동일성〔정체성〕을 근거짓는 포함적/배제적 논리에 의한 배척rejection의 바깥에서 출현하는 공동체이다. 이렇게 배척하는 대신, 이 공동체는 언어와의 관계가 존재론적 부정성의 관계가 아닌 '임의의 존재'를 갈구한다.

이번 장에서 봤듯이, 철학의 기능에 관한 아감벤의 관점의 중심에는 언어가 놓여 있다. 그의 모든 작업은 다음과 같은 감각sense(사고방식)으로부터 출현할 것이다. 즉, 인간the human의 중심에는 해결할 수 없는 방식으로 균열[분열]되어 있는 무엇인가가 있는데, 보통 그것은 언어이다. 또 우리는 이 균열을 덮어 감추려 시도함(단어와 인간에게 의미를 부여함)으로써 우리의 세계를 구축하지만, 동시에 우리 자신의 실존을 설명할 수 있는 서사와 이야기를 구축하기 위해 그 균열에 의존하기도 한다. 균열이나 대립이라는 이런 감각(사고방식)은 아감벤의 저작군을 통해 내내 회귀할 테지만, 이는 항상 이 분할의 중추 주체가 동반할 것이며 또 이 중추로 회귀하려 할 것이다. 이 분할의 시작의 본성을 이해하고, 그리하여 이 분할을 무위로[작동 불능에 빠뜨리도록] 만들지 않기 위해서 말이다. 언어의 중심에서 부정성과 만난다는 것은 현대의 정치적 삶의 공허한 은어를 벗겨 내는 과정이 된다. 이 과정은 또한 언어의 발생을 제시함으로써, 그리고 그런 근본적 부정성을 넘어선 곳의 공간을 찾아내려고 시도함으로써 그런 공허한 은어를 폭로하는 과정이기도 하다.

제 2 장

유아기와 고고학적 방법

Giorgio
Agamben

《언어활동과 죽음》의 끝에서 제시되는 부정성을 넘어서는 몸짓은 이후 아감벤의 무수한 저작들에서 반복될 터이다. 이따금 쓴 논문이나 좀 더 긴 책도 포함해서 말이다. 이번 장에서는 유아기와 경험에 관해 탐구하는데, 우리는 이 탐구를 통해 이 부정성을 넘어선 곳에 실존하는 잠재성을 가질 수 있는 것은 무엇인가라는 물음과 만날 것이다. 유아기를 검토함으로써, 우리는 그의 언어철학이 역사철학으로 변형되는 방식을 보기 시작한다. 하지만 문헌학적 방법을 도입함으로써 역사적 서사와 철학적 기반 둘 다를 무너뜨리려 하는 생산적인 파괴적 운동은 바로 이 둘을 비활성화하거나 작동 불능화하려 한다. 이 문헌학적 방법은 나중에 고고학적 방법이라고 재-분절되는데, 이 방법 덕분에 우리는 언어와 언어학적 근거grounding에서부터, 3장의 도래하는 공동체의 도입에 이르는 아감벤 사유의 운동을 추적할 수 있다.

| 유아기 |

《언어활동과 죽음》 같은 저작이 지닌 부정적인 막다른 골목을 넘어서려고 시도하는 가운데 아감벤이 탐구하는 '형상들' 중 하나는 유아기라는 형상이다. 확실히 이것은 아감벤의 개념 중에서도 가장 파악하기 힘든 것 중 하나이다. 그렇지만 그가 도처에서 "도래하는 공동체"라고 부르게 될 것을 어떻게 개념화하기 시작하는지를 이해하려면 이 개념은 필수적이다.

아감벤이 '나'라는 대명사에 관해 말했던 것을 돌이켜 생각하면, 우리는 다음의 것을 떠올릴 수 있다. '나'라는 대명사는 인간 존재를 언어 속에 정초한다(근거짓는다). 하지만 이 정초는 자주 자의적인 것임이 드러나며, '나'는 언어가 발생한다는 것 외에는 어떤 참조 대상도 갖지 않는다. 우리는 이것을 언어의 사용을 통해서만 경험할 수 있고 이해할 수 있는 듯하다(우리의 세계를 언어를 통해 개념화하지 않는다면, 우리는 우리 세계에 대한 경험을 어떻게 조직할 수 있단 말인가?). 그는 근대의 주체성(우리가 자율적 개인들이라는 의미)의 전개가 어떻게 언어에 입각해 있는지에 관심을 기울인다. 우리는 우리가 정말로 존재하고 있다는 사실을 개념화하기 위해서는 '나는 존재한다'고 말해야 한다.

하지만 아감벤에 따르면, 주체이다being a subject라는 근대적 경험은 그가 '경험의 파괴'라고 부르는 것을 필연적으로 수반한다. 잘 알려져 있듯, 발터 벤야민은 니콜라이 레스코프를 논한 〈이야기꾼〉에서 근대 시기의 경험의 빈곤을 검토한다. 벤야민에 따르면, 제1차 세계대전은 근대성 아래에서 초래된 더 넓은 경험의 파괴가 포착된 사건이었다.

> 왜냐하면 경험이 이토록 철저하게 거짓말이 됐던 적은 없었기 때문이다. 전략적 경험은 소모전에 의해, 경제적 경험은 인플레이션에 의해, 신체적 경험은 물량전에 의해, 윤리적 경험은 권력자에 의해 이토록 철저하게 거짓말이 됐다. 학교에 다니려면 아직 마차 철도를 사용했던 한 세대가 하늘 아래에 서 있었다. 그 풍경에서 예전과 다르지 않은 것은 구름뿐이고, 그 구름 아래의, 파괴적인 격류와 폭발의 힘의 장 안에 놓여 있을 뿐인, 가냘픈 인간의 신체뿐이었다.(Benjamin 1977 a. 439)[1]

아감벤은 이 주장을 따르고 확장하면서, 우리는 근대생활을 경험함으로써 진정으로 경험할 수 없게 됐다고 밝혔다. 이것은 직관에 반하는 듯하지만—우리 모두는 매일 '경험'을 하고 있다 (나는 한 권의 책을 쓰고 있는 경험을 하고 있다)—아감벤에 따르면, 이것은 경험의 핵심이 아니다. 경험의 핵심은 오히려 우리가 어떻게 언어를 경험하는가와 관련된다. 그는 근대적 경험의 진부함을 예전의 경험 형식들과 비교하고 싶어 한다. 예전의 형식에

---

[1] 발터 벤야민, 〈이야기꾼: 니콜라이 레스코프의 작품에 대한 고찰〉《발터 벤야민 선집 9 : 서사 기억 비평의 자리》, 최성만 옮김, 길, 2012, 413쪽 이하. ; 〈얘기꾼과 소설가: 니콜라이 레스코브의 작품에 관한 고찰〉, 《발터 벤야민의 문예이론》, 반성완 편역, 민음사, 166쪽. ; 아감벤, 《유아기와 역사》, 28쪽 인용문.

서 우리는 공동체를 통해, 그리고 문화적 지식의 전승을 통해 언어를 생생하게 경험했으며 또 우리 자신을 통해 살아 있는 것으로서 경험했다. 예전에는 언어에 권위가 투여됐으며, 이 권위가 살아 있었던 것이다. 그것은 강제로 부과된 권위가 아니라 "단어들과 이야기하기narration가 지닌 힘"이다.

민간전승의 기억을 예로 들어 생각해 보자. 세대를 통해 이야기와 노래가 반복됨으로써 단어에 진정한 힘이 주어졌다. "이로부터 일어나는 것은 경험을 권위로서 세운 형식인 격언이자 속담의 소멸이다. 이런 격언과 속담을 대체한 슬로건은 경험을 상실한 인류의 속담이다. 이것은 오늘날 더 이상 경험이란 게 없다는 뜻이 아니다. 오히려 경험이 이제 개인(인간)의 바깥에서 벌어진다는 뜻이다"(IH : 17(31쪽)). 이는 보수적이거나 향수 어린 시각으로 보일 수도 있으나, 사실상 그렇지 않다. 오히려 아감벤은 낡은 경험의 쇠퇴 속에서, "미래의 경험의(을 위해 보관된) 싹트고 있는 맹아"(IH : 17(31쪽))를 보고 있다.

아감벤에 따르면, 경험의 파괴를 탐색하고 새로운 경험 형식의 가능성을 모색하기 위해서는 근대적 주체성의 본성을 탐색하는 것이 필수이다. 근대성의 흔해빠진 서사는 우리를 세계에 대한 초월론적 이해(예를 들어 세계에 질서를 가져다주고 세계를 통제할 수 있고 잠재적으로는 우리를 구원할 수 있다는 기독교적 *신* 관념)로는 더 이상 봉쇄되지 않는 근대적 주체라고 제시한다. 그 대신 근대 과학과 근대 철학은 추론 과정을 통해 세계에 다시금 질서를 가져다줄 수 있다. 그 덕분에 우리는 *신*이나 몇몇 다른 힘force의 실존을 통해 세계를 설명하지 않고, 세계를 개인으로서 경험한다. 이성이 우리에게 부여하는 자유가 있기에 우리는 우리 자신을 의식의 주체로 간주할 수 있다. 즉, 우리는 세계와 의식적이고 능동적인 관계맺음 방식을 갖는 것이다. 그러나 아감벤은 우리가 갖고 있는 것이 세계와의 그런 관계맺음engagement을 매개하는 언어라고 지적한다. 따라서 '경험의 파괴'는 '경험'의 본질이 의식이 아니라 언어임을 깨닫지 못했기 때문에 생겨난 결과이다. 그러면 왜 이것이 중요할까? 또 이것은 [목소리]와 관련해 우리가 탐구했던 관념들과 어떻게 관련되어 있을까?

이에 관해 사고할 수 있는 최선의 방식은 유아기infancy를 통해서이다. 아감벤이 여기서 유아기라는 말을 통해 뜻하려 한 바는, 우리가 흔히 쓰는 일상적 의미에서의 유아기라는 시기가 아니다. 따라서 옹알이를 하는 갓난아이를 생각해서는 안 된다. 오히려 아감벤이 말하려 한 바는, 언어의 '경험' 자체와 같은 어떤 것이다. 따라서 그것은 우리가 '되돌아갈' 원래의 어떤 것이 아니고, 언어를 갖기 전에 있는 어떤 유토피아적인 지점이 아니다. 사실 언어에 선행하는 장소라는 관념은 폐기되어야 한다. 이런 관념은 우리가 언어에 선행하는 '사건'을 갖고 있다는 관념에 의존하기 때문이다. 우리가 사건을 가질 수 있고 따라서 역사를 가질 수 있는 것은 우리가 언어를 갖고 있기 때문일 뿐이다.

언어에 선행하는 어떤 것이 있다는 관념은 다음의 이해로 대체되어야 한다. 모든 '기원'은 언어의 경험 자체로 병합incorporated

되어야 한다는 이해 말이다. 우리는 어떤 것으로 '되돌아가는' 것이 아니라, 언어의 핵심에 놓여 있는 것을 드러내야 한다는 이해 말이다. 현재에 결정적으로 중요한 문제, 즉 언어의 문제가 출현하는 순간을 탐구한다는 이런 관념을 우리는 또다시 보게 된다. 여기서 유아기란 인류를 언어로부터 분리하는 것을 근거짓는 바로 그것을 명명하려는 시도이다. 이는 '경험'의 불가능성으로 이어지며, 이를 이런 분리에 앞선 어떤 점으로 '회귀'하려는 모든 시도와 혼동해서는 안 된다.

경험은 언어의 한계이다. 그것은 우리가 말로 정식화하려고 분투하는 바로 그 어떤 것이 발생하는 지점인 것이다. 원한다면, 이것은 유아기로의 회귀, 더 정확하게는 유아기의 섬광이라 할 수 있을 것이다. 유아기란 곧 언어에 선행하는 어떤 것이 있었음을 우리가 상기하는 점, 언어가 이것을 '설명'하기 위해 분투한다는 것을 우리가 상기하는 점인 것이다. 아감벤은 이렇게 말한다.

"유아기가 그러한 것으로서 실존한다는 사실 자체―즉, 달리 말해 언어의 초월론적 한계[경계]로서 경험된다는 것―는 언어가 언어 자체를 총체성과 진리로서 제시할 수 있다는 가능성을 배제한다"(IH 58(99쪽)).

이것이 뜻하는 것은, 언어는 언어를 관장하는 규칙들 및 체계들과 언제나 등가인 것은 아니며, 이런 것들로 환원되지도 않는다는 것이다. 그렇다고 해서 이것은 우리가 진리를 가질 수 없다는 뜻도 아니다. 오히려 언어는 진리를 획득하는 직접적이고 과학적 수단이 아니라는 뜻이다. 언어, 유아기, 진리 사이의 관계는 구성된 관계, 시시때때로 바뀌는 관계이다. 하지만 유아기의 가장 중요한 특징은, 유아기가 언어와 담론/발화 사이의 균열을 드러내고 이 균열의 원천이라는 점이다. 언어의 뜻은 세월이 흘러도 변함없거나timeless 순수한 것이 결코 아니다. 시간이 흘러도 똑같은 뜻을 계속 간직하는 단어는 결코 없다. 우리, 즉 인간은 발화·담론으로 이행하는 언어의 장소site이듯이, 우리가 언어를 사용하는 방식도 자연스럽게 변조될 수밖에 없다.

담론으로 향하는 언어의 이 운동을 아감벤은 인간의 안과 바깥에 함께 있는 것으로 형상화한다. 이것을 조금 추상도가 낮은 방식으로 파악하려면, 그가 사용하는 과학적 유비를 참조하는 것이 도움을 줄 것이다. 그는 인간의 언어를 "그 원천에서 체내적 영역과 체외적 영역으로 균열되어 있는 것"(IH : 65(115쪽))이라고 서술한다.[2] 생물학에서 체내적은 동물이 자기 신체의 일부로서 사용하는 장치/특징과 관련된다. 그러므로 새한테 발톱은 체내적이라 할 수 있다. 체외적은 동물의 신체에 외생적인 extraneous 특징이나 도구와 관련된다. 그러므로 인간이 사용하는 가래는 체외적이다. 아감벤의 탐구를 더 밀고 나간다면 다

---

[2] 국역본은 "신체 내부적인 유산과 신체 외부적인 유산 간의 대립"이라고 번역하고 있으나, 체외적esosomatic-체내적endosomatic이라는 단어는 그대로 번역되어야 한다. 이것은 특히 '면역화 패러다임'의 문제와 연결되어 있기 때문이다. 이와 관련된 내용은 로베르토 에스포지토, 〈면역적 민주주의〉, 《문화/과학》, 김상운 옮김, 2015년 가을호 (통권83호), 390~415쪽 ; 로베르토 에스포지토, 〈면역화와 폭력〉, 《진보평론》, 김상운 옮김, 2015년 가을(제65호), 309~323쪽을 참조.

음과 같을 것이다. 즉, 언어란 우리가 우리 의식 속에서 발원한 것인 양 사용하고 있으나, 동시에 언어는 그 원천에 있어서 도구 중에서 가장 인공적이며 다른 곳에서 이입된 것이기도 하다. 그러니까 유아기는 이 체내/체외의 균열[분열]에 대한 이름이다. 언어는 완전히 낯선 동시에 이토록 친숙한 것이라는 사실 때문이다.

이런 식으로 유아기는 앞 장에서 우리가 만났던 말하는 존재의 핵심에 있는 부정성의 이름이다. 하지만 경험으로서의 언어를 전유함[제 것으로 삼음]으로써 유아기를 제 것으로 삼을 수 있는 경험이라는 관념을 아감벤이 사고할 수 있게 한 것은, 그 기반과 긴밀하게 결부되지 않은 균열, 분할, 사이in-between라는 자리가 유아기에 주어져 있기 때문이다.

인간을 언어의 자리로 이해하는 데는, 아감벤이 여기서 사용하는 '기호론적'과 '의미론적'이라는 에밀 방브니스트의 전문용어를 이해하는 것이 중요하다. 기호론적인 것이란 기호 인식science이다. 언어란 우리 누구나 이해할 수 있는 단어들, 기표들의 집합이라고 보는 것이 이 관념이다. 우리는 단어를 보고, 인식하고 읽는다. 반면 의미론적인 것이란 이렇게 말해도 좋다면, 언어의 의미다. 그것은 인식될 필요는 없으나, 이해되어야 한다. 기호론은 보통, 문장의 수준이다. 그것은 더 유효하든 덜 유효하든 다른 언어로 번역될 수 있는 의미를 지닌다. 반면 의미론적인 것의 문제란, 그것이 보편적이지 않다는 것, 다른 언어로 번역되지 않는 잠재성을 갖고 있다는 것이다.

흔한 예를 들어 보자. 프랑스어에는 영어의 'river(강)'에 상당하는 두 개의 단어가 있다. 'rivière'와 'fleuve'이다('fleuve'는 바다로 흘러드는 강을 가리킨다). 'fleuve'의 의미를 영어로 번역하기는 쉬우나, 기호론적으로는 번역할 수 없다. 영어에는 'fleuve'를 직접적으로 대체하는 것이 없기 때문이다. 영어의 경우에도, 세계의 다양한 지역에서 직접적으로 번역되지 않는 예를 몇 가지나 생각할 수 있을 것이다. 미국 영어에서는 'root'라는 단어는 '지지하다'라는 정도의 의미다("We're rooting for you guys"는 "응원할게"이다). 하지만 오스트레일리아에서 'root'는 성교를 의미하는 심한 비속어이다. 즉, 어떤 문화에서 다른 문화로 기호론적인 것을 들여온다고 해도, 이는 의미론적인 뜻이 따라올 것임을 보증하지는 않는다. 그러므로 요약하면, 우리가 어떤 용어들을 기호론적인 의미로 사용할 때마다 매번, 우리는 이 용어들을 의미론으로 한순간이나마 향하게 하지만, 이것들은 곧바로 언어(랑그)로 물러선다. 유아기란 '순수 언어'에서 의미론적인 것으로 이행할 수 있는 바로 그 점임을 우리에게 가능하게 해 주는 그런 과정의 사이in-between에 대해 아감벤이 붙인 이름이다. 이와 유비해서, 이렇게 지적할 수도 있다. 유아기란, 우리가 '신화'에서 '역사'로의 이행을 볼 수 있고 비판적 신화학의 가능성을 볼 수 있는 바로 그 점이다.

아감벤은 프랑스의 구조인류학자 클로드 레비스트로스Claude Lévi-Strauss(1908~2009)의 정식화를 좇아 신화를 착각illusion이라고 여긴다. 우리가 여전히 순수 언어(랑그)에 도달할 수 있다는 착각(환상), 우리가 자연의 언어와 같은 어떤 것으로 되돌아갈 수 있다는 착각 말이다. 유아기와 마찬가지로, 신화는 기호론적인 것과 의미론적인 것 사이에 있는 점이지만, 그렇다고 해서 유아기와 똑같은 것은 아니다. 신화는 의미론적인 것 혹은 담론을 '순수' 언어(랑그)의 영역 혹은 기호론적인 것의 영역으로 전환하려고 시도한다. 그러나 유아기는 이와는 정반대의 움직임을 수행한다. 정반대의 움직임이란, 역사가 언어(랑그)를 의미론적인 것이 지닌 복수적 의미로 데려가듯이, 우리에게 역사를 부여하는 과정이다. 역사가 변화에 관한 것이라고 가정한다면, 역사는 시간이 지나면서 일어나는, 언어에 있어서의 변화, 변동으로 읽을 수 있다.

그러므로 만일 한편으로 신화가 순수 언어와 같은 어떤 것으로 회귀한다는 착각을 산출하고 다른 한편으로 역사가 순수 언어를 부정함으로써 산출된다고 가정한다면, 그렇다면 비판(비평)적 신화학이란 무엇인가? 이 물음에 대한 답변은 문헌학을 통해 신화를 변형한다는 형태를 취한다. 문헌학이란 언어들의 구조, 역사적 전개, 언어들의 관계는 물론이고 언어의 음운론과 형태학에 관한 역사적 연구를 다루는 지식의 한 분야이다. 이것은 또한 역사적 언어학으로 알려져 있다. 〈어떤 잡지를 위한 계획〉이라는 짧은 논고에서,[3] 아감벤은 '비평적 신화학'을 어떤 탐구 과정이라고 개괄한다. 이것은 실천과 의례가 어떤 시점

---

[3] 본서의 259쪽 이하 각주 4 참조.

에서 다른 시점에 걸쳐 서서히 변형된다는 시각이나, 서로 분리되어 있는 듯 보이는 시간과 장소들 사이에 기묘한 합류점이 있다는 시각을 문헌학의 관점에서 검토하는 탐사 과정인 것이다. 아감벤에 따르면, 이 과정은 "원형적 경직과 고립으로부터 신화를 깨어나게 하고, 이를 역사로 회복시키려 한다. 〔문헌학 자체가〕비평적으로 산출하는 근원은 모든 의례적 성격으로부터, 운명에의 모든 종속으로부터 자유롭다"(Agamben IH : 150(248쪽)).

여기서 우리는 아감벤이 언어와 문헌학에 초점을 맞춤으로써 신화와 역사라는 범주로 무엇을 하려고 하는지를 분명하게 정의할 수 있게 된다. 우리는 기원과 운명을 역사와 신화 둘 다를 강박관념처럼 사로잡고 있는 '종언'이라고 생각할 수도 있으나, 아감벤은 이런 기원과 운명 둘 다를 제거해 버린다. 그는 본질이나 토대와 같은 개념들을 모조리 없애 버리려 하며, 그 대신 언어에 사유를 집중시킴으로써 변화와 연속성 둘 다를 해명하려고 한다.

| 고고학과 철학적 방법 |

비평적 신화학이 맡아야 할 어원론적 임무를 아감벤이 어떻게 이해하는지를 파악하기 위해서는, 이 문제에 관해 그가 최근에 한 정식화들 중 하나를 검토하는 게 도움이 될지 모르겠다. 고고학이라는 정식화가 그것이다.

〈패러다임이란 무엇인가?〉에서 그는 방법론과 인식론에 관해 다음과 같이 진술했다. "나는 이런 종류의 문제를 좋아하지 않는다. 언젠가 하이데거도 말했듯이, 자를 것이 더 이상 아무것도 남아 있지 않은데도 칼을 가느라 바쁜 사람들이 있다는 인상을 나는 항상 갖고 있다"('WP'). 하지만 그는 최근 논고들에서,[4] 이런 물음에 자신이 어떻게 접근하는가를 더 명확하게 제시한다. 이미 지적했듯이, 아감벤은 사유의 구조들과 장치들 apparatuses(미셸 푸코가 사용한 프랑스어로는 dispositif)을 추적하는 데 관심을 기울인 사상가이다. 이 장치들의 고고학을 이해하는 데 도달하기 위해 이 장치들의 계보학에 착수하는 것이다. 이것이 역사 연구와 어떻게 다른지 묻는 사람도 있을 것이다. 아감벤은 철학적 고고학이 역사적 선험(아프리오리)을 파악하는 것에 관한 것이라고 분명히 말한다. 그가 여기서 참조하는 것은 임마누엘 칸트Immanuel Kant이다. 칸트는 《순수이성비판》(1781)에서 서로 상이한 두 개의 인식 형식을 식별했다. "우리는 … 선험적 인식을 이러저러한 경험과는 독립된 인식이 아니라, 모든 경험과는 절대적으로 독립된 인식이라고 이해한다. 이것에 대립되는 것은 경험적 인식이다. 그것은 후험적(아포스테리오리)으로만, 즉 경험을 통해서만 가능한 인식이다"(1965 : 43).

아감벤은 이 구별을 취해 다음과 같이 생각한다. 우리는 사유의 선험을 탐구하려고 노력해야 하지만, 사유는 결코 경험적

---

[4] 특히 《장치란 무엇인가?》를 가리키는 듯하다.

이지 않으며, 사유에 유산으로 남겨져 있는 기원들을 제외하고 는 기원들을 가질 수 없다. 철학적 고고학이란 바로 이런 역설 이다. 그러므로 칸트는 종언에 관해, 즉 사유의 도달점인 '순수 이성'이라는 이념에 관해 사고함으로써만 사유의 역사를 제시 할 수 있다. 따라서 철학은 과거로 돌아가 세계가 그로부터 전 개되는 제1원리인 '아르케'를 정확히 짚어 낼 수 없다. 그 대신 철학은 사유의 구조, 가능성의 조건들을 설정함으로써만 사유 의 역사를 파악할 수 있으며, 철학은 이런 것들로부터 출발해 그런 사유의 본성 자체를 탐색할 것이다.

아감벤은 이 역설을 얼마간, 자신의 비판적 철학의 과제를 위 한 출발점으로 삼는다. 그는 나중에 난민 문제를 비롯한 현대 의 문제를 다루는데, 거기서도 역시 이런 문제가 출현하는 구 조들에 관해 사고할 것이다. 난민의 경우, 구조들이란 정치공동 체와 국민국가에 있어서의 포함과 배제이다. 이런 현상들을 현 재에 진정으로 이해하려면, 이런 일이 어떻게 일어났는가를 묻 는 게 필수적이다. 이것은 기원의 지점으로 되돌아가 구조의 전 개를 탐색함으로써 현재의 구조를 드러내려고 시도한다는 뜻이 다. 이를테면 본서 4장에서 강조했듯이, 아감벤은 난민 문제를 추적하기 위해 아리스토텔레스로 거슬러 올라간다. 이것은 현 재가 어떻게 정초되었는지를 탐색하고 싶어 하는 아감벤 사유 의 비판적·부정적 부분이다. 그래서 고고학자가 "현재로 다시 금 물러선다"는 것이 중요하다.

그렇다면 목표는 과거 시대의 본성이 아니라 오히려 현재의 출현과 관련되어 있다. 이 점에 관해 그는 다음과 같이 묻는다. "과거에서 무의식과 망각된 것에 다다르려 하는 게 아니라, 의식과 무의식, 역사 서술과 역사 사이의 (그리고 더 일반적으로 말하면 우리 문화의 논리를 정의하는 모든 이항대립 사이의) 이분법이 창출된 지점으로 거슬러 올라가는 이 특이한 '고고학적 퇴행'을 우리는 어떻게 이해할 것인가?"(Agamben PA : 222(144쪽)) 이 물음에 대한 대답은 현재를 이런 균열의 지점 자체로부터 사고하려 노력함으로써 얻어질 수 있다.

이것은 모종의 향수로 가득 차 있거나 진정한 순간을 추구하고 균열에 선행하는 인류의 타락 이전의 지점을 추구하면서 과거로 후퇴한다는 것이 결코 아니다. 균열 '이전before'에 관해 사고한다는 것은 여전히 균열의 논리 자체에 사로잡혀 있을 것이다. 아감벤에 따르면, 발생 지점을 사고하려 노력함으로써 우리는 "우리가 겪어 보지도 생각하지도 못했던 것으로서 현재가 자기-계시하는 것"(PA : 223(148쪽))을 드러낼 수 있다.

하지만 우리가 겪어 보지도 사고하지도 못했던 것에는 아무런 실체가 없다. 우리는 뭔가를 겪거나 사고하기 전까지는 그것에 대해 알 수 없다. 그러므로 이런 고고학적 방법에서 유래한 비판적 분석 형태에 착수하는 것이야말로 이 사유되지 않은un-thought 현재를 실현하려고 노력하기 위한 수단이다. 아감벤이 지적하듯이, 이것은 억압된 어떤 것을 의식되게 만드는 것이 아니라, 오히려 "세심한 계보학적 탐색을 통해 환영phantasy을 불러내고, 그러면서 그 환영을 다시 수선하고 탈구축하고 세부적으로 검토하고, 이렇게 함으로써 이 환영을 점진적으로 침식하고 이것으로부터 기원의 지위를 박탈하는 것"(PA : 225(151-152쪽))이 바로 비평적 분석인 것이다. 따라서 아감벤의 사유에는, 비록 그의 초기 저작들에서는 이렇게까지 즉각적으로 명료한 것은 아니라 하더라도, 이런 논리와 구조가 이미 구비되어 있다.

그러니까 아감벤의 '문헌학적' 방법이라고 부를 수 있는 것에 기초가 되는 것은, 역사를 보는 원천 혹은 수단으로서의 언어이다. 후술하듯이, '호모 사케르' 시리즈의 경우가 특히 그러한데, 그는 개념의 역사를 단어/용어의 역사를 통해 보여 준다. 우리가 현대 세계에서 어떤 용어를 사용한다고 하더라도, 이 사실은 의미가 고정되고 불변적이라고 암시하는 게 아니다. 아감벤은 한 단어의 어원이나 그 이후의 전개를, 가령 라틴어로부터 추적함으로써, 작금의 의미가 과거의 많은 추론과 용법을 그 내부에 얼마나 포함하고 있는지, 이런 과거의 추론과 용법들 중에서 어떤 것이 상실됐고 어떤 것이 마치 비밀처럼 여전히 기묘하게 살아 있는지를 논증할 수 있다.

이미 서문에서 밝혔고 또 본서를 통해 증명할 것이지만, 이 과정은 언어와 권력의 관계에 도전한다는 것과 관련되어 있다. 언어가 의미로 이동하고 전개한다는 것을 깨닫는다면, 우리는 어떤 주어진 의미를 받아들이고 이것에 만족하는 것을 자동적으로 거부하게 된다. 랑그(언어)와 파롤(발화)의 분열은 항상 이동할 수 있고 권력에 도전할 수 있는 유동 상태로 귀결된다. 그리고 이런 도전의 자리가 존재하는 장소가 바로 인간이다. 이것은 우리가 언어를 사용하고 변경하는 방식이기도 하다.

| 아감벤과 데리다 |

의미하라는 명령으로부터 언어를 자유롭게 하려는 이 시도는
아감벤의 저작을 거듭 특징짓고 있다. 아감벤과 자크 데리다
Jacques Derrida의 관계를 고찰하는 것은 약간의 휴식이 될 것이
다. 데리다는 20세기의 가장 유명하고 논쟁을 불러일으킨 사상
가 중 한 명이다. '탈구축'이라는 그의 방법은 철학적 전통에 대
해 급진적으로 도전한다. 데리다에 익숙한 독자라면 하이데거
에 대한 아감벤의 관계에 관해 적은 난외 주석에서 데리다 사
유와의 유사성을 이미 봤을 것이다. 이 유사성에 이끌려서 어
떤 이들은 아감벤과 데리다의 기획 사이의 친화성에 초점을 맞
추기도 했다. 하지만 이 두 사람의 기획에는 현저한 차이가 있
다. 아감벤의 방법을 명료하게 하기 위해 여기서 이 차이를 밝
히려 한다(다음도 참조. Thurschwell 2005 ; Mills 2008).

　아감벤과 마찬가지로 데리다는 서양 형이상학에 대해, 또 그
가 '현전의 논리'라고 부른 것에 대해 매우 비판적이다. 데리다
가 보기에, 서양 사상은 쓰기writing〔기록, 에크리튀르〕보다 발화
〔말하기〕를 관례적으로 특권화하려 했다. 데리다에 따르면, 발
화는 플라톤 이후부터 줄곧 쓰기보다 직접적이고 무매개적인
immediate 것으로 간주됐다. 이것의 기초에는 암묵적인 승인이

있는데, 언어는 고정된 의미를 갖고 있지 않으나 발화는, 이를 테면 보통의 대화의 경우, 의미를 명료화하고 안정화할 수 있는 기회를 좀 더 많이 제공한다는 것이다. 즉, 발화의 경우 한 명의 화자는 상호이해에 도달하기 위해 다른 화자에게 질문을 던질 수 있다. 반면에 쓰기는 사유에서 진정한 의미로부터 멀리 떨어져 있는 것으로 간주됐으며, 공유된 의미, 의사소통적 의미가 전개될 가능성이 더 낮다고 여겨졌다.

발화와 쓰기의 역사를 조사해 보면, 둘 사이의 이항대립은 성립되지 않는다고 데리다는 말한다. 그래서 그는 이 이항대립의 논리로 물러서기를 거부하는 제3항을 설정한다. 이런 제3항 중 가장 잘 알려진 것이 '차연differance'이다. 프랑스어에서 'différence(차이)'와 'différance(차연)'은 발음으로는 구별되지 않는다. 쓰기에 의존함으로써 비로소 둘 사이를 차이화할 수 있을 뿐이다. 그래서 차연은 이항대립을 방해하고 교란하도록 작동하며, 따라서 언어에서 고정된 의미의 영속적인 부재를 대신하는 것이 될 수 있다. 하지만 데리다에게 중요한 것은, 차연이 화두topic에 대한 새로운 접근 양식을 대신하게 되는 단어나 개념이 결코 될 수 없다는 것이다. 왜냐하면 차연은 결코 특정한 determinant 의미로 굳어지지 않으며, 오히려 반복 가능한iterable 채로 있어야 하기 때문이다.

원한다면 다음과 같이 말해도 좋다. 나의 '쓰여진 소통[교류, 발표 원고]'가 쓰기로서의 기능, 즉 이것의 가독성을 간직하기 위해서는,

일반적으로 모든 특정한 수신자가 절대적으로 사라져도 여전히 읽을 수 있어야 한다. 그것(나의 소통/교류)은 수신자의 절대적 부재, 또는 경험적으로 규정 가능한 수신자들의 집단성의 절대적 부재에 있어서 반복 가능─되풀이 가능─해야 한다. 이런 되풀이 가능성 itérabilité은 ('iter(다시)'는 필시 산스크리트어의 'itara(다른)'에서 유래한 것이리라. 이것 이후의 모든 논의는 반복을 이타성異他性에 연결시키는 이 논리로부터 작동되는 것으로 읽을 수 있다), 쓰기(기록) 자체의 표시를 구조화한다. 그 쓰기의 유형이 어떤 것이든지 간에 말이다)(1982 : 315)

데리다는 발화에 초점을 맞추기를 거부하고 그 대신 쓰기(기록)의 역사를 탐색하기로 선택한다. 아감벤은 이런 '그라마톨로그라마톨로지'의 기획을 여러 가지 핵심 순간에 인용하고, 그 철학적 방법을 탐색한다. 특히 아감벤은 데리다 식의 흔적과 언어의 문제를 탐색하려 한다. 아감벤은 이렇게 말한다. "'흔적' 개념은 기호가 현전과 절대적 현전의 충만함 속에서 소멸되는 것의 불가능성을 지칭한다. ⋯ 기의는 항상 기표의 위치에 있다"(TTR : 103).[5] 탈구축이란 흔적을 추적하는 과정이다. 그것은 대립을 풀어 나가는 과정의 출발점으로서 이 흔적이라는 표시를

---

[5] 영어판과 비교한 결과, 알렉스 머레이가 직접 영역한 것 같다. 그러나 이탈리아어 원문과 대조해 보면, 머레이의 번역보다 영역판 번역이 더 정확하다. Il concetto di 《traccia》 nomina questa impossibilità per un segno di estinguersi nella pienezza di un presente e di una presenza assoluta. ⋯ il significato già sempre in posizione di significante. p. 97.

사용하는 과정이다. 이처럼 흔적과 그 기능은 '의미의 기원'이지만, 그것은 분명히 불안정하며, 결코 절대적이지 않다. 흔적이 시사하는 바는, 의미가 무한하고 순환적인 놀이에 기초를 두고 있으며, 이 놀이 속에서 의미는 결코 일관성을 갖고 있지 않다는 것이다. 데리다가 《그라마톨로지에 관해》에서 말하듯이, "사실상 흔적은 의미 일반의 절대적 기원이다. 그것은 곧, 의미 일반의 절대적 기원이란 없다고 말하는 것과 똑같다. 흔적이란 등장과 의미작용을 여는 **차연이다**"(1976 : 65, 강조는 데리다). 그러니까 데리다의 저작은 모든 의미를 불안정하게 하는 형태, 사유에 대한 그 어떤 경직된 기반으로 회귀하는 것도 부정하는 형태로서의 흔적을 추적하려 한다. 데리다가 철학을 뒷받침하고 있다고 주장하는 현전의 형이상학을 극복하려는 시도가 바로 이것이다. 이 시도는 소쉬르의 입장을 무너뜨리고 기의(의미)에서 기표(단어)로 향함으로써 이뤄진다.

하지만 아감벤에게 이것은 가짜 운동이다. 비판적 방법론으로서의 흔적은 형이상학의 토대인 단어와 의미 사이의 원초적 균열(분열)을 넘어선 곳으로 우리를 '뒤로 돌아가게' 해 주는 것이 전혀 아니다. 아감벤의 논점은, 우리가 흔적 혹은 차연을 기표/기의(s/s)라는 구별을 허물어뜨리기 위한 기초로 삼아서는 안 된다는 것이다. "쓰기와 기표의 형이상학"에 초점을 맞추려한 데리다의 시도가 "현전과 기의의 형이상학"의 초월일 것이라고 기대할 수는 없으며, 오히려 그것을 그저 물구나무서게 했을 뿐이다. 아감벤은 다음과 같이 지적한다.

"따라서 'S/s'라는 알고리즘은 그저 '/'라는 장벽으로 환원되어야 한다. 하지만 우리는 이 장벽에서 단순히 차연의 흔적만 보는 것이 아니라 〔사물들의〕 접합부·연절부 … 의 위상학적 게임도 찾아내야 한다"(S : 156(《행간》, 315-316쪽)).

즉, 데리다의 탈구축은 흔적의 작동을 통해 이항대립을 허물어뜨리려 하지만, 아감벤의 탈구축은 이항들 사이의 장벽 내지 '사이'를 제시하는 방법을 통해 이항대립을 허물어뜨리려 한다. 내가 생각하기에, 두 사람의 주요한 차이는 시간적·정치적 차이이다. 아감벤은 항상 내재적인 것인 '접합putting together'에서 형이상학의 허물어짐을 보고 있는 반면, 데리다의 탈구축은 항상 무한한 것인 해체unravelling를 한다. 예를 들어 아감벤은 언어의 핵심에 있는 부정성을 동시대에서 극복하기 위해 설명하려고 시도하지만, 데리다의 탈구축은 현재에 내속하는 지연과 차이를 흔적을 통해 강조하려고 시도할 것이다. 아감벤의 주장은 그라마톨로지가 "어떤 텍스트의 무한한 탈구축"(P : 218-9)이나 "무한한 유예deferment"(TTR : 104)여서는 안 된다는 것이다. 그라마톨로지는 잠재성의 윤리에 열리기 위해서 '비활성화되도록' 애써야만 한다. 이 잠재성의 윤리는 3장에서 설명할 것이다.

아감벤이 탐색하는 유아기란, 그가 하이데거에게서 탐색한 부정성의 문제와 대결하려고 노력하는 수단이다. 유아기는 언어와 담론/발화 사이의 분열(균열)의 기반이다. 아감벤은 인간의 역사를 분할의, 분열의 역사로서 탐색할 수 있는 비판적 방법을 구축하고 싶어 한다. 유아기라는 문제와 마주침으로써, 우리는 또한 경험과도 마주친다. 좀 더 구체적으로 말하면, 아감벤이 근대적 주체성 문제의 핵심에 있다고 주장하는 언어의 경험이라는 문제와 마주치는 것이다. 그의 언어철학으로부터 전개된 이 방법은 그의 저작을 통해 상이한 형태로 반복된다. 고고학은 이런 방법 중 하나이다. 이 기획은 분명 데리다의 탈구축과 평행적일 수도 있다. 그러나 그 시간성이 내재적이라는 점에서, 그리고 그 시간성이 도래하는 공동체의 정치적 임무와 연결되어 있다는 점에서 이 기획은 탈구축과 다르다.

제 3 장

잠재성과
'도래하는 철학'의 임무

Giorgio
Agamben

아감벤의 사유에서, 그리고 언어(언어활동)에 내속하는 부정성과 씨름하려는 그의 시도에서, 비평적 계기는 그가 '도래하는 철학의 임무'라고 부르는 것을 여러 모로 준비하고 있다. 이번 장은 세 개의 핵심어를 검토함으로써 이 임무를 개괄할 것이다. 잠재성, 무위(혹은 작동 불능으로 만들기), 도래하는 공동체이다. 이 세 용어를 하나로 합쳐 생각하면, 아감벤의 사유가 펼쳐지는 방향을 개괄할 수 있다. 중요한 것은 이 세 가지가 '목표', 즉 도달되어야 할 어떤 것이 아니라 과정이자 실천이라는 것이다. 세 용어를 함께 가동시키면 정치와 윤리를 개념화하는 새로운 방식을 위한 공간을 열게 될 과정이자 실천 말이다. 그리고 이 세 용어는 모두 언어에 관한 이해와 결부되어 있다. 언어란 정치와 윤리의 새로운 형태가 발생할 수 있는 공간이라고 하는 이해 말이다. 그리고 이 공간에서 새로운 형태의 정치와 윤리는 근대 정치에서 언어의 포획에 도전할 수 있다.

| 변증법 |

앞 장에서 우리는 고고학을 통해 사유 체계와 구조를 '작동 불능으로 만들려' 하는 아감벤의 시도와 만났는데, 아감벤의 이런 시도가 갖는 본성을 파악하기 위해서는 변증법과 이항대립에 관한 짧은 입문을 제공할 필요가 있다. 아감벤은 이런 이항적 구조를 궁극적으로 거부하거나 이것에 도전하고 싶어 하는데, 그가 그에 맞서서 작업을 전개하는 그런 전통을 우리가 이해하는 것은 중요하다. 이런 전통을 모르면, 그의 방법이 어떤 식으로 서양철학의 전통에 대한 응답인지를 파악할 수 없다.

아감벤은 변증법적 관계의 산출을 무위로 만들고 싶어 한다. 변증법적 관계를 작동 불가능하게 만들기 위해 이 관계를 탐색하고 비활성화하려고 시도하는 것이다. 이 과정은 철학적 주장을 하는 과정이지만, 또한 비평적 방법이기도 하다. 변증법의 역사는 오래됐다. 변증법은 원래 고대 그리스 철학에서 어떤 논증 스타일을 가리키는 수사학적 용어로 사용됐다. 그러다가 근대 사상, 그중에서도 임마누엘 칸트의 철학에서 좀 더 특정한 의미를 띠게 됐다.

칸트 철학에서 변증법은 과학이 기존의 종교적이거나 초월론적인 개념들을 설명하기 위해 몸부림쳤던 방식을 서술하기 위해 사용됐다. 칸트는 이런 개념들을 해결 불가능하다고 믿었다. 이후 G. W. F. 헤겔에 이르러, 근대적 합리성은 이런 기존의 초월론적 항들을 변증법적 진행progression을 통해 더 잘 파악할 수 있었다. 이런 진행은 모든 변증법적 투쟁의 궁극적 종합, 즉 절대정신으로 끝을 맺을 때까지 계속되고 이로써 끝을 맺는다. 이후 카를 마르크스는 공산주의적 유토피아로 귀결될 역사 단계를 통해 인간의 전개를 이론화하기 위해 헤겔의 변증법을 취한다. 이 모든 판본이 매우 다른 것이기는 하지만, 아감벤이 변증법적 방법을 사용할 때 암시하고 있는 지적인 배경을 형성한다.

변증법은 어떤 테제(정립)를 제출하는 것에서 출발하는데, 이에 반해 반테제(반정립)가 나오며, 이 과정은 (앞의 두 가지를 종합한, 새롭게 합의된 입장을 창출함으로써 서로 대립하는 입장들을 해소하는 논증을 통해) 새로운 종합으로 귀결된다. 이 기본적 논증 구조는 역사적 진보를 설명하기 위해 헤겔과 마르크스가 사용한 것이다. 여기서 중요한 것은, 헤겔의 변증법에 대한 어떤 이해를 전파하는 데 러시아 출신의 철학자 알렉상드르 코제브 Alexandre Kojève가 중요한 역할을 맡았다는 점이다.

코제브는 1930년대에 파리에서 일련의 강의를 했는데, 이것이 훗날 《헤겔독해 입문: 《정신현상학》 강의》로 출판됐다. 이 연속 강의와 후속 출판물에서 코제브는 매우 유물론적 판본의 헤겔을 제시했다. 이 판본에서는 절대정신이라는 신학적 총체성에 대한 탐구가 '역사의 종언'이라는 더 유물론적인 관념으로 대체됐다. 아감벤에 따르면 후자는 "메시아적인 것을 종말론적인 것으로 평탄하게 만들어 버리는 것"(TTR : 101)을 추구했다. 이 연속 강의에는 당시 프랑스에서 가장 중요한 사상가 몇 사람이 참석했다. 거기에는 장 폴 사르트르, 자크 라캉, 조르주 바타유, 모리스 메를로퐁티가 포함돼 있었다. 이것은 프랑스에서의 헤겔 독해를 변용시켰으며, 뿐만 아니라 미국에서도 두 세대 동안 영향을 미쳤다.

코제브의 헤겔 해석에 따르면, 인간의 역사는 사람들peoples이 인정recognition을 위해 서로 투쟁하거나 좀 더 구체적으로는 그런 인정 욕망을 위해 서로 투쟁하는 갈등의 역사이다. 이것은 주인-노예의 변증법에서 가장 유명하게 드러난다. 이 변증법에서 인간들은 인정을 위해 서로 투쟁하며, 그 결과 하나의 당파가 산출된다. 권력을 통해 다른 당파를 복종subservience의 입장에 처하도록 강제하며, 자신들을 주인으로 인정하라고 강제하는 당파 말이다.

하지만 이 입장은 누구에게도 만족스러운 것이 아니다. 즉, 주인은 자기보다 열등한 자들이 자기를 위대한 자라고 인정해주기를 원하는 것이 아니며, 물론 노예들은 열등한 자로서 위치지어져 있기 때문에 결코 행복하지 않다. 그러므로 두 당파 사이에서 인정 투쟁은 계속되며, 이것이 인간 역사를 추동해 온 갈등이다. 여기서 지적해 둘 만한 것은, 코제브가 주인과 노예의 변증법을 통해 헤겔을 유물론적으로 재파악recapitulation한 것이 노동 관념에 대한 강조를 산출한다는 것, 그리고 권력에 대한 노동의 관계를 강조한다는 것이다. 이것은 변증법에 대한 아감벤의 접근법을 지배하게 될 '무위'로 우리가 향할 때 중요한 요소가 된다.

이것이 변증법에 대한 초보적인 이해이긴 하지만, 그래도 아감벤이 변증법의 구조들을 자신의 사유에서 어떻게 사용하고 전복하는가를 이해할 토대를 제공하는 것임은 틀림없다. 역사의 전개를 설명하는 데 변증법이 어떤 힘/형식을 또 다른 힘/형식에 대립시킨다는 사실은 중요하다. 이것은 이항적 사유 형식으로, 역사, 인간관계 등에 관한 다소 기계적이고 제한된 지각을 창출한다. 이 사유는 또한 목적론적이기도 하다.[1] 즉, 어떤 '텔로스'를, 절대정신, 역사의 종언, 유토피아 등으로 향해야 할 목표를 전면에 내세운다는 뜻에서의 목적론. 목적론적인 사유 모델은 미래를 향한 한쪽 눈을 갖고 과거를 설명하려 한다.

반면 아감벤은 현재에 대한 급진적 가능성을 열기 위해 과거를 이해하려 한다. 아감벤은 상이한 현상들의 전 범위를 특징 짓기 위해 이런 이항적 혹은 변증법적 구조를 사용한다. 하지만 그는 '원초적' 분열 혹은 기반적 분열이 종종 있다고 지적한다. 이런 분열이 개별적인 변증법적 진보(진행)의 운동을 특징짓게 될 것이다. 그래서 아감벤은 이런 분열에 의해 현재에 '산출'되고 있는 것을 식별하려 할 것이다. 이 산출은 문제가 되는 현상에 대해 반테제(반정립)적으로 보일 수도 있을 것이다. 이것은 계보학적으로 현재에서 과거로 소급해 작용하며, 정초적인 계기에 있어서 변증법의 생각지도 못한 타락을 겉으로 드러낸다.

---

[1] 아감벤의 논의를 직접 다루고 있는 것은 아니지만, 목적론과 종말론의 관계에 대해서는 피할 수 없는 쟁점이 존재한다. 이에 관해서는 잠정적으로 다음을 참조. 에티엔 발리바르, 〈종말론 대 목적론 : 데리다와 알튀세르의 유예된 대화〉, 장진범 옮김, 진태원 엮음, 《알튀세르 효과》, 그린비, 558~584.

그러므로 관념사에 관한 변증법적 이해를 사용해 개념들의 전개를 추적한다는 점에서, 아감벤은 변증법의 사상가이다. 하지만 그는 역사에 대한 목적론적 이해의 옹호자가 결코 아니다. 앞으로 향해 가는 이 운동에 그가 긍정적인 성질을 부여한 것은 결코 아닌 것이다. 본서의 서론에서 이미 지적했듯이, 그가 관념들의 구조와 편성architecture을 탐색하는 것은 그저 새로운 현재를 실현하기 위해 이런 관념들을 무너뜨린다는 목표를 갖고 있기 때문이다.

이는 그가 변증법적 방법을 좋아하기 때문이 아니다. 마르크스나 헤겔은 '역사의 종언'이라는 자신들의 관념에 변증법이 새로운 미래를 가져다줄 것이라고 믿었으나, 아감벤은 그렇지 않다. 반대로 그가 이항적인 것들을 사용해 자신의 비평적 방법론을 구조화하려고 애쓴 것은 우리 문화가 이항적인 것들에 의해 지배됐기 때문일 뿐이다. 아감벤은 사유의 근본 구조들을 탐색하는 데에서는 특히 "언어는 존재의 집"이라는 관념에서 하이데거에게 빚을 지고 있다. 반면, 구조들을 파열시키는 데에서는 발터 벤야민에게 지고 있는 빛에서 더 많이 추동된다는 것이다.

발터 벤야민과 아감벤의 방법

이미 언급했듯이, 발터 벤야민은 아감벤 사유에 강한 영향을 미쳤다. 철학적 방법과 역사에 대한 벤야민의 이해를 탐색하는 것은 아감벤의 사유를 파악할 때 필수적이다.

벤야민은 1892년 베를린의 유대인 중산층 가정에서 태어났다. 그는 프라이부르크대학교와 베를린대학교에서 공부했는데, 그의 연구는 1919년에 집필되어 1920년에 논문으로 출판된 박사학위논문에서 정점에 이르렀다. 《독일 낭만주의의 예술비평 개념》이라는 제목의 이 밀도 높고 (상대적으로) 무미건조한 글은 낭만주의의 중기에 예나학파가 저술한 것을 검토하고 있다. 노발리스의 단편들과 특히 〈아테네움〉 지誌에 발표된 프리드리히 슐레겔의 단편들에 초점이 맞춰졌다.[2] 벤야민의 논문은 이런 단

---

[2] 슐레겔은 《아테네움 단편》 116절에서 «진보하는 보편 시학(포에지poésie)»이라는 구상의 개요를 말했는데, 그것은 철학과 시의 통일을 요구하는 것이었다. 그것에 따르면, 이 낭만파적 보편 시학의 사명은 "시학의 낱낱의 종류들을 모두 재통일하고 시학을 철학 및 수사학에 접촉하게 하는 것일 뿐만이 아니다. 그것은 시와 산문, 〔천재적〕영감과 〔계몽적〕비평, 예술시와 자연시를 혼합하고 융합하려 노력하고 또 이렇게 해야 한다는 것이다"고 한다(Friedrich Schlegel, »Athenäumsfragmente«, in : *Kritische Schriften und Fragmente*, hg. v. Ernst Behler u. Hans Eichner(Studienausgabe), Paderborn/München/Wien/Zürich 1988, Bd. II, S.114. ; Ginette Verstraete, "Friedrich Schlegel's Theory of the Fragment", *Fragments of the Feminine Sublime in Friedrich Schlegel and James Joyce*, 1998, SUNY, p. 31에서 재인용). 물론 슐레겔은 바그너처럼 무엇이든지 받아들인 거대한 종합적 예술 작품이라는 형식을 만들어 내고, 잃어버린 통일을 되찾으려 한 것이 아니다. 현재의 진리에의 무한한 접근이 동시에 미래를 목표로 한 무한한 진보이기도 하다는 모순을 품고 있는 존재 방식에서만, 낭만파적 시학의 기획은 실현 가능하다. 이것은 중단되면서도 연속적인 단편이라는 낭만파가 가장 좋아하는 표현 형식에 의해, 즉 비평이라는 특별한 형식에 의해 가장 적절하게 표현되는 것이다. 왜냐하면 "시는 영원히 그저 생성할 뿐이며, 결코 완성되지 않는다"(Ibid., S.115)는 것이 낭만파 시학의 본질이기 때문이다. 이 과정에서 결정적인 중요성을 지닌 것은 시적 반성과 비판이다. 슐레겔에 따르면, "진보하는 보편 시학"은 이 시적 반성과 비판이 내건 요구를 적절하게 평가할 수 있어야 한다. 그리고 그것이 가능해지는 것은 시적 이미지 자체가 모두 자신 쪽으로부터 해체하고, 파괴적 반성 속에서 높아지고, 더욱 새로운 이미지의 구성을 가능케 한다는 방식을 통해서일 수밖에 없다. 그것은 "모든 실제적이고 이상적 자기-이해로부터 자유롭고, 시적 반성이라는

편들에서 보이는 관념들이 피히테의 철학에 대한 응답으로서 출현했다고 지적한다. 벤야민의 주장에 따르면, 낭만주의자들은 파열되고 무한한 그러나 구원적 형식을 지닌 자기self에 초점을 맞춘 철학을 전개했으며, 철학과 문화적 생산 둘 다에 대해 양의적 가능성을 지닌 형식의 영속적 비평과 자기-성찰을 위한 가능성을 연다고 한다. 충만한 무한이라는 개념은 벤야민이 훗날 역사를 개념화하는 데에서도, 그리고 아감벤 자신의 작업에서도 틀림없이 중요하다. 사실상 아감벤은 예나학파에 관해 수차례 언급하는데, 아감벤이 독일 낭만주의에 어떤 빚을 지고

날개 위에 올라타고, 이런 반성을 더욱더 높은 힘으로 끌어올릴 수 있으며, 거울의 끝없는 계속 속에서 이를 증식시키는 것"(Ibid., S.114)이다. 낭만파 사상가들은 이런 원리를 잘 알고 있으며, 이것에 '낭만주의적 아이러니'라는 표현을 부여했다. 확실히 헤겔은 이런 사고방식을 과도한 주관주의라고 보고 배척했다. 그러나 사실상 이 낭만주의적 아이러니를 공격적인 말투로 비판하는 그 스타일 속에서, 도리어 헤겔이 생각한 것의 핵심이 아주 적절하게 표현되고 있다. 헤겔은 《미학강의》에서 이렇게 말한다. "왜냐하면 진정한 진지함은 실체적인 관심을 통해서만, 즉 그 자체로 본질적인 것으로 헤아려지는 내용을 통해서만 진리, 윤리적 삶 등등과 같은 내속적인 가치가 있는 어떤 것에 진입하기 때문이다. … 〔하지만〕 모든 것을 자신의 변덕으로부터 수립하고 해소하는 '자아'가 예술가일 때, 이런 진지함은 아무런 장소도 찾아낼 수 없다. 이런 예술가에게는 어떤 내용도 절대적인, 즉 즉자적이면서 대자적인 것으로서의 의식이 아니라, 스스로 만들어 내고 스스로 파괴할 수 있는 가상으로서 나타나기 때문이다. … 이런 아이러니는 프리드리히 슐레겔이 발명한 것이다. 그리고 다른 많은 이들은 이에 대해 주절거렸다. 아니 지금도 이에 대해 거품을 물고 얘기하고 있다"(Georg Wilhelm Friedrich Hegel, *Vorlesungen über die Ästhetik, in : Werke in 20 Bänden*, hg. v.). 헤겔이 바로 이처럼 비난하고 있는 점이야말로, 아감벤의 입장에서 보면, 문학과 철학의 분열을 넘어서 비평의 개념이 탄생하는 현장이다. 이런 비평의 탁월성은 비평이 갖고 있는 자기부정 능력에서 그 본령을 발휘한다. 부정적인 운동으로서의 비평은, 철학과 시 사이의 분열을 (무자각적으로 재생산하고 있는) 철학적 미학보다도 실로 많은 형태로 극복할 수 있다. 더욱이 이런 비평의 높은 요구에 응할 수 있었던 것은, 낭만파 이후의 사상가들 중에는 엄밀하게 말해서 오직 《독일 비애극의 근원》(1927)의 발터 벤야민뿐이라고 아감벤은 최초의 저작인 《행간》의 서두에서 밝힌다.

있는가는 앞으로 밝혀져야 할 작업이다.

이 학문적 연구의 후속 작업으로, 벤야민은 Trauerspiel(트라우에르스피엘)에 관한 두 번째 논문을 쓰는 것으로 나아간다. Trauerspiel이란 16~17세기의 독일 비애극〔애도극〕이다.[3] 이 출발

---

[3] 벤야민의 《독일 비애극의 근원》이 다루고 있는 것은 몇 세기 동안 망각된 후에 20세기가 되어서야 비로소 재발견된 17세기 독일의 바로크 비애극 혹은 애도극이다. 난해하기로 유명한 벤야민의 저작은 그리피우스, 로엔슈타인 등등의 작가가 남긴, 오늘날에는 황당무계하게 느껴지기도 하는 비애극을 재구성하고, 그렇게 함으로써 시와 문학과 문헌학 사이의 다툼에 개입한다. 이것은 어쩌면 그의 사유의 철저성이라는 점에서는, 후기 낭만파가 남긴 철학적 미학에 대한 비판보다 더 나을지도 모른다. 철학적 전통의 발상과는 달리, 낭만파에게서 그랬던 것과 마찬가지로 《독일 비애극의 근원》을 쓴 벤야민의 관점에서 보면, 문제의 초점은 예술의 진수로서의 미에 대한 비평이었다. 그러나 동시에 벤야민의 연구에 본질적인 중요성을 부여한 것은 그가 바로크의 반미학적인 특질을 동시대의 표현주의에 직접 관련시켜 서술했다는 점이다. 즉, 그는 바로크 비애극을 매개로 삼아 20세기 표현주의의 기법과 문제를 반성적으로 검토했던 것이다. 그래서 바로크 비애극을 문헌학적 방식으로 역사적으로 재구성하는 작업은 벤야민에게 《우리 자신의 역사 경험》이라는 의미를 띤 것이었다.

한편, 벤야민의 이 책의 독일어 원제는 *Ursprung des deutschen Trauerspiels*이다. 원래 Trauerspiel은 그리스어에서 유래한 Tragödie을 고유의 독일어로 번역한 말이지만, 벤야민은 이 책에서 주로 요하네스 폴켈트Johannes Volkelt, 프리드리히 니체, 게오르크 루카치의 비극Tragödie론을 거론하면서, 이런 것은 자신의 주제인 Trauerspiel과 다르다고 거듭 명시적으로 강조하고 있다. 한편, Trauerspiel을 '근대비극'이나 '바로크비극' 등처럼 절충적으로 번역하는 경우가 가끔 있는데, 이는 벤야민이 굳이 비극Tragödie이라는 단어를 배척하고 Trauerspiel을 제시했다는 사실을 경시하는 것이다. 벤야민의 *Trauerspiel*은 바로크라는 시대 구분(설령 고대 그리스와의 대비를 염두에 두고 있더라도)에 한정되지 않는다. 아무튼 '비애극'이라는 번역어는 '비극'과 '애도극'의 합성어라는 뉘앙스를 품고 있다는 점을 감안해야 한다.

다른 한편 '기원'이 아니라 '근원'이라고 번역한 이유는 벤야민의 다음의 말 때문이다. "'근원'이란 솟아난 것의 생성이 아니라, 생성과 소멸에서 솟아나는 것을 의미한다. '근원'은 생성의 흐름 속에 '소용돌이'로서 있으며, 출현의 소재를 자기 자신의 율동 속에 거둬들이는 것이다"(Walter Benjamin, *Ursprung der deutschen Trauerspiels*, in : Walter Benjamin, Gesammelte Werke, a.a.O. I.I., S.226). 책 전체가 매우 까다로운 데다 특히 지금 인용한 구절은 아마 텍스트 전체에서도 가장 난해한 대목에 속할 것이다. 이 구절에 대해서는 Samuel Weber, "Genealogy of Modernity : History, Myth and

점은 상대적으로 관례적인 것이지만, 벤야민은 이로부터 놀라운 독창성을 지닌 저작을 산출했다. 바로크 예술의 본성에 대해, 그리고 바로크 예술과 역사의 관계에 대해 폭넓은 철학적인 응시를 기울인 것이다. 그러나 지도교수는 벤야민에게 이 학위 논문을 제출하지 말라고 권했다. 전통적이고 보수적인 학계에서 실패작으로 간주될 것이 틀림없었기 때문이다. 그래서 벤야민은 대학이라는 체제를 떠나 저널리즘과 광범위한 형식의 문화비평에 착수했다.

이 급진적 문화비평서인 《독일 비애극의 근원》은 아감벤의 저작군들에서 하나의 장소를 차지하고 있는데도 자주 인식되지 않고 있다. 아감벤이 벤야민에게 지고 있는 빚을 중요한 논문인 〈폭력 비판을 위하여〉와 최후의 저작인 〈역사 철학에 관하여〉를 통해 탐색하려는 주석가들은 많다. 하지만 방법에 입각해, 그리고 비판철학의 임무라는 더 넓은 물음에 입각하면, 《독일 비애극의 근원》은 이 관계를 살펴보는 핵심 텍스트임이 틀림없다. 이 텍스트는 비평적 방법 때문에 아감벤에게 중심적 중요성을 갖는다. 따라서 이 방법을 간략하게 설명하는 것은 아감벤의 작업이 갖고 있는 두드러진 특징들 중 몇몇을 설명하는 데 도움을 줄 것이다. 아감벤은 《독일 비애극의 근원》이 지닌 중요성에 관해 다음과 같이 애매하지 않게 밝히고 있다.

Allegory m Benjamin's *Origin of the German Mourning Play," in : Modern Language Notes* 106,(3, 1991), pp. 465-500이 명쾌한 해석을 시도하고 있다.

'보편적인 발전적 시학poiesi'이라는 프로젝트를 통해 시와 비평적−문헌학적 분과학문 사이의 구별을 폐기하려 시도했던 예나학파에게 비평이라는 이름에 걸맞은 비평적 작품은 그 안에 자신의 부정을 포함하는 작품, 그러므로 그것의 본질적인 내용을 결코 그 안에서 찾아볼 수 없는 작품뿐이었다. 금세기(20세기) 유럽의 평론은 이런 장르의 (비평의) 사례가 빈약하다. … 엄밀하게 말하면, 어쩌면 (이런 의미의) 비평이라는 이름으로 불릴 만한 값어치를 갖고 있는 것은 단 한 권뿐일 것이다. 발터 벤야민의 《독일 비애극의 근원》이다.(S : xv(10쪽))

하지만 비평적 작품이 자신 속에 자신의 부정을 포함한다는 것은 무엇을 뜻할까? 아감벤은 비평이 시와 철학 사이의 분열로 산출된다고 주장한다(이에 대해서는 6장에서 다시 검토할 것이다). 비평의 목표는 언어 자체 외에는 그 무엇도 소통하지 않는 것으로서의 언어의 실현에 기여함으로써 비평 자체의 부정을 제공하는 것이다. 앞 장에서 개괄한 철학적 고고학의 모델을 상기한다면, 진정한 비평의 목표는 비평이 기초를 두고 있는 (시와 철학 사이의) 분열의 계기를 비활성화하는 것이다. 그러므로 비평적 작품은 비평이라는 관념 자체를 부정하기 위해 그 분열의 본성을 겉으로 드러내려 한다.

벤야민의 《독일 비애극의 근원》은 다루기 힘든 저작으로 악명 높다. 이는 이 책의 형식에서 비롯된 바가 크다. 그러나 아감벤도 지적하듯이, 이 책은 어렵기는 해도 가장 중요한 책 중 하나이다. "《독일 비애극의 근원》은 벤야민의 저작들 중에서 가장 인기 없는 것으로 손꼽히지만, 그의 가장 심오한 의도를 글로 표현해 낸 유일한 책일 것이다"(S : 139(271쪽)).

벤야민은 이 책을 '모자이크'라고 개념화한다. 문장에 관해 말한다면, 개별 조각이 전체의 일부로 간주되어야 하는 모자이크 말이다. 그렇지만 그런 것은 추상적인 것을 포착하려는 시도에 의해서가 아니라 제시 형식을 통해 도달될 수 있다. 단순화해서 말하자면, 이것은 버지니아 울프의 소설을 읽는 것과 같은 것이다. 누군가 《댈러웨이 부인》에서 무슨 일이 일어났느냐고, 즉 추상적 수준에서의 서사적 움직임이 뭐냐고 묻는다면, 이 책은 깊이가 거의 없는 매우 지루해 보이는 책일 수 있다(부인이 파티를 준비하고 있다). 하지만 독자는 재현(표상)을 통해, 부인의 언어 사용, 구두법, 은유 등을 통해, 부인의 행동work의 뒤에 있는 훨씬 넓은 '뜻'을 포착할 수 있다. 그것은 말해진다기보다는 재현되고 있다.

벤야민은 지식과 진리가 다른 것임을 일깨운다. 지식은 그 대상을 의식에 '획득'하기 위해 방법을 사용한다. 지식은 특수한 방법을 적용함으로써 뭔가를 포착하려는 것이다. 지식은 뭔가로부터 출현한다기보다는 그 뭔가에 작용하는 것이다. 반면 진리는 '자기-재현'을 추구하는 것이며 '내재적'인 것이다. 이 용어는 까다로운데, 내재적 원리를 초월론적 원리와 구별한 칸트에게서 유래한다. 내재적 원리는 우주에 현전하는 어떤 영역 속에 있는 반면, 초월론적 원리는 이를 넘어서 있는 것이자, 경험을 설명하기 위해 전제되는 것이다. 그러니까 초월론적 원리는 자신이 이해하려고 애쓰는 대상의 바깥에서 그 지도적guiding 원리를 정립하는 원리이며, 내재적 원리는 그런 대상 내부에 있는 것이다.

따라서 벤야민의 방법이 내재적이라고 한다면, 이는 진리를 추상적인 지도적 원리를 통해서가 아니라 텍스트 자체 속에서 제시하기 때문에 그렇다. 따라서 어떤 의미에서는, 벤야민의 저작에는 그 어떤 '열쇠'도 있을 수 없다. 그의 저작은 전통적 철학이 아니기 때문이다. 또한 시와 마찬가지로, 그것은 왜 그런지도 모른 채 언어를 파악하기를 바라는 것일 수도 없다. 오히려 그의 저작은 제시(문장, 구조)를 통해 텍스트의 진리를 드러내야 한다. 벤야민이 논고의 본성에 관해 단언하듯이,

논고의 방법의 정수는 재현(표상)이다. 방법은 우회로이다. 우회로로서의 재현 — 이것이 논고의 방법적 본성이다. 논고의 일차적 성격은 의도의 중단 없는 진행을 단념하고 있다는 것이다. 사유의 과정은 지칠 줄 모르고 새롭게 시작되며, 에둘러 가면서도 그 원래 의도로 되돌아간다. 이 계속되는 잠깐 동안의 숨고르기는 관조의 과정에 고유한 양식이다. 왜냐하면 관조는 하나의 동일한 대상을 고찰하면서도 상이한 의미 수준들을 추적함으로써, 다시 시작하는 것에 대한 동기를 부여받는 동시에 그 단속적斷續的인 리듬도 정당화되기 때문이다. 모자이크가 제멋대로 된 작은 조각들로 단편화되면서도 그 위엄을 보존하는 것과 마찬가지로, 철학적 관조 역시 그

흔들림을 두려워하지 않는다(Benjamin 1974 b, 208(새물결, 12-13쪽)).

모자이크의 '제멋대로 된 작은 조각들'은 《산문의 이념》 같은 저작에서 아감벤 자신이 하고 있는 종종 단편적인 성찰과 약간 비슷하다. 그러므로 아감벤의 저작의 대부분이 갖고 있는 얼핏 보기에는 별로 관계가 없어 보이는 성격, 서론에서 지적했다시피 앨리슨 로스 같은 주석가들이 비판적인 자세를 취하는 그 성격은 벤야민식 형식의 비평에는 완벽하게 필요 불가결하다. 아감벤이 착수하는 것은 바로 이런 형식의 비평이다.

여기서 관건은 그저 글쓰기 과정만이 아니다. 이것은 또한 독해의 문제이기도 하다. 왜냐하면 텍스트의 논리적 전제들에서 안식처를 찾을 수 없다면, 텍스트는 항상 쓰여지고 있는 과정 속에 있어야만 하기 때문이다. 각각의 독해가 새로운 텍스트를 산출하기 때문이다. 아마 이것은 작품에서 진리의 출현을 서술하기 위해 벤야민이 내재적이라는 용어를 사용하는 까닭을 설명해 줄 것이다. 진리는 작품 안에 있으며 작품으로부터 항상 출현하는 것이지, 주어진 것일 수 없다. 조지 스타이너는 벤야민이 1차 텍스트들을 다루는 방식을 이렇게 요약한다. "진정한 평론가―이해자, 즉 자신의 독해가 자기 앞에 놓인 페이지의 연속된 삶을 보증하는underwrites 독자는 1차 텍스트들에 대한 해명적 진술을 창출하고 그에 맞서는 진술을 증대시키면서, 자신의 지각을 성립시킨다"(Steiner in Benjamin 1998, 21).

그러므로 이런 형식을 취하는 '진정한' 비평은 설명한다기보다는 성립시키며, 제시한다기보다는 재현(표상)한다. 아감벤의 저작군들에 접근하는 독자들이라면 내재적 재현이라는 이 관념을 염두에 두어야 한다. 이를 깨닫지 못하면, 분석모델을 텍스트들로부터 출현하게 하기보다는 오히려 분석모델을 텍스트에 부과해 버릴 위험이 있다. 아마 이것은 왜 그토록 많은 비판가들이 아감벤의 작업이 지닌 운동을 안에서부터 포착하려 하지 않고 아감벤의 바깥에서 해석적 틀을 강제하면서 아감벤을 맥락에서 벗어나 읽는지를 설명해 줄 것이다.

| 아감벤과 역사 |

아감벤은 몇몇 비평적 방법론과 문체뿐 아니라 역사에 관한 중요한 이론화에 있어서도 벤야민에게 빚지고 있다. 역사에 관한 이론화는 앞 장에서 우리가 다룬 철학적 고고학 및 경험과 관련해 역사 관념을 공고하게 만들어 준다.

역사는 오랫동안 앞으로 뻗어 가는, 진보의 무한원점으로 향해 가는 연속체로 간주됐다. 그러니까 역사는 항상 현재로부터 과거를 돌이켜봐야 한다. 과거를 돌이켜보는 수단을 창출하는 현재를 특수하게 구성하는 것과 더불어서 말이다. "역사는 항상 승리자들이 쓴 것이다"라는 구절의 뿌리에 있는 것이 바로 이 모델이다. 벤야민에게도 아감벤에게도, 이 역사 모델은 역사적 지식의 기반을 탐색하는 데 실패하며, 더 일반적으로 말하면 역사서술의 기반을 탐색하지 못하며, 그저 현재의 헤게모니적 논리를 통해 과거를 탐색할 뿐이다. 따라서 잠재성을 실현하기 위해서는, 우리가 새로운 현재로 돌아가도록 돕기 위해서는 이런 역사 모델이 해체되어야만 한다.

"역사를 그 알갱이와 부딪치게 한다(역사를 뒤집는다)"는 벤야민의 모델은 《독일 낭만주의의 예술 비평 개념》과 《독일 비애극의 근원》에 대해 작업하기 전에 개진됐다. 벤야민은 최초의 출판물인 〈학생시절〉(1915)에서 이미 대안적인 역사서술에 관한 개요를 제출했다. 이 글은 막 싹트는 단계에 있던 벤야민의 비평 방법을 놀랍고 간단명료하게 진술한 것으로, 길게 인용할 만한 값어치가 있다.

시간의 무한성(무한한 연장)을 믿고 스스로 속도나 속도의 결여에만 관심을 두며, 인간과 시대가 진보의 경로와 더불어 전진한다고 믿는 역사관이 있다. 이런 역사관은 이것이 현재에 대해 요구하는 일관성과 엄격함이 어느 정도 부재한 것과 일치한다. 반면 다음의 언급은 어떤 특수한 조건을 묘사한다. 이 조건에서 역사는, 전통적으로 철학자들의 유토피아적 이미지들에서 발견됐던 것과 마찬가지로, 하나의 초점에 집중되는 듯하다. 궁극적 조건을 구성하는 요소들은 스스로를 형식 없는 진보적 경향들로 현시하는 것이 아니라, 모든 현재에 있어서, 창조적 정신의 가장 위험천만하고 혹평을 받고 비웃음을 산 관념과 산물의 형태 속에 깊이 뿌리 박혀 있다. 역사적 임무는 완전함의 내재적 상태를 탈은폐하고 이런 상태를 절대적으로 만드는 것이며, 이를 현재 속에서 가시적으로 만들고 지배적이게 만드는 것이다. 〔하지만〕 이 조건은 세부 사항들(제도, 관습 등등의 역사)에 관한 실용주의적 서술에 입각해 포획될〔고쳐 쓰여질〕 수 있는 게 아니다. 〔오히려〕 사실상 이런 서술을 회피한다. 오히려 임무는 메시아적 왕국이나 프랑스대혁명의 이념과 더불어, 그 형이상학적 구조를 포착하는 것이다.(1996 : 37)

이 구절은 역사에 대한 '대안적' 접근법을 벤야민이 어떻게 이해하는가를 극적인 방식으로 드러낸다. 여기서 중요한 것은 이것이 과거라기보다는 현재에 관한 것이라는 점이다. 이는 '정확한' 역사적 기록을 복원하는 것을 목적으로 삼아 과거를 겉으로 드러내려고 하는 무미건조하고 형식적인 역사주의가 결코 아니다. 오히려 문제는 역사의 구조를 '포착'하는 것인데, 이때 구조란 역사적 서사에 의해 종종 꽉 막혀져 있는〔폐색된〕 권력 장치들 속에 담겨져 있는 구조이다. 하지만 이 '포착'은 이런 시도exercise의 궁극적 지점이 아니며, 오히려 거기에는 벤야민의 방법이 드러내려 의도하는 바로 그 현재에서 이뤄지는 내재적 '탈은폐'가 있다. 비평적 방법론에 관한 이런 서술은 앞서 고고학에 관한 논의에서 개괄했던 아감벤의 방법론과 놀랍게도 유사하다. 하지만 유사성을 포착하려면, 또 둘 사이의 몇 가지 차이를 포착하려면 벤야민의 역사철학을 좀 더 깊이 있게 탐색해 둘 필요가 있다.

생애의 마지막 시절에 발터 벤야민은 파리의 아케이드에 관한 기획에 점점 더 몰두하게 됐으며, 이에 대한 작업을 쉴 새 없이 했다. 그의 수많은 노트들이 작업노트로 채워져 그 분량이 수천 쪽에 달했다. 이와 동시에 그는 자신의 역사철학의 메시아적 요소들을 발전시켰다(메시아주의에 관한 기본적인 사항에 관해서는 본서 7장 참조).《아케이드 프로젝트》(독일어 원제에 충실하게는 '파사주론')는 출판물의 형태로만 약 3천 개의 단편으로 이루어져 있으며, 그 대부분은 철학적·역사(학)적·창작적fictional·경제학적 원천에서 나온 인용으로 구성되어 있으며, 벤야민 자신의 이론적 성찰로 수놓아져 있다. 텍스트는 소용돌이로 나눠지고 주제를 중심으로 조직되는데, 이 중 우리 논의에 가장 중요한 것은 〈인식론에 관해, 진보 이론〉이라는 제목의 소용돌이 〈N〉이다. 바로 여기서 벤야민은 변증법적 이미지라는 저 유명한 정식화를 개진한다.[4]

《아케이드 프로젝트》, 특히 소용돌이 〈N〉은 역사에 관한 마르크스의 유물론적 개념화와 밀접하게 연결되어 있다. 벤야민은 이렇게 단언한다. "마르크스는 경제와 문화 사이의 인과적

---

[4] '변증법적 이미지'라는 몇 가지 측면에서 주목을 요한다. 첫째, 벤야민의 소재 개념이 발전된 것이 변증법적 이미지 혹은 변증법적 표상이다. 이는 특히 "인용 부호 없이 인용되는 서술"과 관련된다. 머레이의 이 책에서는 구체적으로 다뤄지지 않고 있으나, 아감벤의《산문의 이념》이라는 책 제목도 벤야민에게서 따온 것으로, 아감벤은 벤야민이 아이디어 차원에서 제시한 것을 자신의 방법으로 구체적으로 습득했다고 할 수 있다. 둘째, 이것은 미적 모더니즘에서 자주 언급되는 몽타주의 문제, 혹은 자크 랑시에르가 말하는 '변증법적 몽타주'와 '상징적 몽타주'의 변별 혹은 차이의 문제와 관련된다. 랑시에르는 후자를 비판하고 전자를 옹호하는데, 이것이 벤야민과 아감벤의 미학적 사유와 어떤 관계에 있는지를 살피는 것도 흥미로운 과제이다. 그 단초는 자크 랑시에르,《이미지의 운명》, 김상운 옮김, 현실문화, 2014를 참조.

연결을 털어놓는다. 우리에게 문제가 되는 것은 표현의 가닥 thread이다. 제시될 것은 문화의 경제적 기원이 아니라 경제가 경제의 문화에 있어서 표현되고 있다는 것이다"[5] (1999 : 460(71-72쪽)). 그런데 역사에 관한 벤야민의 유물론적 개념화를 아감벤이 어느 정도나 따르는지에는 논란의 여지가 있다.

벤야민이 사용하는 방법론에서 아감벤이 뭔가를 끌어내고 있다는 것은 틀림없으나, 벤야민을 뒷받침하는 마르크스주의적 유물론과 아감벤이 맺고 있는 관계는 이것보다 더 문제적이다. 마르크스에게 역사는 사유의 구조에 의해서가 아니라 사람들이 그 아래에서 실존하게 되는 물질적 조건에 의해 포착되어야 한다. 마르크스는 《독일 이데올로기》에서 다음과 같이 말한다. "인간은 의식, 종교, 그 밖의 아무것에 의해 동물과 구별될 수 있다. 인간 자체는 자신들이 생활수단을 생산하기 시작하자마자 곧바로 자신을 동물로부터 구별하기 시작한다. 이는 인간 신체의 구성(유기체적 조직) 때문에 결정되어 있는(반드시 내디뎌야 할) 발걸음이다. 인간은 자신의 생활수단을 생산함으로써 자신들의 현실적인 물질적 생활 자체를 간접적으로 생산한다"(1998 : 37).

그러므로 이것은 인류의 실존이 활동에 기초를 둔다는 것, 즉 자기 실존의 물질적 조건을 창출하는 것에 기초를 둔다는 것을 뜻한다. 마르크스가 말하듯이, "삶(살아 있다는 것)은 무엇

---

[5] 발터 벤야민, 《아케이드 프로젝트 4 : 방법으로서의 유토피아》, 조형준 옮김, 새물결, 2008, 71~72쪽.

보다 먼저 먹기와 마시기, 거주하기, 옷 입기와 기타 많은 것들을 포함한다. 그러므로 최초의 역사적 행위는 물질적 삶 자체의 생산이다"(1998). 그래서 철학의 역할은 이런 행동이 가장 감각적이고 가장 유의미한 방식으로 경험될 수 있는 조건들을 최대화하는 것이다. 또한 이것은 다음을 뜻한다. 즉, 철학은 사유의 추상적 개념이 아니라 인간의 현실적인 역사적 실존에 주의를 기울여야 한다는 것이다.

마르크스의 〈포이어바흐에 관한 테제〉의 유명한 11번 테제가 말하듯이, "철학자들은 세계를 다양한 방식으로 해석했을 뿐이다. 중요한 것은 세계를 변혁하는 것이다." 그래서 마르크스 사상이 초점을 맞추는 것은 인간의 물질적 조건에 대한 분석, 그리고 인간이 어떻게 자연과의 관계에서 물질적 조건을 발전시키고 개선해 왔는가에 관한 분석이다. 따라서 마르크스의 역사적 분석은 모든 사람들의 물질적 조건에 관한 분석이 되며, 역사는 이런 조건들의 진전이 일어나는 과정이 됐다. 자신들의 역사를 자신들의 손으로 만들어 내는 노동자들의 진전이 일어나는 과정 말이다. 이런 역사 모델의 목표는 인간을 과거의 전제專制로부터 자유롭게 하는 것이었다. 그러나 마르크스가 이해하듯이, 이는 쉽지 않다. 역사가 우리의 사유를 통제하고 결정하고 있기 때문이다. 마르크스는 《루이 보나파르트 브뤼메르 18일》에서 이렇게 말한다.

인간은 자기 자신의 역사를 만들지만, 자신들이 바라는 꼭 그대로 만드는 것은 아니다. 인간은 자신들이 선택한 환경 속에서가 아니라 과거로부터 직접 마주치고 주어지고 물려받은 환경 속에서 역사를 만드는 것이다. 모든 죽은 세대들의 전통이 악몽과도 같이 살아 있는 자들의 뇌를 짓누른다. 살아 있는 자들은 자기 자신과 사물들을 혁명화(전복)시키는 데 몰두하고 그때까지 존재한 적이 없던 것을 창출하는 데 몰두하는 것처럼 보이는 바로 그때에도, 바로 그런 혁명적 위기의 시기에도, 불안에 사로잡혀서 과거의 유령들 spirits을 불러내 도움을 청하고, 이 유령들로부터 이름과 전투 구호와 의상을 빌려 와, 이번에는 이 유서 깊은 변장과 빌려 온 언어로 세계사의 새로운 장면을 연출한다.(Marx, with Engels 1983 : 398(카를 마르크스, 〈루이 보나파르뜨의 브뤼메르 18일〉, 《프랑스 혁명사 3부작》, 임지현·이종훈 옮김, 소나무, 1991, 개정1판, 162쪽))

현재를 과거에 대한 예종enslavement으로부터 자유롭게 하려는 마르크스의 생각을 벤야민이 다시 취했으며, 수정된 형태로 취하기는 했지만 아감벤도 마찬가지다. 하지만 벤야민이 자신의 역사 이해를 과거의 물질적 흔적 안에서 근거지으려고 애쓴 반면, 아감벤은 이런 물질적 조건들 위에서 그리고 너머에서 작동하는 구조들—정치적, 존재론적, 인식론적, 법적 구조 등등—속에서 단호히 작업을 전개한다. 아감벤과 마르크스의, 더 넓게 말해서 아감벤과 마르크스주의 사이의 정확한 상호관계는 분명히 더 탐색할 필요가 있는 화두이다(de Boever 2009를 보라). 그러나 여기서는 다음과 같이 말하는 것으로 충분하다. 즉, 아감벤

의 벤야민 독해는 특수한 굴절inflection이 주어져 있다. 이 굴절
은 아감벤의 방법과 철학적 기반뿐만 아니라 벤야민의 방법과
철학적 기반에 관해서도 많은 것을 드러낸다.

하지만 벤야민의 역사 이해가 지닌 유물론을 넘어서서, 아감
벤은 과거를 탐색하는 방법뿐 아니라 과거가 현재에 어떻게 표
상되는지에도 초점을 맞춘다. 아마도 아감벤의 벤야민 독해에
서 가장 중요한 교차점이 되는 것은 과거의 재현과 변증법적 이
미지의 형식일 것이다. 앞서 말했듯이, 이 초점은 벤야민의 더
넓은 방법을 파악하는 데 시사하는 바가 많다. 벤야민에 따르
면, 문제는 이런 과정들을 포착하는 것뿐만 아니라 이것들이
어떻게 제시되고 있는지를 포착하는 것이기도 하다. 벤야민의
다음 단언은 유명하다. "이 기획의 방법 : 이것은 문학적 몽타
주이다. 나는 아무것도 말할 필요가 없다. 그저 보여 줄 뿐이
다. 나는 귀중한 것을 전혀 훔치지 않으며, 기발한 정식화를 내
것으로 삼지도 않을 것이다(가치 있는 것만 발췌하거나 재기발랄한
표현을 자기 것으로 만드는 것 같은 일은 일절 하지 않는다). 오히려 누
더기나 쓰레기 ─ 이것들을 목록으로 만드는 것이 아니라, 유일
하게 가능한 방식으로 이것들이 그 진가를 발휘하도록 하는 것
이다. 그것들을 사용(재인용)함으로써 말이다"(1999 : 460(72쪽)).

이런 제시 양식에 내속적으로 연결되어 있는 것이 과거와 현
재의 관계이다. 벤야민에 따르면, 우리는 어떤 전통의 산물이
다. 즉, 일어날 수 있던 다양한 가능성들 중 하나인 것이다. 변
증법적 역사가의 역할은 현재를 그런 전통에서 벗어나 각성시

키는 것이다. 현재가 그 지점에 도달한 방식을, 그리고 역사에서 어떤 계기들이 어떻게 부정되었는가라는 방식을 제시함으로써 말이다. 그러므로 《아케이드 프로젝트》는 정치경제학의 전개에서 연속체를 과거 속에서 발견하려는 시도가 되며, 그런 경제 내부에서 환등상적phantasmagoric 상품의 역할을 발견하려는 시도가 된다. 생산양식과 소비양식의 많은 결점들을 강조하기 위해서 말이다. 롤프 티데만은 이렇게 단언한다. "자본주의의 생산력을 발전시킴으로써 발생된 발명과 혁신이 매우 급속하게 노화되는 것 안에서 벤야민은 초기 근대의 서명signature을 발견했다"(1999 : 932). 이 역사철학의 성취는 변증법적 이미지에 딸려 있는 실현의 계기일 것이다. 벤야민은 이렇게 단언한다.

> 과거가 현재에 빛을 던지는〔현재를 이해하기 위한 실마리가 되는〕 것도 아니고, 현재가 과거에 빛을 던지는 것도 아니다. 오히려 이미지란 예전에 있었던 것이 섬광 속에서 지금Jetzt과 합쳐져 하나의 성좌가 되는 곳이다. 다시 말해, 이미지는 정지상태에 있는 변증법이다. … 변증법적 이미지만이 진정한 … 이미지이다. 그리고 이런 이미지들과 만나는 장소가 언어이다. '각성〔일깨우기〕'.(1999 : 462〔76쪽〕)

이 구절은 벤야민의 역사철학의 많은 요소들을 담고 있다. 아마 "각성〔일깨움〕"이라는 용어는 벤야민의 기획이 지닌 방법과 목표를 모두 결정화結晶化하는 말일 것이다. 여기서 또 중요한 것은 언어가 변증법적 이미지들을 겉으로 드러내는 장소라는 것이다. 변증법을 정지상태에 이르게 하도록 작동하는 변증법적 이미지라는 개념은 아감벤이 변증법적 방법을 사용하는 방식을 평가할 때 가장 중요하다. 벤야민은 대개의 경우 자신의 방법을 역사 연구에 집중시키는 반면, 아감벤은 대립된 힘들을 변증법적으로 정지상태에 이르게 한다는 관념을 훨씬 더 넓은 의미로 사용한다. 따라서 변증법적 이미지는 우리가 이런 힘들의 대립을 볼 수 있고 대립하는 것들이 서로에 대해 빛을 던지고 이것들을 결정적으로 무위로 만들 수 있는 계기일 수 있다. 이런 계기에는 언어, 시각적 재현, 법적 상황에서의 계기 등이 있을 수 있다.

| 무위

아감벤의 저작 전체에는 정지상태에 이르게 되는 변증법적 대립물의 예가 많이 있지만, 여기서 나는 한 가지 예, 즉 인간/동물의 구별이라는 예에 초점을 맞출 것이다. 아감벤에게 이 대립은 매우 중요하다. 왜냐하면 이 구별은 동물적인 '타자'와 우리가 맺는 관계를 뒷받침할 뿐 아니라, 몇몇 인간학적 성질을 생득적인 것으로 규정하거나 자연화하고 그렇게 함으로써 그것에 내속하는 권력관계들을 덮어 감추는 인간 관념을 진두지휘하기 때문이다.

소책자인 《열림》의 서두에서 아감벤은 어떤 변증법적 이미지를 제시한다. 13세기의 히브리어 성서에 수록된 세밀화는 심판의 날 후의 의인들을 동물 머리를 하고 있다고 재현한다. 이 모호한 이미지를 사용해 아감벤은 서양 사상의 '인간학적 기계'가 인간적인 것을 동물적인 것보다 항상 특권화해 온 방식을 검토하기에 이른다. 아감벤에게는 '호모 사피엔스'라는 인간학적 정의 자체가 "인간적인 것에 관한 승인recognition을 산출하기 위한 기계 혹은 장치"(O : 26)이다.

아감벤에 따르면, 이 기계는 배제하는 동시에 포함해야 한다. 이 기계는 인간적인 것과 비인간적인 것이라는 두 가지, 인간과 동물이라는 두 가지를 대립 속에 두는 것이 아니라, 둘을 모두 함께 정의하려는 똑같은 논리에 지배된다. 이것은 약간 에둘러 가는 표현으로 보일 수도 있지만, 이 논의는 본서 4장에서 배제적 포함이라는 똑같은 논리에 지배되는 '호모 사케르' 형상을 검토할 때 더 분명해질 것이다.

다만 여기서 짚고 넘어가야 할 요점은, 인간의 삶과 동물의 생명이라는 이항대립의 기계는 엄격하게 말해서 이 둘 중 하나를 산출하는 것이 아니라는 점이다. 이 기계는 생명의 세 번째 형식, 즉 **벌거벗은 생명**을 산출한다. 그리고 이 벌거벗은 생명이 이 기계를 불안정하게 한다. 여기서 중요한 것은 인간과 동물이라는 분할을 넘어서는 곳에 자리하게 될 세 번째 항을 아감벤이 변호하는 게 아니라는 점이다. 오히려 그는 정지상태라는 관념을 불러들인다.

"[그것은] 인간이 자연을 지배해야 한다는 것도, 자연이 인간을 지배해야 한다는 것도 아니다. 하물며 이것들의 변증법적 종합을 표상할 세 번째 항을 통해 이 두 가지가 극복되어야 한다는 것도 아니다. 오히려 '정지상태에 있는 변증법'이라는 벤야민의 모델을 따라, 여기서 결정적으로 중요한 것은 '사이', 간격 interval일 뿐이다. 혹은 두 항들 사이의 놀이랄까, 결코 일치하지 않는 가운데 순식간에 만들어지는 성좌뿐이다." 아감벤은 계속해서 말한다. 이것은 "어쩌면 우리가 이에 대해 아무런 이름도 갖고 있지 않은 그런 것"이다(O : 83).

여기서 아감벤이 던지는 질문은 어떻게 기계들을 '비활성화〔작동 불능으로〕'할 수 있는가이다. 달리 말하면, 이런 사이this between를 어떻게 식별할 수 있고, 이것에 어떻게 주의를 기울일 수 있는가이다. 이것은 동물적인 생명이냐 인간적인 삶이냐를 선택하는 문제가 아니라, 기계를 무위로 만들고 기계의 작동을 멈추려고 시도하는 문제인 것이다.

이렇게 '기계들'을 멈추는 것과 관련해 우리가 앞으로 여러 번 마주치게 될 핵심 용어들 중 하나가 '무위inoperativity', 이탈리아어로는 'inoperosità'이다. 이 용어는 문자 그대로 번역하면 게으름이나 활동하지 않음inactivity이지만, 이 둘 중 어떤 것도 활동에 대한 잠재성을 동반하는 기묘한 수동성의 의미를 전하지 못한다. 이 용어에 가까운 번역어로는 프랑스어의 'désoeuvrement'이 있다. 이것은 아감벤이 《열림》에서, 그리고 《남은 시간》에서 다시금 'inoperosità'(무위)와 더불어 사용하는 용어이다. 잘 알려져 있듯이, 이 용어에는 게으름이라는 뜻도 있으나, 번역이 어렵기로 악명 높다(Franchi 2004를 보라).

전후 철학에서 이 용어의 역사는 1950년대에 그 의미를 두고 논쟁을 벌인 알렉상드르 코제브와 조르주 바타유로까지 소급된다. 이후 프랑스의 소설가이자 철학자인 모리스 블랑쇼가 다시 이를 사용했다. 그리고 피에르 조리스는 블랑쇼의《밝힐 수 없는 공동체》에 덧붙인 서문에서 'désoeuvrement'의 영어 번역과 관련해 더 확장된 논의를 펼쳤다. 이 프랑스어 'désoeuvrement'의 의미를 정확하게 전하는 영어 단어는 없다. 조리스는 약간 장난하듯이, "영미권 문화의 청교도적 충동이, 작업의 부재라는 개념에 들러붙어야 할 긍정적·능동적 함축connotation의 가능성 자체"(Joris 1988, xxiv)를 차단한다고 지적했다. 보다시피 'désœuvrement'이라는 단어는 'œuvre(작품)' 혹은 저작군body of work의 도치inversion이기 때문에, 이것은 비-작품non-work, 혹은 비노동unworking, 타성inertia, 노동의 결여lack of work처럼 보인다.《프랑스의 헤겔》에서 브루스 바우는 초현실주의에 관한 바타이유의 논고에 나오는 이 용어를 "시적인 하지 않음poetic undoing(하지 않는 시적 행위)"(Baugh 2003 : 76)으로 번역한다. 아무튼 내가 생각하기에 중요한 것은 'désœuvrement'과 무위가 바로 고유하게 문학이라는 형태를 취한다는 것을 놓치지 않는 것이다. 다만, 아감벤은 물론이고 장 뤽 낭시에 따르면, 'désœuvrement'의 바로 고유하게 '정치적'인 형식이라는 것도 있다. 낭시는 이렇게 지적한다.

"공동체는 블랑쇼가 무위désoeuvrement라고 부른 것에서 필연적

3 잠재성과 '도래하는 철학'의 임무 |

으로 발생한다. … 공동체는 특이성들이 중단됨으로써 생겨난
다. 혹은 특이한 존재들이 중단에 있어서, 공동체는 그 중단에
의해 생겨난다. 공동체는 특이한 존재들의 작업이 아니며, 공
동체가 특이한 존재들을 자신의 작업으로 삼고 있는 것도 아니
다. 하물며 소통〔교류〕이 하나의 작업인 것도 아니다. … 소통이
란 사회적, 경제적, 기술적, 제도적인 작업의 비작업〔작업되지 않
게 하는 것〕(unworking ; désœuvrement)이다"(1988 xxiv).

이 구절은 많은 것을 연상시키는 것들로 우글거리며, 우리는
이로부터 아감벤이 1970년대 이탈리아의 아우토노미아 운동과
맺었던 관계를 생각할 수도 있다. 하지만 이 구절은 작업의 지
배적이고 헤게모니적 형태들이 어떻게 해체될 수 있으며, 또 이
것을 해체undoing하는 것이 지닌 정치적 가능성에 관해서 사고
할 수 있게 해 준다(그리고 우리는 여기서 〔작업을〕 노동이라고만 생
각해서는 안 되며, 오히려 개인들보다는 시스템에 적용될 수 있는 생산,
제작, 행위로서의 작업이라는 더 일반적인 의미라고 생각해야 한다).

'무위'라는 용어의 의미가 이렇게 증식되는 것은 모두, 능동
성과 수동성 사이의 긴장을 가리킨다. 아감벤에게는 이 긴장이
핵심 열쇠이다. 그는 'désœuvrement'을 무위와 나란히 놓음으
로써 이 용어의 양의성ambiguity을 지적하고, 이 용어가 행위action
〔활동〕와 비행위inaction〔비활동〕 둘 다에 대한 잠재성을 갖고 있다
고 지적하는 듯이 보일 수도 있다. 하지만 아감벤의 저작 바깥
에서 '무위'의 구체적인 예를 드는 것은 문제가 있다. '무위'라는
용어를 1970년대 이탈리아의 노동자운동으로 돌리는 것, 혹은

이와 번갈아 가면서 1968년 5월의 상황주의 인터내셔널 정치로 돌리고 싶은 유혹이 있다. 하지만 우리는 신중하게 앞으로 나아가야 한다. 그의 저작은 역사가의 저작이 아니다.

이는 아감벤이 강연문인 〈패러다임이란 무엇인가?〉에서 분명히 했다(2002, 'WP'). 그는 "현실의real" 역사적 심급을 개괄하고 식별하는 데에는 입이 무겁다. 아감벤의 저작에 나오는 '예들'은 철학적·정치적·종교적 텍스트에서 출현하는 경우가 훨씬 더 많다. 서문과 이번 장에서 강조한 이 방법론이 특수하다는 것에는 여러 가지 이유가 있다. 하지만 결코 현실성actuality으로 이행하지 않고 내재성을 간직하는 무위가 중시되고 있다는 점을 염두에 두는 것은 가치 있는 일이다.

| 잠재성

무위의 비-작품〔비-작업〕혹은 비노동과 밀접하게 연결되어 있는 것은 잠재성이라는 아감벤의 주제이다. 간단하게 말하면, 잠재성이란 우리가 어떤 것을 할 수 있는 잠재력potential을 항상 갖고 있으나 우리가 그것을 할지 말지는 다른 문제라고 하는 원리이다. 할 수 있는 잠재력과 하지 않는 잠재력 사이에서 중지되어 있는 것이 권위와 통제의 형식들을 파열낼 수 있는 방식을 개괄하기 위해 그는 잠재성의 철학사를 탐색한다.

이와 관련해 우선 아리스토텔레스는 잠재성을 현실성과 대립시켜 정식화한다. 이 대립은 서양 사상에서 무서울 정도의 중요성을 지녔다. 아감벤은 잠재성이 두 가지 형태를 취한다는 점을 지적하고 싶어 한다. 그리고 그중 하나는 인간성 개념을 추동하는 열쇠이자 "행성 전체에 그 권력을 (강제로) 부과하는"(Agamben P : 177) 것으로 향하는 가혹한 움직임을 관장한다. 아감벤은 아리스토텔레스에게 두 종류의 잠재성이 있음을 주의 깊게 개괄한다. 유적 잠재성과 종적 잠재성이 그것이다.

유적 잠재성은 우리 모두에게 적용된다. 가령, 아이는 언어를 획득할 수 있는 잠재력을 갖고 있다. 종적 잠재성은 어떤 것을 할 수 있는 잠재력을 가능케 할 일련의 특정한specific 속성/솜씨를 갖고 있는 자와 관련된다. 가령, 건축가는 건물을 세울 수 있는 잠재력을 갖고 있다. 아감벤에 따르면, 유적 잠재성과 종적 잠재성의 차이는, 가령 아이의 경우에는 변경alter되어야 하고 그리하여 애초에 갖고 있지 않은 기능을 획득하는 것이라면, 솜씨skill(숙련)를 갖고 있는 자는 이 솜씨를 사용할 수 있는 잠재력을 갖고 있다는 것이다. 그러니까 유적 잠재성이란 어떤 것을 할 수 있는 잠재력인 것과 마찬가지로 어떤 것을 하지 않는다는 잠재력, 즉 현실성으로 이행하지 않을 수 있는 잠재력이기도 하다.

유적 잠재성과 종적 잠재성의 균열을 좀 더 밀고 나가려 한다면, 그리고 이를 언어에 관한 아감벤의 작업으로 다시 끌어가 보면, 하지 않음not doing의, 현실성으로 이행하지 않음의 역동적 힘을 볼 수 있다. 아감벤이 지적하듯이, 언어는 우리가 의지적으로 획득할 수 있는 어떤 것, 혹은 우리가 자연적으로 그 안에 거주하고 있는 어떤 것이 아니다. 오히려 그와 반대로, 언어는 우리가 취해야만 하는 어떤 것이다. 그러므로 언어를 갖는다는 사실은 일반적이지만, 언어의 사용은 종적인 잠재성의 영역으로 진입한다. 말하기를 거부하거나 언어를 아무것도 소통하지 않도록 하는 방식으로, 언어를 무위적으로 만드는 방식으로 사용하는 것은 완전히 가능하다.

아감벤에 따르면, 인간을 정의하는 것은 바로 이 무위 혹은 비잠재성impotentiality이다. 그가 지적하듯이,

> 다른 생명체들은 그네들의 종적 잠재성만이 가능할 뿐이다. 이것들은 이것 혹은 저것을 할 수 있을 뿐이다. 하지만 인간 존재들은 그들 자신의 비잠재성이 가능한 동물들이다. 인간적 잠재성의 위대함은 인간적 비잠재성의 심연에 의해 측정된다.(P : 182)

아감벤은 이 잠재성을 상징하는 어떤 이미지를 제시한다. 텅빈 서판書板으로서의 사유라는 이미지 말이다. 세비야의 이시도르Isidore of Seville는 아리스토텔레스를 "사유 속에 그의 펜을 담궜다"고 묘사했다. 이것은 아리스토텔레스의 《영혼론》에서 "현실적으로 아무것도 써져 있지 않은 서판과 같다"는 "누스(지성)"의 이미지와 호응한다. 이 이미지의 중요한 특징은, 사유란 사물이 아니라는 것, 그것은 결코 구체적인 형태로 만들어지지 않는다는 것, 현실성으로 결코 이행될 수 없다는 것, 결코 정적으

로 되어 버리지 않는다는 것이다.

쓰기〔기록〕와의 이런 연결은 우연의 일치가 결코 아니다. 이 연결은 본서의 앞 장에서 이야기한 것과 직접 관련된다. 앞 장에서는 모든 쓰기의 목표가 쓰기 자체를 표현하는 것에 다름 아님이 분명하게 드러났다. 그러나 여기서 의미되고 있는 것은 표현뿐만이 아니며, 언어의 부재를 뜻하는 것도 아니다. 그리하여 언어는 다음의 역설에 사로잡힌다. 즉, 어떻게 의미작용을 통하지 않고 언어 자체를 표현할 수 있는가?

그러므로 이 역설에 대한 대답은 잠재성의 이중부정이라는 형태를 취한다. 아감벤은 이렇게 진술한다. "잠재성 자체로 되돌아서는 잠재성은 그 누구도 쓰지〔적지〕 않는 절대적인 쓰기〔기록〕이다. 써진다는 잠재력, 이것은 써지지 않는다는 자신의 잠재력에 의해 써지는 것이며, '타불라 라사tabula rasa'이다. 즉, 자신의 수용성을 겪고 따라서 **스스로를 쓰지 않지 않을 수 있는 것** 말이다〔이것은 쓰지 않을 수 있다는 자신의 잠재력 자체에 의해 쓸 수 있는 타블로 라사이다〕"(P : 216). 쓰기 혹은 더 넓게 말해서 언어는 이런 역설에 주목하게 하는 것과 관련된다. 이것은 소통 자체라는 환상illusion을 통해서라기보다는 오히려 의미의 부재, 소통의 소통 같은 일련의 부재들을 통해 언어를 보여 주는 것과 관련된다.

아감벤의 결론에 따르면, 잠재성은 현실성으로 향하는 운동에서 '무화'되는 것이 아니라, 오히려 현실성에서 구출되며, 할 수 있는, 할 수 없는not to do〔하지 않는〕 역동적 잠재력으로 항상 남아 있을 수 있다. 이런 비/잠재성의 원리가 뜻하는 것은, 아감벤의 관점에서 보면 그 어떤 것도 정적이거나 고착된 채로 머물지 않는다는 것이다. 가장 위대한 잠재성들은 유동적인 채로 있어야 한다. 질 들뢰즈의 용어를 빌린다면 '생성[되기]' 과정 속에 있어야 한다. 그렇다면 이 잠재성은 무엇처럼 보이는가?

아감벤이 여러 차례 되돌아가는, 잠재성의 중심적 형상 혹은 모범적 형상은 허먼 멜빌Herman Melville(1819~1891)의 단편소설에 등장하는 바틀비라는 필경사이다. 바틀비는 월스트리트의 법률사무소에서 필사하는 일을 한다. 그런데 본업인 서류 복제[필사] 외에 다른 업무(서류 비교나 우체국에 심부름 갔다 오는 것 등)를 지시받았을 때, 그는 "안 하고 싶습니다I would prefer not to(하지 않는 편이 좋겠습니다)"라고 대답한다. 이 대답은 고용주를 격노하게 한다. 필사 이외의 작업을 해 달라고 아무리 간청해도 바틀비는 한결같이 똑같은 대답만 내놓는다. 이야기가 진행되면서, 그는 필사하는 것조차 거부하기 시작해 고용주(법을 상징한다는 점이 중요하다)를 깜짝 놀라게 한다. 그리하여 고용주는 기존 사무소를 떠나 다른 건물로 이사한다. 새로운 입주자가 똑같은 자리에 있는 바틀비를 발견하고 사무실에서 나가 달라고 하지만, 바틀비는 또다시 "하지 않는 편이 좋겠습니다"라는 문구를 반복한다. 결국, 그는 부랑자로 체포되어 감옥에 갇히는데, 감옥에서도 그는 먹는 것 등을 "하지 않는 편이 좋다"고 말한다. 이야기의 끝부분에서, 화자는 바틀비의 사망을 알린다.

중요한 것은 바틀비의 대답이 거부가 아니라는 점이다.[6] 그것은 단순히 "~하지 않는 편이 좋다"는 선호이다. 만일 원했다고 한다면, 그는 이 임무에 착수할 수도 있었을 것이다. 하지만 그는 하지 않는 편을 선호한다. 여기서 우리는 무위가 노골적인 파괴에 관한 것이 아니라 비활성화deactivation에 관한 것임을 떠올릴 수 있다. 바틀비의 선호는 법의 구조를 비활성화하는 것과 밀접하게 관련되어 있다. 결국 바틀비는 쓰기를 일체 거부하며, 그 어떤 활동에도 착수하지 않는다. 그가 고용주를 깜짝 놀라게 했기 때문에 고용주는 사무실을 떠날 수밖에 없었으나 바틀비는 사무실에 남았으며, 부랑자로서 제거되고 감옥에 갇힐 때까지 그의 완고한 선호는 계속된다.

⟨바틀비: 우연성에 관하여⟩라는 논고에서 아감벤은 바틀비의 대답이 잠재성의 전형이라고 지적한다. 잠재성에 관한 앞의 논의를 떠올려 보면, 항상 그것은 할 수 있는 잠재력일 뿐 아니라 하지 않을 잠재력이기도 하다. 아감벤이 지적하듯이, "그가 그토록 완고하게 반복하는 정식은 할 수 있음과 의지함 사이의 관계를 구축할 모든 가능성을 파괴한다. ⋯ 그것은 잠재성의 정식이다"(P : 235).

바틀비라는 형상을 통해, 아감벤은 이 철학적 주장이 무엇'처

---

[6] 머레이의 이 언급은 바틀비를 이탈리아의 노동자주의, 자율주의 운동의 '노동거부'와 직접적으로 연결시키지 말자는 주장인 것 같다. 그러나 이런 의도는 솔직히 의심스럽다. 오히려 가까이 대면시키면서도 차이를 사고하려는 편이 더 생산적일 것이다. 한편, 라차라토는 《부채에 의한 통치》에서 노동거부 개념을 정의한다.

럼 보이는가'에 관한 상대적으로 간단한 예를 우리에게 제공한
다. 그는 잠재성을 묘사하기 위해 문학적 '실험'으로 눈을 돌린
다. 아르네 데 부베르Arne de Boever가 지적했듯이, 우리는 바틀
비의 "~하지 않는 편이 좋겠습니다만"을 '무위적 힘'의 지표로
읽을 수 있다. 무위적 힘이란 복종하거나 이를 거부하는 것도
거부함으로써 권력의 기능을 파열시키는 능력으로, 이는 아감
벤의 저작 전체를 관통하는 것이다.

　이런 문학적 형상들이 지키고 있는 장소는 본서 5장에서 아
감벤의 카프카론을 더 깊이 있게 검토할 때 선명해질 것이다.
여기서는 다음이 매우 중요하다고 말하는 것으로 충분하다. 바
틀비의 발화가 양가성을 간직하고 있다는 것, 그리고 이 양의성
이 노골적인 이의제기를 (처벌과 기소를 통해) 관용할 수 있는 법
세계의 논리를 파열시키게끔 작동한다는 것이다. 법 세계의 논
리는 법이 조작해야 할 그 대상이 되는 현실성으로의 이행에
있어서 잠재성이 옴짝달싹할 수 없게 됐을 때, 황폐해진다.

　멜빌의 이야기의 끝부분에 관해 생각하는 것은 가치 있는 일
일 것이다. 여기서 화자는 바틀비가 워싱턴의 배달 불가능한
우편물을 취급하는 곳에서 일한 적이 있었다는 보고를 듣는
다. 화자는 이 특수한 역할이 바틀비의 극심한 선호를 남긴 것
이 아닐까라고 추측한다. "본성과 불운 탓에 창백한 절망에 빠
지기 쉬운 어떤 인간을 생각해 보면, 이런 죽은 편지들(배달 불
능의 편지들)을 끊임없이 다루고, 이것들을 분류해 소각로에 집
어넣는 일만큼 절망감을 높이는 데 딱 들어맞는 업무가 있을

까"(Melville 2003 : 47). 바틀비의 행동을 병리학적으로 이해하려고 하는 화자의 애초 시도는 빗나갔다고 아감벤은 지적한다. 아감벤에 따르면, 잠재성의 논리를 뒷받침하고 있는 것은 바틀비의 마지막 이미지이다.

때때로 창백한 [얼굴의] 직원[서기]은 접혀진 종이에서 반지를 꺼내기도 한다.—이 반지를 꼈어야 할 손가락은 아마 무덤 속에서 썩어가고 있을지 모른다. 민첩하기 짝이 없는 자선가가 보낸 은행권도 있다.—그것으로 구원받을 인물은 더 이상 먹지도 굶지도 않는 상태가 되어 있을지도 모른다. 절망에 빠져 죽은 자에게 보낸 용서의 편지도 있다. 희망도 없이 죽은 자에게 보낸 희망의 편지도 있다. 구원받을 길 없는 참사에 짓눌려 죽은 자에게 보낸 좋은 소식도 있다. 생명의 심부름꾼으로서 보내졌으나, 이런 편지들은 죽음으로 급히 향해 간다.

잠재성은 항상 하지 않을 잠재력potential to not do에 관한 것이지만, 서판의 이미지를 생각한다면 잠재성은 써지지 않을 수 있는 잠재력the potential to not be written에 관련된 것이기도 하다. 배달 불가능한 우편 담당자는 잠재성을 생각하는 데 시사적이다. 즉, 배달 불가능한 우편이란 보내지지 않은 편지[목적지에 도착하지 못한 편지]인데, "발생하지 않은 즐거운 [실현되지 않은 행복한] 사건들의 암호이다. 발생한 것은 오히려 정반대의 가능성이다 [암호이다]"(Agamben P : 269).

이 때문에 "이런 의미에서 모든 편지는 '죽은 편지'이다." 이런 의미에서 바틀비는 일어날 수도 있었을 것에 입각해서가 아니라 결코 일어난 적이 없는 것에 입각해서 잠재성을 표시한다. 이것은 바틀비를 "새로운 메시아"로서 표시하지만, 그것은 "예수처럼 있었던 것을 구원하기 위해서가 아니라 없었던 것을 구원하기 위해"(P : 270) 도래하는 자이다. 7장에서 보겠지만, 메시아적인 것에 관한 아감벤의 이해에서 구원이란 과거로의 회귀 문제가 결코 아니다. 그것은 결코 일어난 적이 없었던 것을, "구원될 수 없는 것 속에서 구원하려는"(P : 271) 시도인 것이다.

| 도래하는 공동체　　　　　　　　　　　　　 |

할 수 있는 잠재성과 하지 않을 수 있는 잠재성은 아감벤이 '도래하는 공동체'라고 부르는 것을 실현하기 위한 기초이다. 도래하는 공동체는 아감벤의 사유에서 목표가 되어야 할 '지평'의 모습을 띨 수도 있다. 하지만 잠재성 논의에서 분명해져야 했듯이, 아감벤의 사유에는 어떤 '목적end'도, 어떤 텔로스도 없다. 잠재성의 가능성을 위한 조건만 있을 뿐이다. 이 잠재성은 항상 수단의 한 형식일 것이며, 결코 목적을 찾아내고 현실성으로 이행하는 것이 아니다.

'도래하는 공동체La communità che viene'라는 이탈리아어를 자세히 보는 것이 이해를 도울 수도 있다. 'che viene'를 'coming(도래하고 있는)'으로 번역하는 것은 다음의 문제를 품고 있다. 영어에서 'coming'은 '도래하다come'라는 동사에 의해 제시되는 행동이지만, 이것은 또한 명료한 시제를 갖지 않은 분사이기도 하다. 이것은 '도래하고 있는 여름은 눅눅할 것이다The coming summer looks to be weet'라고 할 때처럼 가까운 것, 접근하고 있는 것을 가리키는 동시에, '조니는 도래하고 있다Johnny is coming over'라고 할 때처럼 도착과 도래advent를 함축하기도 한다. 따라서 'coming community(도래하고 있는 공동체)'는 미래에 가까워지게 될 공동체라는 인상을 줄 수 있는데, 이것은 이런 공동체를 영속적인 미래성으로 오독하는 것으로 이어질 수 있다(여기서 '무한한 유예(지연)'으로서의 탈구축에 대한 아감벤의 비판을 생각하자). 이탈리아어에서 'viene'는 동사 'venire(오다)'의 직설법현재의 3인칭 단수이며, 'che'는 관계대명사 혹은 접속사이다. 따라서 더 정확한 영어 제목은, 어색하더라도, "the community which/that comes(오는 공동체)"이다. 이것은 현재시제를 포획하면서도 그 어떤 미래적 함축도 피하고 있다.[7]

아감벤에 따르면, 이 공동체는 항상 도래하는 과정에 있으며, 현재에는 여기에 있다. 그렇지만 그 잠재력은 포착되지 않았다. 그렇다면 '도래하는 공동체'는 존재들의 집합적 잠재성을 지시하거나 명명하는 방식이다. 인간적 소속의 가능한 형식인 '도래

---

[7] 이런 점에서 Il tempo che resta: Un commento alla Lettera ai romani를 영어판에서 The Time That Remains: A commentary on the Letter to the Romans로 옮긴 것은 매우 타당하다. 이 때문에 《남는 시간》으로 적은 것이다.

하는 공동체'는 아감벤이 에토스라고 명명한 거처dwelling로 귀결될 것이다. 하지만 도래하는 공동체는 '전제화할 수 없다'. 이것은 도래하는 공동체가 어떤 실제적 속성도, 구체적 조건도 갖고 있지 않다는 뜻이다. 이런 속성이나 조건을 내세우는 대신 아감벤은 이 도래하는 공동체에 관한 일련의 진술을 제공한다. 이 진술들은 도래하는 공동체가 우리 시대의 역설들과 문제들 내부로부터 출현한다는 점을 분명히 한다. 도래하는 공동체는 우리 자신의 혼란스런 맥락에 내재적이며, 유토피아적 사유의 한 형태, 우리가 갈망해야 할 미래의 사유로 간주되어서는 안 된다.

공동체 개념은 어떤 소속 형식을 시사한다. 일반적으로 공동체는 속성들을 공유하는 일군의 사람들이 느슨한 집합체를 형성하여 함께 모인 것으로 이해된다. "학문 공동체", "유대인 공동체", "축구 공동체" 등이 그것이다. 이런 사람들이 현실적으로 서로 알고 있는 경우는 매우 드물지만, 공유하고 있다고 상정된 정체성이나 공통의 성격으로 모여 있다. 반면 새로운 공동체 모델을 형성할 '도래하는 존재'는 소속되어 있다는 것을 제외하면 그 어떤 소속도 없다. 아감벤이 '임의의 존재'라고 부르는 이 존재는 자기 자신을 제외하면 그 무엇에도 소속되지 않을 것이다. 거기에는 어떤 형식의 정체성도 없을 것이며, 자기self를 집합적 실존의 하위 집합으로 환원해 버리지도 않을 것이며, 그 어떤 속성도 부여받기를 거부할 것이다. 바로 여기서 아감벤은, 도래하는 공동체에 있어서 비-정체성의 형식을 파악하는 데 '예'가 도움을 줄 것이라고 지적한다.

"예는 개별적이지도 보편적이지도 않다. 그것은 스스로를 그 자체[예]로서 제시하는, 그 특이성을 보여 주는 특이한 대상이다"(1993. CC : 10(20쪽)). 이렇게 하는 데서, 예는 하나의 공동체에 넣어질 수 없다. 오히려 예는 "어떤 고유성에도, 어떤 정체성[동일성]에도 결부되지 않고" 항상 "자기 자신의 곁에beside itself" 실존한다. 중요한 것은 예의 무형식성formlessness(형식 없음)이다. 이것은 아감벤의 공동체와 이를 만들어 내는 임의의 존재가 왜 '전제화할 수 없는'가를 정확하게 설명해 주기 때문이다. 좌우간 어떤 속성을 부여받게 되면, 그것은 소속 관념으로 즉각 회귀해 버릴 것이며, 그리하여 "개별자의 말할 수 없음ineffability과 보편자의 이해 가능성 사이에서 인식더러 선택하라고 강요한다." 오히려 도래하는 존재는 "있는 그대로"(CC : 1(9쪽))이다.

흔해빠진 소속 형식에 '무관심'한 채 존재하며, 정체성의 특이성에도, 또한 보편주의의 공허함에도 빠지지 않는 것, 이것이 도래하는 공동체를 안내하게 될 존재의 조건이다.

도래하는 공동체의 전제화할 수 없는 성격은, 도래하는 공동체를 파악하기 어렵게 만들 수 있다. 우리는 어떤 행동을 가리킬 수도, "그래, 이것이 도래하는 공동체를 대표[표상]하고 있어"라고 말할 수도 없다. 이 때문에 직접적인 정치적 행동의 예를 드는 것은 문제적이다.

여기서 공동체가 소통과 맺는 관계를 살피는 것이 유용할 수도 있다. 또 전 지구적 자본주의의 현대적 조건이 이런 공동체의 도래를 전에 있던 것보다 더 많은 가능성으로 만들고 있다는 아감벤의 지적을 살피는 것도 유용할 것이다. 아감벤은 이 공동체에 "비본질적 공통성commonality, 본질과 결코 관계되지 않은 연대"를 귀속시킨다. "특이성들이 연장이라는 속성에 있어서 발생하고 소통한다는 것은, 이런 특이성들을 본질 속에서 통일하는 것이 아니라 이것들을 실존에 있어서 흩어지게 하는 것이다"(CC : 19 (33쪽)).

그가 지적하듯이, 공통성은 또한 어떤 소통 형식에 관한 것이다. 그리고 아마 소통 가능성의 수준에서야말로 우리는 이 도래하는 공동체의 기초를 볼 수 있을 것이다. 도래하는 공동체의 언어, 혹은 더 중요하게는 도래하는 공동체의 소통은 (소통이 언어적일 필요는 없을 것이기 때문에) 의미를 소통하거나 어떤 가치를 얘기하거나 하는 것이 아니라 오히려 소통 가능성을 소통할 것이다.

언어와 공동체 사이의 지배적 관계는 일군의 사람들이 동료라는 감정을 낳기 위해 공통의 언어tongue을 공유해야 한다는 것이다. 이것은 국민국가의 탄생, 그리고 '권력언어languages-in-power'의 대두와 결부되어 있는 근대적 관념이다. 방언과 토착어(속어)를 "동료 감정"의 언어로 전환시킬 필요가 있었다. 공통성을 거의 혹은 전혀 공유하지 않은 '연합Union'(영연방)의 이질적 부분들을 한데 묶는 수단으로서의 표준화된 영어가 그렇다. 이것을 잘 드러내는 것으로, 존 스튜어트 밀John Stuart Mill(1806~1873)이 1861년에 언어와 국민성nationality의 중요성에 관해 했던 진술을

들 수 있다. 여기서 자유주의의 철학자 밀은 통치의 일차적 수준에 있어서 언어가 얼마나 핵심인가를 개괄한다.

"상이한 민족들로 이루어진 한 나라에서 자유로운 제도들은 거의 불가능하다. 동료 감정이 없는 사람들 사이에서, 특히 다른 언어를 읽고 얘기한다면, 대의제적 정부의 작동에 필수적인 통일된 여론은 존재할 수도 없다"(1996 : 41).

아감벤의 저작은 언어와 근대적 정치 관념 사이에 상호 관련성이 있음을 인정한다. "사실 우리는 인민이란 무엇인가 또는 언어란 무엇인가 등에 관해 아주 사소한 관념마저도 갖고 있지 않다. … 그렇지만 우리의 모든 정치 문화는 이 두 가지 개념 사이의 관계에 토대를 두고 있다"(MwE : 66(76쪽)). 아감벤은 인민 관념에는 더 이상 어떤 실체도 없으며, 그것은 이제 단순히 "국가 정체성의 공허한 받침대"(MwE : 67(78쪽))일 뿐이라고 지적한다. 그의 결론은 그런 언어가 "언어의 순수 경험"을 감추기 위해 작동하는 '은어'임을 드러낸다는 것이다. 바로 이런 순수 경험이야말로 새로운 공동체의 기초, 그 소통 가능성의 기초일 것이다.

여기서 아감벤의 '도래하는 공동체'를 이해하는 데, 더 일반적으로는 그의 정치를 이해하는 데 상황주의 인터내셔널이라는 전위운동의 '지도자'이자 정치 이론가인 기 드보르Guy Ernest Debord(1931~1994)의 중요성을 지적해 두는 것은 가치 있는 일이다. 5장에서 영화에 관해 논의할 때 드보르로 다시 돌아갈 것이지만, 드보르는 전후 자본주의를 "스펙터클의 사회"라는 별

명으로 부르고, 이를 무너뜨리려는 저속한profane [8] 노력을 기울인다. 드보르의 이런 노력은 아감벤의 작업에 영향을 미치고 있으나, 이 영향은 종종 정당하게 인식되지 않고 있다(Murray 2008을 보라).

드보르는 스펙터클이 우리에게 준 것은 자유와 선택의 환상illusion뿐이라고 지적한다. 우리는 스펙터클로 진입했으나, 이를 변경할 수단을 거의 혹은 전혀 갖고 있지 않다. 스펙터클은 우리를 탈주체화하도록 작동하며, 모든 것을 망라하는 그 논리에 순순히 따르라고 강요한다. 드보르가 지적하듯이, "스펙터클은 정의상 인간의 활동에서 면역되어 있으며, (인간의 그 어떤) 기획된 재검토나 교정도 이것에 접근할 수 없다. 스펙터클은 대화의 대립물이다"(1995 : 17(§ 18. 23쪽)).

스펙터클과는 그 어떤 '대화'의 가능성도 없다는 사실은, 아감벤은 물론이고 드보르에게도, 스펙터클과는 그 어떤 협상도 있을 수 없음을 뜻한다. 《스펙터클의 사회에 관한 논평》에 부치는 난외주석〉에서 아감벤이 말하듯이, "드보르의 책들은 오

---

[8] 이 용어는 신성화sacralization−세속화secularization가 겉으로는 대립되어 보이나, 사실은 상대를 보존하면서 자신을 강화하는 경향, 혹은 그 반대의 경향이 있음을 지적하고, 이 분할−비분할을 무너뜨리고 작동 불능으로 만드는 것이다. 《세속화 예찬》(김상운 옮김, 난장)에서는 이를 환속화secularization와 구별하여 '세속화'라고 번역했다. 그러나 다음의 사정을 감안해 profanation은 '저속화'로 옮기고, secularization는 일반적으로 사용되는 '세속화'로 되돌린다. '저속화'란 신적인 것을 아이처럼 가지고 놀지만 그렇다고 해서 비신성화desacralization에만 머물지 않고 신성을 모독하고 더럽히는 것까지도 포함한다. 그러나 신성모독sacrilege(blasphemy)에만 머무르면 오히려 신성화를 강화시키는 역설적인 결과가 초래되는 것과는 반대로, 이와 무관하게 신(혹은 신적인 것)과 '놀이'하는 것을 가리키기 위해 이렇게 옮겼다.

3 잠재성과 '도래하는 철학'의 임무 |

늘날 행성 전체로 그 지배를 확장한 사회(우리가 그 안에서 살고 있는 스펙터클의 사회)의 비참과 예속에 대한 가장 명석하고 엄격한 분석이다"(MwE : 73(82쪽)). 지구 규모로 확대되고 있는 프티 부르주아지에 대한 아감벤의 비판은 드보르에게, 그리고 드보르의 다음 단언을 향해 직접 말을 걸고 있다. "'세계 속에 진리를 설립한다는 역사적 사명'은 고립된 개인에 의해서도, 원자화되고 조작된 대중들에 의해서도 실행될 수 없으며, 모든 계급들의 해체를 촉발할 수 있는 계급에 의해서—바로 이것에 의해서만 그리고 항상—실행될 수 있다"(1995 : 154(§ 221, 213쪽)). 계급들 없는(아닌) 이 계급은 아감벤이 말하는 도래하는 공동체와 유비적인 것으로 간주되어야 한다.

서문에서 지적했듯이, 아감벤은 현재의 변혁을 현재에 내재적이라고 간주한다. 그리고 도래하는 공동체의 내재적 도착은 동시대에 의해 억제되거나 방해되는 것이 아니라, 오히려 현대에 의해 가능해진다. 무위의 경우에서 봤듯이, 시스템을 작동시키지 않는 것unworking이야말로 시스템의 극복을 가능케 한다. 아감벤에 따르면, "지구 규모의 부르주아지"의 지배야말로 "인류의 역사에서" 도래하는 공동체의 특이한 존재들의 창출을 위한 "전대미문의 기회를" 만들어 냈다. 지구 규모의 프티 부르주아지는 다음을 시사한다. 즉, 계급투쟁의 기존 형태들은 끝났다. 우리에게 남겨진 것은 하나의 특이한 계급이다. 이 계급은 사회적 정체성의 형태들을 삭제하려고 하며, 정체성의 기존 형태들의 환상을 파괴하는 것으로 이어진다.

지구상에 차례차례 나타난〔거주한〕 인민과 세대의 참과 거짓을 구성했던 것—언어의, 방언의, 생활양식의, 성격의, 관습의 차이, 그리고 심지어 각 개인의 신체적 특수성들—은 그들〔프티 부르주아지〕에게 있어서 일체의 의미를, 표현과 소통의 일체의 능력을 잃었다. 프티 부르주아지에게는 세계사의 희비극을 표시했던 다양성들이 판타스마고리아적〔환등상적〕인 진공 속에서 한데 모여지고 노출된다.(CC : 64〔90쪽〕)

국부화된 소속 형식의 제거와 동질적이고 전 지구적인 문화의 창출 속에서 과거의 파괴를 보고 이를 비난하는 자들이 종종 있다. 이에 대한 한 가지 응답은, 과거의 '거짓 정체성'을 보호하기 위해 국지주의localism와 국민 정체성들, 민속folk custom, 지역 방언으로 회귀하는 것이다. 이제 분명해져야 할 것은, 아감벤이 기원으로의 회귀를 정립하거나 어떤 식으로든 과거를 높이 가치평가하려는 사상가가 아니라는 점이다. "〔자신의〕 파괴〔멸망〕로 치닫고 있는 인류"(65〔92쪽〕)의 얼굴에서, 아감벤은 "정체성 없는 특이성"의 가능성이 출현하고 있음을 본다. 하지만 도래하는 공동체의 출현은 그 공동체 안에서 저절로 일어나는 어떤 것이 아니다. 오히려 이 출현은 초래되어야 한다. 그리고 아감벤이 저작 전체에서 여러 차례 상기시키듯이, 이것이야말로 "우리 세대의 정치적 임무"(65〔93쪽〕)이다.

잠재성과 무위, 도래하는 공동체, 저속화

아감벤의 사유는 언어철학과 형이상학적 관심에 기초를 두고 있고, 이것은 부정성의 형태들에 초점을 맞춘다. 그러나 그의 사유는 이를 넘어 더 확장되는데, 이는 그의 사유가 식별한 역설에 도전한다는 훨씬 더 '생산적인' 형태들을 고려하기 위해서이다. 우리는 그가 이항적 시스템의 '무위'를 노출시키려고 시도하는 방식을 통해 이것을 알 수 있다. '중단'이라는 이 형식은 발터 벤야민의 작업을 통해 어느 정도는 끌어내지는 것이다. 벤야민의 저작은 변증법적 대립물들 사이의 긴장이 가장 격렬해지는 그런 지점들을 식별하려고 했다. 아감벤은 또 벤야민에게서 제시 양식을, 문체론stylistics을 취한다. 이 문체론은 작품의 '진리'를 작품에 내재적이라고 보지만, 그렇게 표현되지는 않았다고 간주한다. 이런 의미의 내재성은 우리가 할 수 있는 잠재력은 물론이고 하지 않을 잠재력도 갖고 있다는 아리스토텔레스의 잠재성 관념을 아감벤이 사용하는 것에서 분명히 간파할 수 있다. 아감벤은 잠재성이 '도래하는 공동체'의 핵심에 있다고 지적한다. 그가 시사하는 비-정체성의 형식은 현대의(동시대의) 역설들 속에서 출현할 수 있다. '무위'적 정치와 도래하는 공동체에 관한 아감벤의 비전을 개괄함으로써, 우리는 정치를 다시 사고할 가능성 자체를 그의 사유가 제공하는 방식을 분명하게 알 수 있다.

제 4 장

정치

: 벌거벗은 생명과 주권권력

Giorgio Agamben

서론에서 지적했듯이, 아감벤의 저작에 국제적인 명성을 가져다준 것은 주로 '호모 사케르'라는 이름으로 알려진 연작들이다. 《호모 사케르: 주권권력과 벌거벗은 생명》, 《아우슈비츠의 남은 자들》, 《예외상태》, 그리고 아직 영역되어 있지 않으나 《왕국과 영광》이 이런 저작들에 해당된다(《왕국과 영광》은 이후 영역되었다). 이 책들은 아감벤이 근대적 삶의 '생명정치적' 본성이라고 지칭한 것이 서양의 법적·정치적 전통에서 출현하는 모습을 추적한다. 이번 장에서는 《호모 사케르》를 밑에서 떠받치고 있는 정치적인 것에 관한 복잡한 비판을 추적할 것이지만, 이와 동시에 이 '정치철학' 작업이 언어에 관한 그의 기존 작업과 어떻게 연결되는가를 검토한다.

아감벤에 따르면, 서양 정치의 전통은 생명(삶)을 조에(살아 있다는 생물학적 사실)와 비오스(정치적 삶, 혹은 자격이 갖춰진 삶)라는 두 개의 범주로 분열한다(쪼갠다). 아감벤에게 이 분열 과정은 '벌거벗은 생명'의 산출을, 즉 조에와 비오스라는 두 범주의 '사이in-between'를 이끈다. 이 '사이'가 정치의 한계점을 표시한다. 이렇게 논의함으로써 아감벤은 서양 민주주의의 원칙들 자체를 의문에 부친다. 이 비판은 '대테러 전쟁'과 관타나모 만에서의 '생명정치적' 실천과 '예외공간'의 출현으로 비로소 힘을 얻었다.

| 아감벤과 푸코 |

주권권력에 대한, 그리고 벌거벗은 생명의 장소에 대한 아감벤의 비판을 이해하려면 '생명정치'라는 용어에 관해, 그리고 더 일반적으로는 푸코의 저작에 관해 간략한 입문을 제공하는 것이 일단 필수적이다. 아감벤은 '생명정치'라는 이 용어(종종 '생명권력'과 바꿔 쓸 수 있다)를 프랑스의 철학자이자 역사가인 미셸 푸코Michel Foucault(1926~1984)에게서 취했다.[1]

푸코는 전후 프랑스의 가장 유명한 지식인 중 한 명이다. 건강, 섹슈얼리티, 감옥 체계에 관한 그의 책은 사회과학과 인문과학을 통틀어 중대한 여파를 남겼다. 푸코와 아감벤의 관계는, 앞서 탐구했던 아감벤과 벤야민의 관계, 아감벤과 하이데거의 관계와 마찬가지로 복잡하다. 하이데거와 벤야민이 아감벤 사유에 '기반'과도 같은 것을 제공했다면, 푸코는 방법론에 관한 물음을 제기하는 데 이것들과 맞먹는 중요한 장소를 차지하고 있다. 비교적 최근 출간된 방법론에 관한 아감벤의 출판

---

[1] 푸코는 이 용어를 《성의 역사 1: 지식의 의지》와 콜레주드프랑스 강의록 《"사회를 보호해야 한다"》에서 처음 사용했으나, 이후 강의 계획과는 달리 이에 대한 통찰은 심화되지 못하고 '통치성'에 대한 논의로 전환(?)된다고 흔히 평가받는다.

물들(고고학, 패러다임, '장치dispositif'라는 용어가 다뤄진다)은 푸코의 작업을 직접적으로 참조한다.[2] 여기서 아감벤의 논고들을 간략하게 논의하는 것은 아감벤과 푸코의 관계를 분명히 하는 데 도움을 줄 것이다.

푸코의 저작은 사유의 체계 및 구조의 탐색, 혹은 인식론과 관련되어 있다. 인식론이란 우리는 어떻게 지식을 갖기에 이르는가를 탐색하는 철학 분야이다. 푸코의 초기 저작은 지식의 조직화가 시대에 따라 어떻게 이행하고 변화했는가라는 방식을 체계적으로 논한다. 따라서 목표는 사회의 정치체제, 전쟁과 갈등, 승리와 패배에 관한 분석을 통해 한 사회의 역사를 그려 내는 것이 아니라, 오히려 사회가 어떻게 지식을 생산하는가에 관한 '더 깊은' 이해를 살피는 것이다. 푸코는 〈니체, 계보학, 역사〉에서 이런 과정이 어떤 어떤 유래를 통해 전달되었는가를 추적할 뿐 아니라, 현재를 일련의 이행과 변화, 흔적에 의해 산산출됐음을 탐색하는 것이라고 개괄하고 있다.

> 계보학은 종들의 진화와 유사한 것도 아니고, 인민(민족)들의 운명을 지도로 그려 내는 것도 아니다. 반대로, [계보학처럼] 유래(descent)의 복잡한 경로를 따라간다는 것은 지나가고 있는 사건들을 그 고유한 흩어짐(dispersion) 속에 유지한다는 것이다. 이것은 우연한 사고들, 미세한 일탈들—혹은 정반대로 완벽한 반전—, 오류

---

2 조르조 아감벤, 《사물의 표시 : 방법에 관하여》, 양창렬 옮김, 난장, 2014.

들, 허위감정(勘定)들, 계산 착오를 식별한다는 것이다. 계속해서 실존하며 우리에게 아무런 가치도 없는 것들을 산출하는 계산 착오 말이다. 그것은 우리가 알고 있는 것, 있는 그대로의 우리의 뿌리에 놓여 있는 것은 진리나 존재가 아니라 우연한 사고의 외부성 exteriority이라는 것을 발견하는 것이다.(1977 : 81(미셸 푸코, 〈니체, 계보학, 역사〉, 《미셸 푸코 : 광기의 역사에서 성의 역사까지》, 이광래 옮김, 민음사, 1989, 337-338쪽))

푸코에게 중요한 것은 이 탐색이 '기원'을 연구하는 것과 관련된 것이 아니라, 오히려 더는 보일 수 없게 된 것의 흔적 속에서 역사적 관계들의 복잡성을 겉으로 드러내려는 시도와 관련된다는 것이다. 이렇게 시도함으로써, 우리가 우리 자신을 이해하고 알게 되는 이 현재의 체제가 어떻게 전개되는가를 보는 것이 가능해졌다. 이 전개는 이제 매우 문제적인 듯하다. 그러므로 계보학은 현재 상태를 탐색하는 것과 관련된 것이다. 즉, 계보학은 현재 상태의 전개를 이해하고, 그리하여 이것의 지배적 논리에 도전하려는 시도와 관련된 것이다. 이 계보학적 방법에는 고고학이라는 이름도 주어진다. '계보학'과 '고고학'은 푸코의 저작에서는 명료하지 않더라도 하여간 구별되어 있으나, 아감벤은 둘을 구별하지 않고 사용한다.

정치에 관한 아감벤의 이해의 맥락 안에서, 우리는 이 계보학적 방법이 지닌 가치를 알 수 있다. 권력과 장치의 관계에 관한 전통적 관념은, 이 두 가지가 권위와 통제의 법적이고 제도적인 사용과 관련된다는 것이다. 권위와 통제는 경찰, 군대, 사법제도 등 식별 가능한 통제의 배출구를 갖고 있다고 간주된다. 그러므로 권력은 가시적이며, 보통은 처벌 및 안전과 연결되어 있다. 균형이 위태로워지면 국가는 권력을 행사한다는 것이다(우리는 여기서 시민의 동요를 통제하기 위해 배치될 수 있는 군대나, 안전을 유지하거나 범죄를 예방하기 위해 노력하면서 테러리스트를 감시하는 정보기관을 생각할 수 있다). 푸코에 따르면, 이런 흔해빠진 권력 이해로는 근대 정치가 우리 생활의 모든 면에 침입하면서 우리 신체를 복속시키기 위해 통제와 조작의 기술을 사용하는 방식을 설명할 수 없다. 그러니까 권력은 단순히 시민의 동요나 시민의 잠재력에 대한 가시적이거나 스펙터클한 응답이 아니라 통제의 기술과 테크놀로지의 사용인 것이다.

| '생명정치'란 무엇인가?　　　　　　　　　　|

푸코는 1960년대부터 70년대 내내, 《광기와 역사》와 《감시와 처벌》 같은 저작에서 권력과 지배라는 더 명확한 형식을 탐색했다. 근대 정신의학의 전개(《광기의 역사》)와 근대적 형벌제도의 대두(《감시와 처벌》)를 탐색한 그의 저작은 근대적 권력 형식을 이해하려는 획기적인 시도였다. 푸코는 근대가 이전의 역사적 시대와는 다르다고 주장했다. 하지만 삶의 막바지에 이르면서, 푸코는 생명권력을 검토하는 쪽으로 움직이면서 이런 분석들을 세련되고 복잡하게 만들었다.

푸코가 '생명권력'/'생명정치'라는 용어를 처음 주조해 낸 것은 《성의 역사 1: 앎의 의지》에서였다.[3] 이 책에서 그는 근대 정치에서 국가가 어떻게 인구(주민) 전체에 대해 통제를 행사하려고 시도했는지를 탐색했다. 이제는 국가의 안정을 위협하는 자를 통제하는 것이 문제가 아니라, 모두를 통제하는 것이 문제였다. 푸코는 권력이 행사되는 자리를 '신체'라고 규정했다. 이와 관련해 그가 사용하는 많은 예들 중에는 '영토국가'에서 '인구국가'로의 이행이 포함되어 있다.

푸코가 묘사하는 이행이란, 안전상의 이유 때문에 국가에 대한 내적 위협과 외적 위협을 모두 통제하기 위해 강제력force을 사용함으로써 그 영토를 보호하고, 많은 경우에 영토를 늘리려고 한 주권국가의 시도에서 안전으로의 이행이다. 이 주권국가의 권력 모델에서, 주민populous이 세금을 내고 유순한 채로 있는 한 국가는 주민들에게 마음을 쓰지 않는다. 그러나 푸코는 근대로 접어들면서 국가가 권력 테크놀로지들을 통해 인구를 통제하려는 모델로 이행한다고 주장한다.

예를 들어 국민nation의 건강도 이제는 주권권력의 관심사가 된다. 건강한 인구는 통제된 인구이다. 의료의 제도화, 예방접종의 사용, 건강하지 않는 자를 배제하기보다는 질병을 치료하고 예방하려는 움직임은 권력이 행사되는 장소로서의 신체와

---

[3] 책으로 출판된 것은 《앎의 의지》이지만, 이보다 먼저 콜레주 드 프랑스의 강의인 《"사회를 보호해야 한다"》에서 표명됐다.

관련되어 있는 국가의 도래를 표시한다. 여기서 관찰과 모델화를 하는 사회과학을 통해 인구를 감시하는 것은 훨씬 더 무해한, 그렇지만 또한 훨씬 더 교활한 권력 사용을 표상한다. 푸코는 이렇게 말한다.

> 인구로서 구성된 살아 있는 사람들의 전체에 고유한 현상들, 즉 건강, 위생, 출생률, 수명, 인종 등의 현상들을 통해 통치실천에 제기되어 온 문제들을 18세기 이래 합리화하고자 시도한 방식 …. 이런 문제들은 그것들이 그 내부에서 출현했고, 또 첨예화됐던 정치적 합리성의 틀로부터 떼어 놓을 수는 없다고 생각한다. … 법적 주체를 존중하는 것과 개인의 결단을 자유라고 간주하려고 하는 한 체계 내에서 '인구'라는 현상은, 그리고 이 현상에 특유한 효과와 문제들은 어떻게 고려될 수 있을까? 어떤 명분으로, 그리고 어떤 규칙에 따라서 이 현상을 운영하면 좋을까?(1997 : 74(《강의 요지》, 《생명관리정치의 탄생》, 435쪽))

여기서 지적해 둘 중요한 점은, 아감벤은 물론이고 푸코에게도 권력은 전적으로 부정적이지는 않다는 것이다. 이런 테크놀로지들은 실제적 이익을 가져다준 동시에, 엄청난 악을 초래한다. 푸코가 다음과 같이 지적했듯 말이다. "생명을 보호하는 것과 홀로코스트를 인가하는 것이 동시에 가능해진다. 푸코가 다음과 같이 지적했듯 말이다. "생명을 보호하는 것과 홀로코스

트를 인간하는 것이 동시에 가능해진다"(Agamben HS : 3에서 재인용).[4]

푸코에 따르면, 근대국가의 이런 생명정치적 본성은 전례 없는 새로운 전개이다. 그러나 중요한 것은, 아감벤이 이와는 반대로 생명정치가 엄격하게 근대적이지는 않다고 지적한다는 점이다. 푸코의 설명에 따르면, 고대 그리스인들은 정치를 인간의 삶과 분리된 것으로 봤다. 정치는 삶(생명)이라는 관념을 의문에 부친다. 사실상 정치는 '좋은 삶'을 추구하기 위해 그 영역으로부터 생명을 배제해야 한다. 푸코에 따르면, 생명이 정치적인 것 속에 포함된 것이 정치적인 것의 근대적 관념을 구성하며, 이는 이전의 정치적 전통과의 근본적인 단절을 표시한다.

아감벤은 생명정치에 관한 자신의 설명이 푸코의 설명을 정정하는 것이라고 주장한다. 그는 《호모 사케르》에서 이렇게 말한다.

> 그렇다면 푸코의 테제는 정정되어야 하거나 적어도 보완되어야 한다. … 결정적으로 중요한 것은 오히려 예외가 도처에서 규칙이 되는 과정과 더불어, 원래 법질서의 주변부에 위치해 있던 벌거벗은 생명의 공간이 서서히 정치적 공간과 일치하기 시작하며, 이런 식으로 배제와 포함, 외부와 내부, 조에와 비오스, 법과 사실이 그 무엇으로도 환원되지 않는 비식별 지대로 진입하는 것이라고 할 수 있다. … 예외 상태의 경계가 흐려지기 시작하면서 그런 경계 안에 머물러(거주하고) 있던 벌거벗은 생명은 도시(국가)에서 해방되어

---

[4] 아감벤의 《호모 사케르》에서 한 인용이라고 되어 있으나, 푸코의 원문과 다른 것 같다.

정치적 질서를 둘러싼 갈등들의 주체이자 대상, 즉 국가권력이 조직되는 동시에 그것으로부터의 해방이 이루어지는 유일한 장소가 된다.(HS : 9(46-47쪽))

간단히 말해 아감벤의 주장은 이렇다. 즉, 근대의 생명정치는 서양 사회를 뒷받침하는 고전적 정치 관념과의 단절을 표상하는 것이 아니라, 오히려 배제적 포함이 현시되는 지점을 알려준다. 생명(조에zoē)의 범주는 정치적인 것의 고전적 영역(비오스)으로부터 배제되어 있지 않다고 아감벤은 주장한다. 오히려 아감벤은 주권적 예외화로 향한다. 어떤 형상(왕)을 정치적인 것의 영역으로부터 제거하는 것은 항상 가능한데, 우리는 이런 제거가 가능해지는 방식을 주권자나 왕의 형상 안에서 볼 수 있다(왕은 자신의 시민(신민)과 똑같은 법과 규제에 종속되어 있는 게 아니다). 그러므로 아감벤은 이 예외화가 정치적 질서의 (주권자와는 정반대 쪽에 있는) 다른 끄트머리(극)에서 작동한다고 주장한다. 이 끄트머리에서는 정치공동체city에서 시민(신민)을 배제하는 것이 가능해진다. 시민들에게서 정치적 권리를 빼앗음으로써 이제 그 시민을 살해하더라도 위법이 아니게 되는 것이다.

아감벤이 '호모 사케르' 혹은 성스러운 인간이라고 규정하는 이 형상이야말로 정치의 패러다임이다. 이리하여 아감벤은 '호모 사케르'라는 형상을 통해 서양 정치의 계보 혹은 대항-역사를 제공할 수 있게 된다. 강제수용소의 피수용자뿐 아니라 난민이라는 근대적 형상은 정치의 한계점을 표상하며, 이는 우리가 '좋은 삶'을 성취하려고 시도할 때 이용하는 제도들의 미래를 의문에 부치도록 요구한다고 아감벤은 지적한다.

| 조에, 비오스, 벌거벗은 생명 |

아감벤이 '호모 사케르'의 서사를 어떻게 말하는가를 살펴보는 것으로 나아가기 전에, 《호모 사케르》에 중심적인 몇 가지 술어들의 의미를 분명하게 해 두는 것이 필수적이다. 그 용어란 조에와 비오스, 벌거벗은 생명이다.

조에는 생명이다. 간단하게 말해서 이것은 실존이다. 인류, 신, 동물들은 모두 '조에'를 공유한다. 이것은 미구별적이며 생명력을 가리킨다. 또한 이것은 자격이 부여되는 게 아니다. 이것이 아감벤에게는 핵심이다. 조에는 언어와 공동체에 선행하여 존재하며, 따라서 우리는 그로부터 출현하는 실체이다.

비오스란, 이렇게 말할 수 있다면, 그런 '조에'라는 실체로부터 출현하는 것이다. 인간으로서의 우리는 '조에'를 넘어서서 비오스의 영역에 도달한다. 이 영역에서 우리는 '조에'를 넘어선 삶을, 집합적이고 자격이 부여된 삶을 구축하려 시도한다. '비오스'의 공간은 '폴리스', 즉 고대 그리스의 민주주의 관념의 토대였던 집합적인 정치적 공간이다.

아감벤에 따르면 우리가 염두에 두어야 할 매우 중요한 점은, '조에'는 전–언어적(언어에 선행한다)이며 '비오스'는 언어적이라는 것이다. 언어에 관한 앞의 논의를 상기한다면, '조에'를 목소리 혹은 유아기의 영역이라고 제시할 수 있을 것이다. 아감벤은 유아기란 우리가 그것으로 회귀할 수 있는 어떤 상태라고는 주장하지 않는다. 우리는 '폴리스'를 넘어선, '비오스' 이전의 전–정치적 세계로의 회귀를 희망할 수도 없다. 아감벤이 관심을 기울이는 것은 '비오스'와 '조에'의 분열이 목소리와 언어의 균열에서처럼 어떻게 공간을, 즉 부정적인 공간인 동시에 부정적인 것을 작동 불능으로 만듦으로써 급진적 잠재력을 지닌 공간을 산출하는가이다.

벌거벗은 생명(혹은 이탈리아어로는 'nuda vita'이기에 naked life로 번역된다)은 '조에'와 '비오스' 사이의 균열에 의해 산출되는 것이다. '조에'가 벌거벗은 생명이라는 게 아니다. 둘은 닮은 것처럼 보일 수 있으며, 아감벤의 텍스트에서도 겉보기에 혼용되는 것처럼 보일 수도 있으나, 둘은 근본적으로 상이한 속성을 공유한다. 여기서는 생명이라는 범주에 관해 논의하는 것이 도움을 줄 수도 있다. '조에'가 생명이고 '비오스'가 자격을 갖춘 혹은 정치적인 삶이라면, '좋다'나 '벌거벗다' 같은 속성들을 통해 삶에 자격 부여하려는 모든 시도는 '조에'로부터 벗어나는 움직임이다. 그러므로 벌거벗은 생명은 정치적인 것의 영역 속에 존재한다. 벌거벗은 생명은 '조에'가 폴리스의 개념화 자체에 있어서

'폴리스'에 진입했다는 사실로부터 나중에 분명해지겠지만, 벌거벗은 생명은 정치적인 것의 위기를, 이와 더불어 정치적인 것의 내부로부터의 잠재적인potential 붕괴를 표상한다. 이미 봤듯이, 아감벤의 사유를 특징짓는 것은 이런 사이in-between의 공간이다.

| 주권의 논리 |

아감벤에게는 벌거벗은 생명을 '폴리스'의 산물로서 개괄하기 위해, 주권적 예외(화)를 깊이 있게 살펴보는 것이 필수적이다. 여기서 그가 독일의 법학자이자 정치이론가인 카를 슈미트Carl Schmitt(1888~1985)에게서 받은 영향은 막대하다.

최근 들어 슈미트가 주요한 정치철학자로 대두하게 된 데에는 아감벤의 작업이 어느 정도 작용했다. 슈미트는 1930년대 독일의 국가사회주의당(나치당)이 한 활동을 정당화하고 설명한 저작을 다수 쓴 책임이 있다. 슈미트가 정치에서의 예외가 사실상 규칙이라고 천명한 것은 유명하다. 《정치신학》이라는 중요한 책에서 그는 이렇게 말했다. "예외는 보통의regular 사례보다 흥미롭다. 규칙(보통의 사례)은 아무것도 입증하지 못한다. 예외가 모든 것을 입증한다. 예외는 규칙뿐만 아니라 규칙의 실존도 확증한다. 규칙 자체는 예외로부터만 도출된다. 예외는 현실의 삶이 지닌 힘이 반복으로 더 무기력해진 메커니즘의 외피

를 깨부순다"(2005 : 15). 아감벤이 정치를 탄핵할 때 열쇠가 되는
게 이 통찰이다. 아감벤에 따르면, 예외화는 정치적 영역으로부
터의 완벽한 배제가 아니다. "예외exception"의 어원인 라틴어 'ex-
capere'(바깥에서-붙잡다)가 드러내듯이, 예외는 "바깥에서 붙잡
혀진다." 예외는 단순히 배제되는 것이 아니라 사실상 포함되어
있기 때문에, 이는 정치적 질서의 핵심에 주권적 예외화라는 이
리저리 잘 빠져나가고 양가적인 형상이 있음을 뜻한다.

주권자는 '비상사태'를 선포하고, 법률의 규칙 중 몇몇을 실효
적으로 중지시키고 스스로 재판관judiciary의 입장에 설 수 있다.
미국에서 일어난 예들을 생각해도 좋을 것이다. 9·11 이후에, 당
시 조지 W. 부시 대통령은 국가의 안전national security을 위해 긴
급권을 발동했다. 이렇게 함으로써 그는 법의 통상적인normal 기
능을 중지시켰다. 마치 나라의 통상적인 운영을 유지하기 위해서
는 법질서를 중지시키는 것이 필수적인 일이 된 것 같았다. 이것
은 법률들이 만들어져 의회에서 통과되고 시행되는 과정을 중지
시켰으며, 그리하여 이를 할 수 있는 권력은 대통령의 손아귀에
들어가게 되었다. 아감벤은 이런 과정들에 관해 《예외상태》에서
이렇게 지적했다. "저항권에서도 예외상태에서도 궁극적으로 쟁
점이 되는 것은 요컨대, 그 자체로 법 외적인extrajuridical 행동 영역
이 지닌 법적인 의미라는 문제이다(SE : 11(30쪽)).

여기서 요점은 법적인 것이 법적인 것의 바깥에 놓여 있는 것
에 의해 인수된다(탈취된다)는 것이다. 물론 이것은 다음을 뜻한
다. 즉, 예외상태에서 법률의 지배는 법률을 지키기 위해 중지

되며, 그리하여 포함적 배제를 창출하는데, 이것에 의해 법률의 지배 바깥에 있는 것(주권권력)은 법률의 지배의 안쪽에 도입되면서도 그 바깥에 여전히 남아 있다. 여기서 작동하는 포함과 배제의 복잡한 과정은 법 개념 자체를 의문에 부친다. 만일 법이 우리의 집합적 보호라는 이름 아래 존재하는 규칙과 실천으로 이루어진 추상적이고 독립적인 실체라고 한다면, 이 법이 당파적인 정치적 권력에 침략을 당한다는 것은 그 정당성이 독립성에 기초를 두고 있는 바로 그 실체body의 존재 자체에 대한 위협이다.

주권적 예외화에 대한 아감벤의 탐색은 이 주권적 예외화에서 작동하는 포함적 배제를 단순히 규정(식별, 신원확인)하는 것에 머물지 않는다. 더 중요한 것은 그의 다음과 같은 지적이다. 즉, 예외화는 "법이 타당성을 가질 수 있는 공간 자체"(HS : 19(62쪽))를 만들어 낸다. 아감벤이 선호한 용어를 사용한다면, 그러므로 *예외상태*는 바깥과 안 사이에 있으면서 바깥과 안 둘 다에 효력을 부여하는(타당성을 부여하는) '문턱' 공간이다. 법률이 작동하기 위해서는 '안'—법적·정치적 과정 내부에 있는 것—과 그 공간의 바깥에 있는 것을 창출해야 한다. 법률을 넘어선 공간—즉, 법의 보호를 넘어선 동시에 기소prosecution를 넘어선 공간('호모 사케르'와 주권자 둘 다가 차지하고 있는 공간)—이 있다는 것이야말로 법의 내부에 의미를 부여한다. 사실상 아감벤은 슈미트를 따라, *법이란 예외화 없는 '죽은 문자'*라고 지적한다.

슈미트에 따르면, 예외가 법률을 일련의 타성적 원칙으로부터 수행적이고 실효적인 통제 형식으로 변형시킬 수 있는 것은 "인간의 생명 자체에 있어서"이다. 그렇지만 슈미트에 따르면, 그 변형은 주권자의 행동을 통해, 주권적 결정을 통해 일어난 것이다. 그에 반해 아감벤은 *예외상태*에 관해 벤야민과 슈미트 사이에서 오간 논의를 복원한 다음, 벤야민의 편에 서서 예외와 규범이 미구별의 지대로 진입했다고 단언한다. 이처럼 예외의 지배는 법의 지배와 구별할 수 없게 된다. 제1차 세계대전에서는 정치적 위기 때 이뤄지는 법 지배의 예외적 중지로 받아들여졌던 것이 이제는 법 자체에 침투하게 된 것이다.

아감벤은 근대의 주권적 예외화를 제1차 세계대전, 제3제국, 그리고 현대의 정치적 상황 속에 위치시키지만, 또한 훨씬 오랜 역사 속에 이를 자리매김하려고 노력한다. 이미 지적했듯이, 아감벤이 믿고 있는 바에 따르면, 생명권력을 연구하려는 푸코의 기획은 근대적 권력의 뿌리를 효과적으로 탐색하는 데 실패했다. 아감벤의 저작에서, 주권적 예외화는 몇 가지 결정적인 지점들에서 작동한다. 본서의 서론과 1장에서 지적했듯이, 그의 저작은 계보학과 문헌학이라는 특징을 띤다. 계보학과 문헌학은 다양한 역사적 시대들을 가로질러, 구조적인 동시에 언어적인 개념들의 전개를 그려 냄으로써 개념들을 추적하려는 시도이다. 그래서 그는 주권적 예외화를 고대 그리스의 서정시인인 핀다로스로 거슬러 올라가 소묘한다. 이렇게 움직이는 가운데 중세와 로마의 법률 속에서도 주권적 예외화를 찾아낸다.

| '호모 사케르'의 산출 |

《호모 사케르》의 대부분은 '호모 사케르'라는 형상을 오늘날에 이르기까지 추적하면서 벌거벗은 생명의 계보학을 보여 주는 것이다. 아감벤은 고대 로마법에서 주권이 어떻게 구성되어 있는지를 탐사한다. 그는 주권의 구성이 벌거벗은 생명의 정치적인 산출과 밀접하게 연결되어 있다고 간주한다. 그러면서 고대 로마법에 있는 하나의 역설에 초점을 맞춘다. '호모 사케르'라는 형상이다. 아감벤은 이 '성스러운 인간'이 어떻게 법에 의해 사형을 언도받으면서도 희생제의화될 수 없는가를 상세하게 적고 있다. 즉, '호모 사케르'는 정치적인 '삶'이 제거되고, 징벌이나 처벌의 위협 없이 마음대로 살해될 수 있는 존재이다. 아감벤은 '호모 사케르'의 의미를 밝히는 폼페이우스 페스투스의 글을 다음과 같이 인용한다.

> 성스러운 인간homo sacer이란 사람들이 범죄자로 판정한 자를 일컫는다. 그를 제물로 바치는 것은 허용되지 않지만[합법이 아니지만]neque fas est eum immolari, 이 자를 죽이더라도 [죽인 자가] 살인죄로 처벌받지 않는다. 사실 최초의 호민관법은 "만약 평민 의결을 통해 누군가가 성스럽다고 공표된 사람을 죽여도 이는 살인죄로 간주되지 않는다"고 명기하고 있다. 이로부터 악한이나 불량배를 성스러운 자라 부르는 풍습이 유래한다.(HS : 71(156쪽))

로마법에서 희생제의는 의례적인 처벌이나 정화의 한 형태이기도 했으며, 이는 〔현대인이 생각하듯이〕 사형과 똑같은 것이 아니었다. 아감벤은 이런 정화 의례가 여전히 종교적인 법적 영역의 일부였으나, '호모 사케르'는 이와 똑같은 방식으로 다뤄질 수 없다고 적고 있다. '호모 사케르'는 희생〔제의〕화할 수 없으며, 아무튼 이미 성스러워졌다는 점에서 신에게 속한다. "제물로 바칠 수는 없지만 죽여도 되는 생명이 바로 성스러운 생명이다"(HS : 82(175쪽)).

따라서 호모 사케르의 죽음은 희생제의도 살인도 아니며, 그는 종교적 영역과 법적인 영역 둘 다에 포함되어 있는 동시에 이 둘 다로부터 배제되어 있다(현세적이거나 속적인profane 것으로부터 완벽하게 제거되어 있지 않은 이런 성스러운 영역이라는 관념을 우리는 7장에서 다시 다룰 것이다). 그러므로 아감벤이 적고 있는《호모 사케르'라는 형상은 주권자와 유사한 구조적 지위를 공유한다. 둘 다 '이중적 배제'의 부분이자, "희생제의와 살인죄 사이의 미구별의 지대"(HS : 83(176쪽))이기 때문이다. 주권자와 '호모 사케르'가 법〔률〕의 안인 동시에 바깥이라는 유사한 구조적 장소를 공유하는 과정을 포착하기 위해, 아감벤은 추방/내던져짐ban/abandonment 관념을 도입한다.

이것은 아감벤이 프랑스의 철학자 장 뤽 낭시Jean-Luc Nancy (1940~)의 저작에서 찾아낸 개념이다. 주권적 예외화가 '호모 사케르'를 바깥에서 취하는 것이라고 한다면, '호모 사케르'는 주권자와 마찬가지로 법에 의해 법의 바깥에서 취해진다. 법에서 배제된다는 것이 법의 이른바 '바깥'이나 너머에 있다는 것으로 간주되어서는 안 된다. 오히려 법에 의해 거부당했을 때만큼 우리가 법의 '안'에 있는 일도 없다. 그러므로 내던져짐(유기)은 안과 바깥 사이의 문턱 위에 놓여진(내버려진) 상태이다. 그래서 아감벤은 추방을 "스스로를 무효화하면서 또 더 이상 어디에도 적용되지 않음으로써 스스로를 유지하는 법의 이러한 잠재성"(HS : 28(79쪽))이라고 간주한다.

　말하자면 주권적 추방은 주권권력의 기능이 주권자를 주권권력과 똑같은 경계적(극한적) 상태liminal state로 축소시킨다고 하는 사실 자체를 명명하는 관계 형식이다. 그것은 곧, "주권적 예외화의 두 개의 극을 서로 묶는 인력이자 척력"(HS : 110(225쪽))이다. '호모 사케르'는 벌거벗은 생명의 산출이 "주권의 원초적 활동"임을 드러내는, 주권적 추방에 포획된 '피해자human victim'이다. 이 주장이 힘을 갖는다면, 그것은 우리 중 누구나 이 경계적 형상들 중 하나가 될 수 있는 잠재력을 갖고 있다는 데 있다. "주권자란 모든 사람을 잠재적으로 '호모 사케르들'로 간주하는 자이며, 또 호모 사케르란 그를 향해 모든 사람들이 주권자로 행세할 수 있는 자이다"(HS : 84(178~179쪽)). 법질서에 종속되어 있는 모든 사람은 정치적 삶으로부터 (포함을 통해) 배제될 가능성에 직면해 있다는, 이런 잠재성의 위치에 있다는 것, 바로 이것이 아감벤의 주장 중에서 가장 논란을 부르는 것이다.

　아감벤에 따르면, 푸코의 저작은 "법적-제도적 권력 모델과 생명정치적 권력 모델"을 결코 화해시키지 않는 '소실점'(HS : 6(42

쪽))을 은밀하긴 했지만 아무튼 유지했다. 반면 아감벤은 푸코가 근대 전체주의 국가들에서의 생명정치의 본성에 관해 오해하고 있으며, 이 오해는 작동하고 있는 연속체가 푸코의 저작에 부재하다는 데서 유래한다고 주장한다. 아감벤의 이의 제기는 이런 것이다. 즉, 주권적 예외화와 '호모 사케르'라는 두 형상의 계보를 그 원초적인 구조적 지점으로까지 거슬러 올라가 추적함으로써, 이제 우리는 강제수용소와 파시즘 아래서 생명의 포획의 본성을 이해할 위치에 놓인다는 것이다.

아감벤은 근대적 '호모 사케르'의 전개가 1679년 잉글랜드에서 '인신보호 영장'의 도입과 더불어 시작된다고 말한다. 라틴어로 'habeas corpus'란 '신체를 제시하다present the body'라는 뜻으로, 누군가를 구류에 처하는 자더러 구류당하는 자를 법정에 데리고 와서 그를 구류해야 할 근거를 입증하라고 명하는 소환장이다. 이것은 서양의 법적 전통의 근본적 원칙 중 하나로 간주된다. 이 '인신보호 영장'으로 사람들은 배심원에 의한 공정한 재판을 받을 수 있게 됐다. 아감벤은 이 '인신보호 영장'이 근대적 생명정치가 최초로 구체화instantiation된 예라고 주장한다. 여기서 신체는 법률적인 것the legal〔적법한 것〕의 장소로서 분명해졌다.

아감벤에 따르면, 법률적 명령legal injunction의 대상으로서 '인간homme'이 아니라 '신체corpus'가 도입된다는 것은, 신체가 이제 단순히 정치화된 것이 아니라 정치적인 것의 새로운 양태의 기초임을 증명하는 것이다. '인신보호 영장'에서 훤히 드러난 것은, '호모 사케르'의 계속적인 산출이다. 그러나 여기에는 다음의 차이가 있다. 즉, 성스러운 인간은 더 이상 전면적whole이거나 완벽하지 않게 되었다. "근대 민주주의는 성스러운 생명을 제거한 것이 아니라 그것을 산산조각 내어 모든 개인들의 신체 속으로 산포시키고, 개별 생명을 정치적 갈등의 쟁점으로 만들었다"(HS : 124(244쪽)). 이제 주권적인 정치적 주체의 선언에는 항상 이미 성스러운 생명의 흔적이 있다. 근대 서양의 자유민주주의의 자유로운 주체가 의미하는 것은, 권리와 보호를 박탈당한 '신체corpus'로 잠재적으로 축소된다.

근대적 '호모 사케르'에 관한 아감벤의 계보학이 향하는 다음 발걸음은 1789년의 프랑스 인권선언이다. 근대 민주주의의 초석으로 자주 칭송되는 이 인권선언은, 하지만 아감벤에 따르면, 호모 사케르가 주권적 국가 및 주권적 영토에 결부된 근대적 화신incarnation으로 진입하게 된 지점을 표상한다. 즉, 그것은 "자연적인 생명을 국민국가의 법적-정치적 질서 속에 기입하는 것의 원초적 형상"(249쪽)이다. 인권선언은 모든 인간이 "양도할 수 없는(신성불가침의) 권리를 갖고 태어난다"는 개념을 수립하지만, 아감벤은 인간이 이런 권리를 갖고 태어났다는 사실 자체가 그런 권리를 국민과 결부시키는 것임을 즉각 간파한다. "국민nation"이라는 단어는 어원적으로 '태어나다nascere'에서 유래한다. 그 결과, "벌거벗은, 자연적인 생명", 즉 태어났다는 사실은 이미 정치적 구조물에 병합되어 있다. 인간은 이제 '조에'라는, 태어났다는 사실 자체를 선언할 수 있는 능력에 기초를 둔 집합적 주권자의 구성원이 된다. 이제 생명은 정치적이 되며, 이렇게 함으로써 정치적 장에 병합되느냐 아니냐는 것을 제외하면, 생명에는 그 어떤 본질적인 가치도 자리매김될 수 없게 된다.

| 수용소, 난민, 죽음정치 |

'인신보호 영장'과 프랑스 인권선언이라는, 법과 정치에 관한 근대적 담론을 각각 뒷받침하는 두 원칙의 핵심에 도사리고 있는 '호모 사케르'의 형상을 너무 간략하기는 해도 하여튼 아감벤이 드러내고자 했다는 것은 매우 중요하다. 뭐가 중요하냐 하면, 이것 덕분에 아감벤이 다음과 같이 논증할 수 있었다는 점이다. 즉, 서양의 법적-정치적 전통을 옹호하는 데 원용될 수 있는 원칙들이 이미 벌거벗은 생명의 산출에 포획되어 있다는 것이다. 이제 그는 호모 사케르의 가장 근본적인 예를 들 수 있는 입장에 놓인다. '노모스nomos'(혹은 정치적인 것의 공간)로서의 강제수용소, 그리고 '호모 사케르'로서의 난민과 강제수용소의 피수용자 등이 그 예이다. 이런 예를 거론함으로써, 그는 서양 문명의 정치적 원칙들과 근대인의 불가침적 자유를 20세기의 가장 끔찍한 사건들과 결부시킨다. 지금부터 우리는 근대적 '호모 사케르'에 관한 아감벤의 독해를 추적할 것이다. 이는 어떻게 해서 근대적 정치가 '지속적인 침식eclipse'에 들어서고 있다고 그가 주장할 수 있는지를 보기 위해서이다. 또, 아감벤이 시험적으로 정립하고 있는 '정치'에 관한, 더 정확하게는 공동체에 관한 생산적이거나 대안적인 개념 같은 것을 얼핏 보기 위해서이다.

난민이라는 형상은 20세기와 21세기에 존재하는 '호모 사케르'와 주권적 예외화의 가장 명료한 예 중 하나이다. 난민은 주권권력의 공간과 주권적 예외화가 자기 시민의 삶을 그 밖의 사람들로부터 분리해서 정의할 수 있게 해 주는 무자비할 정도로 효율적으로 작동하는 방식을 드러낸다. 아감벤은 이렇게 말한다. 난민이란,

> 자체로 다름 아닌 출생-국민의 결합 관계에서 인간-시민의 결합 관계에 이르는 국민국가의 기초적인 범주들을 근본적으로 의문에 부치는 한계 개념이다. 또한 이를 통해 너무 오랫동안 지연되어 왔던 범주들의 혁신을 위한 명료한 길이 열릴 수 있다. 이것은 벌거벗은 생명이 국가 질서 안에서도, 인권이라는 형태에서도 더 이상 격리되고 예외화되지 않는 정치를 목표로 한다.(HS : 134(259-260쪽))

난민을 '호모 사케르'로 여기는 것은 이 벌거벗은 생명의 형상이 현대 정치의 맥락에서 차지하고 있는 장소를 명확하게 이해할 수 있게 해 준다. 난민은 시민의 권리가 없는 극소수의 예외적 형상이라기보다는 인권 관념 전체를 의문에 부치는 존재이다. 인권 관념이란 한 국가나 영토가 구성원을 공동체의 일부로서 포함하고, 이어서 항상 이들을 배제할 수 있다는 관념이다.

그렇다면 '인권' 관념은 명분façade이다. 아감벤이 [《목적 없는 수단》의] 〈인권을 넘어서〉라는 짧은 논문에서 지적했듯이, 인권은 "인간이라는 순수한 사실을 빼고" 모든 관계가 축소된[관계를 빼앗긴] 인간 존재를 목격하게 될 때, 원칙적으로 변론의 여지가 없어진다. 만일 우리 모두가 불가침의 '인권'을 갖고 있다고 가정한다면, 이는 그저 다음을 의미할 뿐이다. 즉, 우리 모두는 단순한 신체적 존재로 환원될 수 있다는 것, 우리는 난민과 마찬가지로 주권국가에 의해 배제되고 유기되고 벌거벗은 생명으로 축소될 수 있다는 것뿐이다.

그네들의 권리가 제거되고 신체적 생명이나 벌거벗은 생명으로 축소[환원]된 상태에 놓이게 된 시민들의 가장 두드러진 예는, 히틀러 치하의 국가사회주의 독일에 설치된 강제수용소이다. 이 수용소에 갇힌 것은 유대인, 집시들, 정치범, 여타 주변화된 집단인데, 법의 지배로부터 배제된 이 공간에서 그들은 주권권력의 행사에 의해 국민으로서의 시민의 권리들rights as citizens of the nation을 빼앗겼다. 중요한 것은 강제수용소로 끌려간 유대인들이 [미리] 독일의(또는 다른 국가의) 국적을 박탈당하고, 국민국가의 법으로부터 배제된 공간에서 국가 없는 자들 stateless people이 되었다는 것이다. 강제수용소가 주권권력의 행사에 의해 통제되는 예외의 공간이 됨에 따라 강제수용소에서 국가의 법들은 더 이상 존재하지 않게 됐으며, 국민국가의 시민들이 활용할 수 있었던 권리와 법들도 의지처가 되지 못했다. 수용소에 갇힌 사람들은 정치적 삶을 완전히 잃었으며, 그저 벌거벗은 생명이 되었을 뿐이다. 살라고 단죄당한 바로 그 신체 이외에는 아무것도 아닌 벌거벗은 생명 말이다.

아감벤은 강제수용소에서 완전한 생명정치적 공간의 전형적 특질을 보았다. 완벽한 생명정치적 공간이란 주권적 예외화가 정치적 주체들의 철저한 파괴를 위한 공간을 창출하고, 정치적 주체들을 완벽한 물리적·생물학적 통제의 형식으로 대체해 버린 궁극적 지점이다. 그는 "VP$_{\text{Versuchspersonen}}$(피실험자)", 그의 번역어로는 'cavie umane(인간 모르모트)'[5]에 관한 계획을 자세하게 적고 있다. VP는 과도한 기압에 노출되고 소금물을 마시게 되고, 얼음물에 장시간 담가졌다. 과학자들과 물리학자들이 이들을 오랫동안 모니터링하고 조사했다. 나치 독일의 병사가 어느 한계까지 부작용 없이 살 수 있는지를 이들을 통해 확인하려 한 것이다. 여기서 바로 VP는 주권자에게 순수하고 벌거벗은, 생물학적인 생명을 표상하는 것에 다름 아니며, 생명정치의 한계-지점을 드러내고 있다.

| 현대세계에서 생명정치를 형상화하기 |

강제수용소의 피수용자라는 형상, 혹은 전후 시기에는 국가 없는 난민이라는 형상이 강력하다는 데에는 의심의 여지가 없다.

---

[5] 영어판의 'human guinea pigs'를 따르지 않았다.

이들은 다양한 연상작용을 수반하며, 문화적 기억의 형식들이 이들에게 적재되어 있다. 그리고 불가피하게도 이것들은 아감벤의 저작에서 두드러지게 눈에 띄는 장소를 차지하고 있는데, 이로부터 귀청이 따가울 정도의 심문과 축약본들이 생겨났다. 가장 흔해빠진 것 중 하나는 "아감벤은 우리 모두가 잠재적으로는 국가 없는 난민들/'호모 사케르'라고 말한다"는 것이다. 이 진술이 아감벤의 텍스트에 전혀 부재한 것은 아니라는 점은 사실이며, 엄격하게 말하면 오독이 전혀 아니다.

아감벤은 《호모 사케르》의 2부 결론에서 이렇게 말한다.

> 성스러움은 현대 정치에 여전히 존재하는 일종의 도주선이다. 이 도주선은 그 자체로서 점점 더 광대해지고 어두워지는 지대로 이동하고 있으며, 결국에는 시민들의 생물학적 생명 자체와 일치하는 지점에 이르게 된다. 만일 오늘날에는 호모 사케르라고 명백하게 규정할 수 있는 형상이 더 이상 존재하지 않는다고 말한다면, 그것은 아마도 우리 모두가 잠재적으로는virtually '호모 사케르들'이기 때문일 수 있다.(HS : 114-115(231-232쪽))

주권적 예외화의 공간이자 법의 주권적 중지의 공간으로서의 수용소라는 관념이 전 지구적 정치에서 벌어진 최근의 사건들에서 극적인 반향을 갖는다는 것을 모든 독자가 놓치고 있지는 않을 것이다. 우리가 들은 것은, '9·11 이후'의 세계가 이전의 세계와는 뚜렷하게 다른 장소라는 것이다. '대테러 전쟁'은 그 이전의 어떤 전쟁과도 같지 않다. 이 새로운 전쟁에서 우리가 맞서 싸워야 할 적은 알 수 없는 자이다. 진정으로 전 지구적 수준에서 전쟁이 벌어지고 있으며, 잠재적으로는 도처가 전쟁의 극장이다. 이 전쟁은 밑도 끝도 없이 계속되며, 시간적 한계가 없는 것으로 기획되고 있다. 우리가 '이겼다'고 주장할 수 없는 전쟁인 것이다.

이 멋진 신세계는 새로운 위협에 맞선 새로운 보호를 위한 새로운 조치를 요구한다. 이 전쟁이 새롭다고 하는 이 언어는, 낡은 권리 관념이 우리를 보호하기에 충분하지 않다는 것을 시사한다. 이런 관념들은 권리와 원칙들 자체를 지키기 위해 우리 권리의 거듭된 침식erosion으로 이어졌다. 정치에 관한 아감벤의 작업이 지닌 강점은, 우리가 처한 작금의 '예외상태' 속에서 이보다 훨씬 깊은 논리를 식별할 수 있게 해 준다는 데 있다. 이런 조치들이 우리의 인권을 지키는 데 얼마나 유효한지를 많은 사람들이 논의하고 있는 상황에서, 아감벤은 길고 복잡한 전통을 지닌 예외성과 생명정치의 담론을 들먹이고 있다.

아감벤의 소책자인 《예외상태》는 이탈리아어로 2003년에, 영어로는 2005년에 출판됐다. 때마침 많은 사람들이 관타나모 만의 캠프 델타 같은 현상과 이를 관장한 본국 송환 절차를 이해하는 수단으로서 서양 정치에 관한 아감벤의 비판을 검토하기 시작한 때였다. 이 책은 법질서와 생명 사이의 점점 더 뿌옇게 되고 있는 공간에 관한 논의로 시작된다. 이 공간에서 작동하는 법적−정치적 장치의 점증하는 권력은 '예외상태'를 사용하는데, 이것은 법 지배의 보편적 본성을 갈수록 골치 아픈 방식으로 의문에 부치고 있다. 아감벤은 이렇게 말한다.

"법 권리가 자신을 중지함으로써 살아 있는 것[인간]을 자신 안에 포함한다는 독특한 구조로서의 예외상태가 갖고 있는 직접적으로 생명정치적 의미는 2001년 11월 13일에 미국 대통령에 의해 포고된 '군사명령'에서 극명하게 드러난다. 이 명령은 테러 활동에 연루된 혐의가 있는 비시민[미국 국적이 아닌 자] 용의자에 대한 '무기한 구류indefinite detention' 및 '군사위원회military commission'(이것을 전쟁법이 상정하는 군사법정과 혼동해서는 안 된다)에 의한 재판을 인가했다"(SE : 3(17쪽)).

아감벤은 계속해서 말하기를, "부시 대통령의 명령에서 새로운 점은 이것이 그런 개인들의 온갖 법적 지위를 철저하게 말소하고, 그렇게 함으로써 동시에 법적으로 명명하거나 분류할 수 없는 존재를 산출한다는 것이다"(SE : 3(17쪽)). 하지만 아감벤이 논증하는 새로움이란 그저 외관상의 새로움일 뿐이다. 이를 이해하려면, 이 새로움을 이전의 '예외상태' 계보 속에, 즉 대혁명 와중의 프랑스, 제1차 세계대전 당시 푸엥카레 대통령이 선포한 항구적인 예외상태, 그리고 당연하게도 1933년 히틀러의 바이마르 헌법 중지를 위치시키면 된다. 예외상태의 역사에서 새로운 전개로서 관타나모 만의 피억류자가 놓인 지위는 기존의 선행물들과 비교할 것을 요구한다. 아감벤은 이렇게 말한다.

"이것과 비견될 수 있는 것은 나치 강제수용소에 갇힌 유대인의 법적 지위뿐이다. 그들은 [수용소에 들어가기 전에] 유대인이라는 규정 말고는 시민권과 더불어 모든 법적 지위(정체성)를 박탈당했다"(SE : 4(18쪽)).

그 어떤 현대적 심급(예)을 홀로코스트와 비교하는 것은 분명히 일화적인 힘을 갖겠지만, 아감벤의 저작을 '정당'하게 평가하려면 다음 사항을 떠올려야 한다. 즉, 그는 그런 주장을 함부로 하고 있는 것이 아니다. 그의 주장은 그가 동시대의 내부에서 작동한다고 보는 구조적 논리를 명확히 분절하는 것에 의해 뒷받침된다.

| 대테러 전쟁과 국가의 폭력 |

현대에 우리의 정치 시스템을 관장하고 있는 원칙들은 점점 붕괴되고 있다. 이런 붕괴 방식을 탐색하기 위한 많은 연구는 국제정치 연구에서 이뤄졌다. 한 가지 예를 잠깐 보도록 하자. 런던 남부의 스톡웰 지하철역에서 2005년 7월에 일어난 제앙 샬리스 지메네지스Jean Charles de Menezes에 대한 총격 사살은 현대의 지정학을 정의하는 '대테러 전쟁'에서 셀 수 없이 많은 무수한 사람들이 직면하고 있는 위험을 시의적절한 때에 상기시켜 줬다.

메네지스는 지하철을 타고 있던 대테러 경찰들에 의해 사살 됐다. 이 당시 경찰은 그를 하루 전날 런던의 교통망에서 발생 한, 미수에 그친 연쇄 폭탄 테러 용의자 후세인 오토만이라고 믿었다. 이 연쇄 폭탄 테러 미수 사건은 2주 전인 7월 7일에 발생한 지하철과 버스에 대한 4건의 테러 공격과 직접적으로 연결됐다고 간주됐다. 4건의 폭탄 테러로 52명의 런던 시민이 죽고 700명 이상이 부상을 입었다. 브라질 시민인 메네지스는 어떤 테러 활동과도 무관하며, 잘못된 시간에 잘못된 장소에 있었을 뿐이라는 사실이 뒤늦게 알려졌다. 런던 시 경찰본부장은 이를 '비극적인 실수'라고 불렀다.

그러나 닉 보언-윌리엄스Nick Vaughan-Williams는 이 사건incident을 '실수' 따위로 읽어서는 안 되며, 9·11 이후의 안전 정책이라는 더 넓은 지평 안에서 이 사건을 봐야 한다고 주장한다. 사살 사건이 벌어지기 7개월 전 런던경찰청 특수작전 그룹이 채택한 사살 정책은 나중에 메네지스가 죽게 된 사건의 핵심 열쇠가 되는 결정이었다. 보통은 용의자를 불러 세운 다음 심문을 하고 그 사람이 타인의 생명에 위험을 가할 우려가 있다고 생각된다면 먼저 상체에 사격을 가하고, 그 사람이 테러리스트 용의자라면 머리에 사격을 가해야 한다. 용의자가 몸에 폭탄을 두르고 있을 수도 있기 때문이다. 그런데 메네지스는 머리에 일곱 발, 어깨에 한 발의 총탄을 입었다. 이 사건을 비극적인 실수로 만들려는 시도는 이 사건이 정부 정책이 창출한 법적 공간 안에서 일어난 하나의 에피소드였다는 사실을 애매하게 한다. 이 법적 공간에서는 국가의 안전national security을 지키기 위해 인간을 살해하는 것, 즉 생명을 보호하기 위해 생명을 빼앗는 것이 정당화될 수 있다. 이것은 전쟁의 규칙들 아래에서 작동하는 논리인데, 이 사건이 세계에서 가장 붐비는 도시들 중 하나에서, 게다가 완전히 무고한 사람을 상대로 일어났다는 사실은 정말로 우려스럽다.

보언-윌리엄스에 따르면, 2005년 7월 25일의 사건은 "생명의 보호를 의도했던 메커니즘 자체가 생명을 위협할 뿐 아니라 궁극적으로는 생명을 파괴"하는 상황을 표상한다. 그런 식으로 이 사건은 "정치적으로 자격이 부여된 폴리스의 삶을 시간적·공간적으로 재생산하고 안전을 확보하려는 주권권력에 의해 시도된 혁신적 방식"(2007 : 186)의 일부였다. 이런 현대의 정치적 사건과 정치화된 사건을 분석하는 데 아감벤의 저작이 어떤 장점을 갖는지는 분명하다. 예외상태에 관한 아감벤의 이론화 덕분에 보언-윌리엄스는 메네지스 사살이 "주권적인 정치적 공동체 형식들"의 안전을 확보하기 위해 벌거벗은 생명을 산출한다는 훨씬 오래된 전통의 일부라고 설정할 수 있었다.

이와 동시에 보언-윌리엄스는 일어나고 있는 것에서 볼 수 있는 근본적으로 '새로운' 것, 즉 "벌거벗은 생명의 산출 장소 설정location과 방법"(2007 : 191)이 있다는 것도 논증한다. 하지만 이미 살펴본 아감벤의 방법론적 개요에 따르면, 이 사건이 정말로 '새로운' 것이냐에는 논란의 여지가 있다. 이 사건은 생명정치적인 것의 또 다른 현시manifestation를 표상할 수도 있으나, 이 현시 형식은 기존의 형식들과 결부되어 있다. 그리고 기존의 현상, 특히 홀로코스트와 결부되어 있다는 것이야말로 동시대적인 것에 관한 아감벤의 작업에 이렇게나 큰 힘을 실어 주고 있다.

| 난민이라는 형상 |

난민은 주권적 예외화가 정치적 공동체를 강화하는 쪽으로 작동함과 동시에 벌거벗은 생명을 산출해 낸다는 주장의 가장 명료한 사례 중 하나이다. 아감벤은 난민에 대해 꽤 긴 지면을 할애했으며, 따라서 그의 저작을 법, 정치지리학, 이민 연구자들이 거론하는 것은 결코 놀랍지 않다.

거처를 잃은 사람들displaced people이 온 세계를 이동하는 것은 제1차 세계대전 발발 이후 전 지구적 정치의 지배적 특징이었다. 아감벤의 진단에 따르면, 난민은 근대 국민국가의 쇠퇴와 부식[침식]을 표시하며, 따라서 그것은 근대 국민국가의 와해를 체현embodiment한다. 국가는 근대 국민국가의 와해라는 공간에서 자신의 붕괴에 직면하면서도, 자신의 통합성integrity을 강화하려 시도한다. 그러므로 국가 없는 자들은 새롭고도 도래하는 정치의 비전이며, '임의의 존재'로 향하는 움직임의 한 예이다. 아감벤의 말하듯이, "만일 우리가 맞닥뜨린 완전히 새로운 임무를 처리하고자 한다면, 우리는 지금까지 정치적인 것의 주체를 표상해 온 근본 개념들(인간, 권리를 가진 시민들, 또한 주권자로서의 인민, 노동자 등)을 지체없이 포기하고, 난민이라는 이 둘도 없는 형상에서 우리의 정치철학을 재구축해야 할 것이다"(MwE : 16(26쪽)). 정부들은 국가 없는 자들인 난민을 수용하려고 애를 쓰고 있지만, 이런 난민들을 그 핵심에 갖고 있다는 것은 근본적으로 낯선 것인 동시에 의심할 여지없이 동시대적이기도 한

정치를 시사한다.

아감벤의 난민론에서 보이는 진단적 요소들이 난민 연구에 큰 영향을 끼쳤다는 것은 분명하다. 오스트레일리아의 역사는 새로운 토지에서 새로운 삶을 주조해 내려고 시도하는, 거처를 잃은 자들의 역사이다(혹은 적어도 우파 이데올로그들이 우리더러 믿게 만들려고 하는 것이다). 오스트레일리아의 역사는 이민의 역사이다(문화적 집단학살genocide에 대해서는 여기에서 언급하지 않겠다). 19세기 초의 기결수부터, 유럽의 빈곤에서 벗어나 새로운 삶을 찾아 이곳으로 온 중후기 빅토리아 왕조 시대에 이르기까지, 그리고 제2차 세계대전과 나중의 베트남전쟁 후 전쟁으로 피폐해진 나라들에서 도망쳐 온 사람들에 이르기까지 말이다. 하지만 1990년대부터 줄곧 오스트레일리아는 국경선에 삼엄한 경계를 서기 시작했고, 이민을 위한 법적 경로를 훨씬 어렵게 하기 시작했다. 물론 이것은 9·11의 여파 속에서 증대되고 강화됐다. 즉, 당시 하워드 정부가 사용한 '국가의 안전'이라는 수사학은 이민자를 가혹하게 취급하는 것을 정당화하기 위한 것이었다. 이런 안전(보안) 강화책의 가장 현저한 특징 중 하나가 불법 이민자들을 '처리'하는 해안 구금센터의 개설이었다. 보통 이것은 군대나 연안 경비대에 의해 나포된 보트에 타고 있는 난민을 대상으로 한다. 그들은 파푸아 뉴기니나 크리스마스 섬으로 끌려가고, 그곳에서 난민 지위 요구를 심사받는다. 국제법상 난민 지위를 요구하면 오스트레일리아 땅을 밟은 자는 누구든 망명 신청(난민 지위 인정 신청)을 할 권리가 생긴다. 그러나 오스트레일리아 정부는 난민이 오스트레일리아의 땅을 밟고 이 권리를 주장할 수 있는 기회를 부인한다. 그러니까 이들은 불법 이민자로 취급되어 난민 자격이 부여되지 않는 것이다. 어떤 의미에서 보트를 타고 온 이들은 불법을 저지른 것으로 간주되며, 망명 신청을 성공적으로 요구할 가망이 없다. 오스트레일리아 법에서 오스트레일리아 북부 해안 및 연안 섬들은 망명 신청을 할 수 있는 오스트레일리아 본토에 속하지 않게 되며, 예외적 공간을 산출하기 때문이다.

'미구별의 지대'는 국민국가의 취약성을, 또 국민국가의 주권의 침식을 분명히 가리키고 있다. 국민국가의 주권은 주권을 가혹하게 강화함으로써만 떠받쳐질 수 있다. 이런 강화는 이 과정에서 배제적 포함이라는 기묘한 과정을 드러낸다. 프렘 라자람 쿠마르Prem Rajaram Kumar와 칼 그룬디 워Carl Grundy-Warr는 아감벤의 《호모 사케르》를 이용해 오스트레일리아, 말레이시아, 타이의 비정규irregular 이민자들을 분석했다. 그들에 따르면, 오스트레일리아 정부의 활동은 벌거벗은 생명의 정치적·법적인 산출에 대한 아감벤의 검토와 거의 완벽하게 일치한다.

"표면상 배제된 자들을 이렇게 국민국가 시스템 속에 받아들이는 것은 오스트레일리아라는 정치공동체의 경계선을 일관되게 만드는 데 도움을 주지만, 망명 신청자들을 탈정치화된 '벌거벗은 생명'으로 선제적으로 처하게 해 버린다"(Rajaram & Grundy-Warr 2004, 48).

하지만 이민 연구 담론은 항상 정책에 눈이 쏠려 있다. 라자

람과 그룬디-워는 이렇게 지적한다. 비정규 이민자를 '호모 사케르'로 간주하는 자신들의 연구는 "이렇게 근본적인 데도 무시됐던 정치의 공간 혹은 조건"에 "정책 결정자"의 주목이 "쏠리도록" 고안됐다고 말이다. 그리고 "공동체와 책임[책임/응답 가능성]이라는 코스모폴리탄적인 감각을 부추기는 것은 …국가로부터 나와야 한다"(Rajaram & Grundy-Warr 2004, 59-60). 이것은 아감벤의 더 넓은 비판적 기획을 완벽하게 오해한 것이지만, 이것이 더 광대한 인문과학과 사회과학에서 아감벤의 저작을 사용할 때의 지배적인 '사용법'이다. 아감벤의 작업이 지닌 더 넓은 구조를 이해하고, 그가 권력을 무위로 만드는 '정치적 임무'를 탐색하고 있음을 이해한다면, 이런 종류의 오독이 갖고 있는 위험은 틀림없이 분명해질 것이다.

┃ 생명정치적 문신 새기기

여기에 이르러 우리는 마침내 생명정치의 현대 세계에 대한 아감벤의 개입으로 향할 수 있다. 그 개입이란 미국 여행을 거부한 것이다. 2004년, 그는 뉴욕대학에서 일련의 강의와 세미나를 하기로 되어 있었다. 그런데 아감벤은 이 여행을 취소하고, 자신의 거부를 정당화하는 글을 2004년 1월 10일자 프랑스 신문《르몽드》지에 발표했다.

여기서 쟁점은, 미국에 입국하는 사람이면 누구나 강제로 받아야 하는 '생명정치적 문신 새기기[각인]' 조치였다. 데이터 등록, 지문 날인, 망막 스캔 등이 이 조치에 포함된다. 아감벤은 이 전개가 "항상 예외적이고 비인도적인 것으로서 간주됐던 절차와 실천들이 정상적이고 인도적인 양 시민들을 익숙하게 만들려는 시도"('B' : 168)라는 훨씬 넓은 시도를 표상한다고 주장한다.

아감벤에 따르면, 인간의 자유에 대한 이런 예외화와 침해를 정상화하는 것은, 이를 견제하지 않고 내버려 둔다면 예측되지 못한 결과를 낳을 수도 있는 전개의 징후이다. 그는 이런 항의를 공개적으로 표명하려는 자신의 시도를 유럽의 동료 지식인들도 따라 주기를 바란다. 따라서 이런 조치들을 극단적인 것이라 규정할 필요가 있었다. 이런 조치들이 그저 해외 여행자가 겪는 진부한 불편함에 그치는 것이 아니라, 생명정치가 새롭게 전개되는 데 있어서의 한계점, 문턱이라는 사실을 강조할 필요가 있는 것이다.

아감벤의 이 짧은 글은 그의 생명정치론을 응축하고 단순화한 것이다. 그가 미국 공항에서 이뤄지는 생명정치적 문신 새기기를 과거 강제수용소에서 유대인 피수용자들이 처했던 조건에 포개서 논점을 펼치는 것은 아마 놀랍지 않을 것이다. 하지만 그는 자신의 테제가 철학적인 것이지 역사적인 것은 아니라고 밝히며, 자신은 "현상들의 혼합물에 관심을 두는 것이 아니며, 이런 혼합물들은 분리되어야 한다"면서 자신의 테제를 옹호한다. 그러므로 그가 강제수용소 피수용자들에게 문신을 새기는 것이 '정상'으로 간주됐다고 단언하며 논의를 전개하는 것은 논리적이다. 따라서 작금의 절차가 잠재적으로 정상화되고 있는 것은 더 넓은 생명정치적 짜임새configuration의 징후로 간주되어야 한다. 저지되지 않는다면 이 짜임새는 인간의 생명을 더욱 권위주의적인 방식으로 포획하려 들려 할 것이고, 그리하여 예외적 활동을 즉각 진부banality[평범]한 것으로 전환시켜 버릴 것이다. 그가 결론을 내리듯이, "오늘날 우리가 미국으로 여행을 가려 할 때 우리에게 부과되는 이 생명정치적 문신 새기기는, 착한 시민들로 식별되길 원하는 사람들이 가까운 장래에 이를 국가의 메커니즘과 전달기구에 등록되는 정상적normal 방식으로 받아들이게 하는 바통이다"('B' : 169).

| '쇠퇴'하고 있는 정치 |

현대 정치에 대한 아감벤의 비판은 사람들을 놀라게 하는 성격을 갖고 있으며, 다양한 분야에서 채택됐다. 그러나 이것은 그의 비판이 지닌 진정으로 '정치적인 본성'으로 간주될 수 있는 바를 모호하게 할 수도 있다. 본서의 마지막 장에서 보겠지만, 많은 2차 주석가들은 이 모델의 비평적 효력을 지지하거나 이 모델의 방법론적 결점을 강조하는, 둘 중 하나를 택하는 경향이 있다. 하지만 대부분은 서양 정치의 전통에 대한 아감벤의 거부를 진지하게 고려하기를 꺼린다. 하지만 잊어서는 안 될 것은, 비판의 계기가 그 자체로 그 자체의 행동이라는 것이다. 그가 《예외상태》의 결론부에서 이렇게 말하고 있듯이 말이다.

법권리droit를 생명과의 비-관계 속에서 제시하고, 생명을 법권리와의 비-관계 속에서 보여 준다는 것은 예전에는 '정치'라는 이름으로 스스로를 주장했던 인간의 행동을 위한 공간을 둘 사이에 연다는 것을 뜻한다. 하지만 정치는 지속적인 부식을 겪었다. 왜냐하면 정치가 법권리에 의해 오염되었기 때문이며, 이렇게 됨으로써 정치는 단순히 법권리와 협상하는 권력으로 환원되지 않을 수 있을 때 조차도 기껏해야 스스로를 제헌 권력(즉, 법 정립적 폭력)으로 간주했기 때문이다. 하지만 진정으로 정치적인 행동이란 폭력과 법권리 사이의 연계망을 끊어 내는 행위뿐이다.(SE : 88(166쪽))

정치적 행동, 즉 이렇게도 기념비적인 역설을 이렇게도 미묘한 행동을 통해 극복하는 것이라고 하는 이런 정의는, 감지할 수 있는 유형의 정치, 자신의 옷깃에 의원 배지를 붙이게 해 줄 수 있는 대의, 설령 공허하더라도 즉각적인 결과를 낳을 수 있는 행동 같은 것에 관여하고 싶어 하는 사람에게는 거추장스러운 것이다. 그런 것은 아감벤의 정치가 아니다.

본 장을 마무리하는 데, 특히 '호모 사케르'에 관한 아감벤의 작업에서, 더 일반적으로는 정치에 관한 작업에서 언어가 맡고 있는 더 넓은 역할에 주목하는 것은 값어치 있는 일이다. 그는 《호모 사케르》의 서문에서 언어가 벌거벗은 생명의 산출의 기반을 밝히는 데 매우 중요하다고 명확히 지적한다. 사실상 정치의 근거ground 일반을 가능케 하는 것은 언어이다.

인간 공동체는 언어에 토대를 두고 '정치공동체polis'에서 살아
간다는 것에 기초를 두고 구축된다. 인간이라는 생명체는 원초
적인 목소리로부터 거리가 생기고 또 이로부터 쫓겨나게 됨으로
써 언어를 갖게 된다. 그러므로 '정치공동체'로 향하는 운동은
벌거벗은 생명의 배제와 관련된다. 언어에 선행하는 목소리로부
터 스스로를 제거하는 것이 필요한 것과 마찬가지로, '정치공동
체'의 바깥으로 벌거벗은 생명을 내던지는 것이 필요한 것이다.
목소리도 벌거벗은 생명도 자신들을 들볶는 바로 그 정치와 언
어에 있어서의 부정적 정초에 의해 항상 다시금 정치와 언어에
재병합된다. 그러므로 벌거벗은 생명을 넘어서는 정치를 전개한
다는 정치적 임무는 목소리와의 부정적 관계에 의해 덫에 걸리
지 않는 언어를 전개한다는 것과 내속적으로 연결되어 있다.

아감벤에게 이 두 가지 임무는 서로 내속적으로 결부되어 있
다. 그리고 가장 가치 있는 정치적 행동은 지배적인 권력언어를
해체하는 것에 기초를 둔 정치적 행동이다. 그는 《목적 없는 수
단》에 수록된 〈언어와 인민〉이라는 논문에서, 근대국가의 생명
정치적 형식에 대한 도전은 "언어의 실존−문법(언어)−인민−국
가라는 존재 사이의 연결망을 임의의 지점에서 끊을 때"(MwE :
70(81쪽))에만 존재할 수 있다고 지적한다. 지배적 권력언어를 타
파하는 이 과정은 도래하는 공동체로 향하는 길을 제시하는
데 결정적이다. 그것은 근대 정치의 기초가 되는 언어 기계를
무위(작동 불능)로 만들기 때문이다.

그의 사유의 부정적인 또는 비판적인 계기를 검토할 때 도래하는 공동체의 정치를 잊지 않는다는 것이 중요하다. 이 도래하는 공동체의 정치야말로 아감벤 저작의 한결같은 지평일 것이다.

생명정치와 죽음정치, 호모 사케르

아감벤은 서양의 전통에서 볼 수 있는 생명(삶)과 정치의 관계에 대한 복잡한 계보학적 분석에 착수함으로써 동시대의 관심사를 비판적으로 심문할 수 있게 해 준다. 그는 아리스토텔레스로 돌아가, 생명을 조에(자격을 갖추지 못한 생명)와 비오스(정치적인 삶)로 분리하는 것이 벌거벗은 생명을 산출하는 것으로 귀결된다고 지적한다. 벌거벗은 생명이란 정치 시스템에서 배제되나 역설적이게도 그 안에 포함되는 생명이며, '호모 사케르'라는 이 형상의 생명은 살인죄로 처벌받거나 기소되지 않은 채 사람들에 의해 살해될 수 있다. 하지만 이와 똑같은 '포함적/배제'의 논리는 주권자 자신에게도 적용된다. 주권자는 법의 지배를 선언할 수 있으나, 그 판단으로부터 자신을 배제한다. 아감벤은 고대 로마부터 '인신보호영장', 프랑스대혁명, 제2차 세계대전의 강제수용소, 국가 없는 난민의 곤경, 그리고 마지막으로 대테러 전쟁에서 용의자를 관타나모 만에 억류하는 것에 이르기까지, 벌거벗은 생명의 산출과 주권적 예외화의 전개를 묘사한다. 이처럼 그는 서양 정치의 전통을 매우 부정적으로 묘사하지만, 이 묘사는 이런 전통의 극복, 즉 폭력에 포획되지 않는 생명의 새로운 이해의 출현을 요구한다.

제 5 장

몸짓의 고향

: 예술과 영화

Giorgio

Agamben

아감벤에게 언어가 중요하다는 것은 본서를 통해 이미 분명해졌을 테지만, 더 넓게는 언어(언어이론)를 재현(표상)이론으로도 간주해야 한다. 이 이론에서 아감벤이 자주 '시학'이라는 이름을 붙이는 일반 미학은 재현의 매체를 관장하는 지배적 논리를 의문에 부침으로써 이 매체의 사용을 방해하고 멈추도록 작동할 수 있다. 그리고 앞 장들에서 봤듯이, 이 재현은 "도래하는 세대의 정치적 임무"에 항상 초점을 맞춰서 이뤄진다. 예술과 주체성에 관한 첫 번째 책부터 광고와 포르노그래피에 관한 이론 작업에 이르기까지, 아감벤은 이미지를 다양한 현시 manifestation 속에서 검토하려 애썼다.

이제부터는 근대 미학이 무시간적 허무주의의 한 형태를 띤다는 아감벤의 설명을 추적할 텐데, 구체적으로는 '몸짓'을 영화의 토대라고 보는 그의 탐색을 검토할 것이다. 아감벤의 이런 움직임은 아비 바르부르크의 작업에 의존함으로써 이뤄졌다. 바르부르크는 서양 예술을 '이미지들'로서가 아니라, 영화의 거대한 릴에서 취한 일련의 스틸사진 같은 것으로 개념화했다. 이렇게 바르부르크에서 출발한 후, 우리는 아감벤이 기 드보르의 영화와 어떻게 씨름하는가로 향할 것이다. 여기서 우리는 미디어화된 현대 문화의 스펙터클적 형태들을 불안정하게 만들 수 있는 잠재력을 보게 된다. 여기서 특히 중요한 관념은, 동질적인 역사 서사들을 파열시키고 그 대신 우리에게 몸짓의 잠재성을 드러내는 잠재력을 지닌 재현 및 재현 가능성이라는 관념이다.

| 예술과 근대성 |

아감벤은 근대성을 집합적 실천들, 지식들, 정체성들에 일어난 근본적 전환점으로 이해한다고 스스로 밝혔다. 근대성이라는 이 전환은 때로는 급진적인 것처럼 보일지라도 결코 겉보기만큼 급진적인 것은 아니다. 이는 생명정치의 경우와 마찬가지다. 푸코가 주장한 것과는 반대로, 생명정치는 진정으로 근대적이지 않았고 오히려 고전적 정치 형태로부터 물려받은 것이었다. 근대성에서는 이것이 가속화된 형태를 취했을 뿐이다.

아감벤은 1970년에 《내용 없는 인간》을 이탈리아어로 출판했다. 이것은 1994년에 이탈리아어로 복간됐으며, 1999년에 영어판이 출판됐다. 아감벤이 첫 번째로 출판한 이 단행본은 그의 사유가 초창기부터 연속성을 유지했다는 증거이다. 하지만 그 그의 사유가 나중의 작업에서처럼 충분하게 전개되지는 않았음을 분명히 해야 한다. 이 책에서 그는 근대성을 더 근본적인 파열 혹은 단절로 설정한다. 극복되어야 할 것이자 원래의 조건을 '재획득'해야 할 파열 혹은 단절 말이다. 따라서 아감벤의 예술론을 검토할 때 우리가 주의해야 할 것은, 근대 예술의 허무주의라는 표현이 나중 작업에서는 좀 더 누그러질 것이라는 점이다. 또 여기서 허무주의와 부정성을 구별하는 것도 중요하다. 아감벤은 허무주의(세상에 만연한 도덕과 종교적 신앙에 대한 거부)라는 용어를 원용하지만, 나중에 보겠지만, 이 원용은 프리드리히 니체를 참조한 것이다. 이 허무주의를 우리가 1장에서 마주친 부정성과 혼동해서는 안 된다. 이때의 부정성은 우리가 여기서 보는 근대적 허무주의보다 분명히 더 존재론적이고 더 정초적이다.

초기 아감벤에게 '근대' 예술을 구성하는 것은 예술, 관객, 예술가 사이의 관계가 파열됐다는 것이다. '취향'이라는 근대적 개념이 전개되고, 관객과 대상의 관계를 매개하는 미학이 전개됨으로써, 예술 작품의 기원과 우리 예술 '경험'의 기원은 모호해졌다. 하지만 아감벤에 따르면, 근대 예술의 허무주의는 예술이 "그 원래의 높은 지위를 재획득"할 수 있게 해 주는 조건을 제공한다. 예술이 우리의 예술 경험을 규정하는 제한된 담론을 통해 의미를 획득하는 것이 아니라, 그 자신에게 있어서, 그 자신에 관해서 또다시 유의미해지게 되는 조건 말이다. 여기서 아감벤이 제기한 중심 문제는 다음과 같은 근대 미학의 전개이다.

즉, 근대 미학의 시선은 이해 관심이 없는 미美라는 관념을 겉으로 드러내려는 시도인데(이것은 예술 작품을 보고 '이것은 아름다운가?'라는 물음에 대답할 수 있는 판단 기준을 찾아내려 한 이마누엘 칸트의 전통을 따른다), 다른 한편으로 이로부터 도출된 예술작품 관념은 정열적이고 이해 관심이 깊게 뿌리내린 것이었다. 이해 관심이 깊이 뿌리내린 예술 작품이란 관객보다는 예술가들의 입장과 자기—반성적으로 관련된 것이다.

아감벤이 상기시키듯이, 이해 관심이 없는 미학적 판단이라는 근대적 관념으로의 이동을 고대 세계 사람들은 조롱해야 마땅한 것으로 봤을 것이다. 예를 들어, 플라톤이 이상적 공동체로 간주된 도시국가에서 시인들과 예술가들을 추방하자고 한 것은 유명하다. 시인들과 예술가들은 도시국가를 파괴할 잠재력을 갖고 있다고 간주됐기 때문이다. 아감벤은 고대의 예술 모델, 특히 플라톤의 예술 모델에 관해 이렇게 말한다. "그는 영혼에 대해 예술이 미치는 힘이 그토록 크다고 봤기에, 예술만으로도 자기가 생각한 도시국가의 기초 자체를 파괴할 수 있다고 여겼다. 그럼에도 불구하고, 이들을 추방할 수밖에 없었을 때에도 그는 마지못해 그렇게 했을 뿐이다"(MC : 4(17쪽)).

플라톤은 예술에 의해 '신적 공포'가 유입됐다고 하는데, 이 공포는 오늘날 플라톤의 것과는 꽤 다른 어떤 것으로 변형됐다. 아감벤은 계속해서 다음과 같이 지적한다. 오늘날 우리의 가슴을 가장 뭉클하게 만들고 가장 열정적인 예술 경험을 하는 것은 예술가이다. 예술가는 자기 자신을 예술의 대상에 쏟아 붓는다. 이런 예술가는 미학적 범주들이 아니라 그의 '정신적 건강'과의 관계에 의해 측정될 수 있다.

우리는 이미 플라톤식 예술 개념과 거리를 두고 있다. 이것은 예술이 '신적 공포'와 같은 것을 불러일으키는 데 전혀 무능하다는 점을 통해 예증된다. 반면, 예술이 통일된 이미지를 재현할 수 없다는 무능력은 예술의 원래 목적에서 벗어난 근대적 운동의 징후이다. 여기서 아감벤은 중세의 '분데카메'로 향한다('Wunderkammer'는 문자 그대로는 '경이의 방'을 가리킨다. 영어의 'cabinet of curiosities'와 거의 관계가 없는데도 잘못 번역됐다). 이것은 예술 작품에 관한 전근대적 이해의 상징물이다. '분데카메'의 원리는 회화에는 원고, 일각수의 뿔, 박제된 새, 카누 등과 같은 다양한 자연적 오브제와 문화적 오브제가 포함되어 있다는 것이다. 이것들은 종종 왕의 소장품일 것이며, 전시실에 놓여 있었으리라. 그것은 "조화로운 뒤섞임confusion 속에서 동물·식물·광물의 대우주를 재생산한 일종의 소우주"이다. 이 속에서 "각각의 물체objects는 방의 벽들 사이사이에서 다른 물체들과 나란히 놓일 때에야 비로소 그 의미를 발견한다. 이 방에서 학자는 우주의 경계선들을 매 순간 측정할 수 있다"(MC : 30(73쪽)).

'분데카메'는 더 확대되고 신적인 세계 개념의 거울이 된다. 여기서 예술은 세계를 반영하는 것으로 간주되며, 개별적 물체로서가 아니라 더 확대되고 더 통일된 세계관과 합치함으로써 세계를 반영할 수 있게 된다. 아감벤이 적고 있듯이, 이런 예술 관념과 근대적 미술관이나 화랑 관념 사이에는 거의 아무런 관계도 없다. 그가 지적하듯이, "바로 이 지점에서 예술 작품은 더 이상 인간이 지상에 거주하고 있다는 것의 본질적 척도가 아니다. (과거의 예술 작품은 이런 본질적 척도에 의해) 집을 짓고 거주한다는 행위를 가능하게 했기 때문에, 자율적 영역도 갖지 않았고 특별한 정체성을 갖는 것도 아니었고, 인간 세계 전체를 〔자신 속에〕 요약하고 반영했다. 이와 반대로 오늘날 예술은 자기 자신을 위해 자신의 세계를 건설했다…"(MC : 33(79쪽)). 예술은 자기 자신의 세계를 건설함으로써, 예술가의 세계를 넘어서 뻗어 나갈 수 없게 됐다.

아감벤에 따르면, 근대 예술을 정의하는 것은 '미학적 판단'과 '내용 없는 예술적 주체성'이라는 두 현상이다. 두 현상은 예술 작품의 다음과 같은 두 가지 '원초적 요소들'을 부정한다고 한다. 두 가지 요소들이란 미학적 판단 없이 소통할 수 있는 능력이라는 요소와, 예술과 세계의 통일성이라는 요소이다. 아감벤이 예술 연구를 시작했을 때 갖고 있던 이런 물음들은 낭만주의적 예술 관념과 은밀하게나마 연관되어 있다. 낭만주의는 계몽주의가 제기한 철학적·미학적 문제들에 대한 하나의 응답이다. 미학적 판단이라는 (종교적이거나 정치적인 의미가 주입된 관념이라기보다는) 합리적 관념을 적용하려고 시도함으로써 '객관적인' 의미에서 예술과 관계할 수 있다는 자유는, 예술가에게 자유와 자율을 가져다줬다. 예술가들은 자신들이 과거에 했던 정당화를 제공할 필요를 전혀 느끼지 않게 됐다. 이것이 촉발시킨 것은 예술이라는 관념이 무엇이며 예술가라는 관념이 무엇인가에 대한 영속적인 자기반성의 과정이었다. 이제 예술가들은 예술 작품의 바깥 세계보다는 작품에, 작품과 자신의 관계에 강박되었다. '낭만주의'적 세계관으로의 이런 이동은 '본래적' 경험을 탐구하게 한다. 또 이런 진정한 경험을 여전히 경험할 수 있는 독특한 능력을 갖춘 인간person으로서의 예술에 초점을 맞춘다. 이 서사는 학계의 실천에서는 다소 흔한 것이지만, 이것과 씨름하면서 아감벤은 더 폭넓은 질문을 제기한다. 우리는 예술 작품이 "그 원래의 높은 지위를 재획득하는"(MC : 6) 것을 바랄 수 있는가, 혹은 바라야 하는가가 그 질문이다. 이 질문에는 낭만주의와 아감벤이 맺고 있는 관계가 무엇인가라는 더 큰 물음이 놓여 있다.

한편으로는 객관적인 미학적 판단 기준과 다른 한편으로는 예술가의 자기몰입적 세계 사이의 분열은, '취향'이라는 렌즈를 통해서 보면 근대 예술에 관한 아감벤의 설명을 추동하는 긴장 관계가 된다. 직감적visceral이고 즉각적인(무매개적인) 반응에 대립되는 것으로서의 취향이 어떤 전개를 보여주는가는 흥미롭다. 이미 언급했듯이, 이것은 계몽주의 합리성의 전개와 결부되어 있다. 취향은 재가되고 규제될 수 있는 예술에 대한 응답의 집합적 척도가 된다. 예술 작품을 응시하는 것은 관객이 그/그녀의 '좋은 취향'을 실천할 수 있는 기회가 된다. 하지만 이 좋은 취향은 결국 그 대립물과 딱 들어맞게 된다. 아감벤이 묻듯이, "우리의 취향이 '두이노 비가悲歌·Duino Elegies'[라이너 마리아 릴케의 밀도 높고 실험적인 시]와 이언 플레밍의 소설(《제임스 본드》 시리즈의 저자) … 만큼 양립할 수 없는 대상들 사이에서 분할되는 일은 어떻게 가능한가?"(MC : 19(50쪽))

이 질문에 대한 답변은, 우리가 응답하는 게 더 이상 예술 작품에 내속하는 어떤 것에 대해서가 아니라는 점과 관련된다. 우리는 이제 집합적 소비를 목적으로 하는 예술 작품에 시선을 돌리고 있다. 우리는 모종의 질을 담고 있는 예술 작품에서 핵심을 떼어 내는 데 실패하고 있다. 터무니없을 정도의 오락과 스펙터클로 이루어진 이 세계에서 우리가 보고 있는 현상은, 관객인 우리의 나쁜 취향이 우리가 소비하는 예술 작품에 반영되어 있다는 현상이다. 우리가 이런 작품들을 소비할 이유는 전혀 없고, 종종 해명할 수 없는 것이기도 하지만, 그래도 우리는 이런 작품들을 소비한다. 이는 우리가 응답하는 게 작품이 아니라, 우리가 유사한 (나쁜) '취향'을 공유하고 있다는 것을 알게 됨으로써 갖게 되는 위안과 안도감을 우리에게 제공해 주는 상이한 구조들이기 때문이다. 사실상 취향은 판단을 파괴하며, 작품 자체를 보는 것을 불가능하게 한다. 그 대신 취향은 타자들의 집합적 이상을 통해 작품을 보게 한다. 우리의 현대 문화에서 강제된 취향을 통해 무엇인가를 감상하는 예는 넘쳐난다. 우리가 처해 있는 폄하하고 모욕하는 스펙터클을 증언하려면, 일주일 중 아무 밤에라도 텔레비전을 켜 보라. 그러면 그것은 우리가 이런 스펙터클을 즐긴다고 증언할 것이다.

그렇다면 악취미가 공유된 이 세계에서 예술가에게는 무슨 일이 일어나는가? 아감벤은 예술가가 자기 자신을 관객의 세계로부터 제거한다고 주장한다.

관객은 자신의 취향을 세련되게 만들수록, 눈에 잘 띄지 않게 되는 유령과 점점 더 닮게 된다. 이런 관객을 접한 예술가들은 점점 더 자유롭고 일부 사람들만이 이해하는 분위기로 나아가며, 그를 사회의 살아 있는 조직에서 미학이라는 저 북방의 무인지대로 데려갈 여행을 시작한다.(MC : 16(44쪽))

그러므로 아감벤의 책 《내용 없는 인간》은 이 무인지대를 통해 예술가의 형상을 추적한다는 임무를 스스로 떠맡게 된다. 이것은 예술가의 소명이 장인적 창조성에서 쓸모없는 공허함으로 변용되는 방식을 드러낸다. 이 공허함은 창조적–형식적 원칙과 내용의 분열에서 파생된다. 간단히 말해, 예술가는 내용보다 형식을 추구하는 것(이 추구는 매체를 탐구함으로써 이뤄진다)과 그/그녀 스스로 제휴한다. 그리하여 그/그녀의 내용을 미학적인 것이라는 형식적 특징들 속에서 찾아내려는 시도만이 남게된다.

따라서 그의 조건은 근본적 분열이라는 조건이다. 이 균열의 바깥에서 모든 것은 〔그에게는〕 거짓말이다. … 예술가는 내용 없는 인간이며, 무無로부터 표현이 끊임없이 출현한다는 것을 제외한 다른 어떤 정체성도 갖고 있지 못하며, 자기 자신의 이런 측면에 불가해하게 머물러 있다는 것 외에는 그 어떤 근거도 갖고 있지 않다.(MC : 55 〔124쪽〕)

공허한, 내용 없는 예술가라는 이미지는 강력하다. 이 이미지는 낭만주의가 왜 이다지도 자기-반성성에 강박되었는지를, 뿐만 아니라 20세기 예술이 왜 이토록 예술가라는 형상을 무화시키려는 충동을 갖게 되었는지를 설명해 준다. 이 이미지의 논리적 결론은 팝아트에서 취할 수 있다. 팝아트에서 예술가는 생산자가 되며, 생산물은 복제 가능해진다. 취향의 틀거리(화랑에 두는 것, 터너상을 타는 것, 옥션에서 천문학적 가격이 매겨지는 것)만이 이 생산물을 더 폭넓은 문화의 쓰레기더미에서 분리할 수 있다. 여기서 예술가와 예술 작품은 한 동전의 양면으로 간주될 수 있다. 이 둘 다 예술의 어떤 이미지의 덫에 걸려 있다. 이 덫에서 '취향'의 제도화된 본성, 그리고 예술과 세계의 분열은 예술을 허무주의 상태로 이끌었다.

이렇게 간주함으로써, 아감벤은 근대 미학과 유럽적 허무주의의 관계를 묘사하게 된다. 이미 봤듯이, 허무주의란 가치들을 완전히 텅 비게 만들어 버리는 것에 주어진 이름이다. 하나의 관점이나 접근법이 찬양되거나 공유될 수 있다는 것을, 그렇게 되어야 한다는 것을 부정하는 것이다. 이런 가치들의 결여, 판단 기준을 텅 비게 해 버리는 것이 프리드리히 니체에게서는 두 가지 형태를 띠었다는 것은 유명하다. 수동적 형태와 능동적 형태가 그것이다. 수동적 형태의 징후가 되는 것은 쇠퇴나 퇴폐이다. 그 의지의 약함은 근대 기독교에서 식별될 수 있다고 한다. 다른 형태인 능동적 허무주의는 '권력에의 의지'를 강화하는 것을 특징으로 삼는다. '권력에의 의지'란 다시 젊어지기 위한 잠재성을 제공하는 생기(론)와 활동이다. 아감벤의 독해에서, 근대적인 수동적 허무주의라는 첫 번째 형태는 두 번째 형태로 극복되어야 한다. 이 극복이 뜻하는 것은 예술과 미학의 제도 자체를 산산조각 내고 파괴하려는 허무주의, 예술을 그 원래 목적으로 회귀시킬 수 있는 역동성을 뿜어내게 하려는 허무주의이다.

'원래의' 목적으로 '회귀'시킨다는 것과 관련된 이 논의는 어느 정도까지는 《내용 없는 인간》의 결론에서 분명히 이뤄진다. 이 결론부에서 아감벤은 예술의 극복을 역사에 관한 발터 벤야민의 작업과 연결시킨다. 앞서 봤듯이, 아감벤의 저작이 어떤 전개를 보였는가를 살필 때 벤야민의 작업은 매우 중요하다. 그리고 여기서 우리는 메시아적인 것에 대한 초창기의 천착을 목격할 수 있다. 여기서 예술을 그 원래의 목적으로 회귀시킨다는 것은 메시아적 시간의 도래와 같은 어떤 것으로서 형상화되고 있다. 벤야민은 문화적 전달 가능성의 파괴가 근대성의 지배적 특징이라고 간주했는데, 아감벤의 독해에서는 이런 파괴야말로 미학의 창조로 이끄는 것이다.

예술과 문학, 그리고 더 일반적으로 문화는 어떤 문화가 자신의 역사를 전달할 수 있는 공간이 더 이상 아니다. 이런 전달 가능성의 결여를 이끄는 형식과 내용 사이의 파열은 [자신의 역사적 상태를 제 것으로 삼을 수 있는 능력을 결여한] 인류가 "자신의 역사적 공간을, 자신의 행동과 인식의 구체적 공간을 제 것으로 만들기[고유화하기] 위해"(Agamben MC : 114(238쪽)) 봉합되어야 한다. 아감벤은 이것이야말로 예술이 신화의 영역에 접근해야만

하는 지점이며, 역사를 신화로 전환시키는 지점이라고 주장한다. 이것 덕분에 예술은 전달 대상과 전달 수단이 통일되는 지점에 이르게 될 것이다. 중요한 것은 이것이 근대성에서 예술이 스스로를 그로부터 떼어내 버린 과거의 신화적 이상으로 회귀한다는 것이 아니라는 점이다. 이것은 새로운 '시적 과정'으로의 회귀이며, 이 회귀에서 "[인간은 옛것과 새것 사이에서, 과거와 미래 사이의 중간 세계에서 끊임없이 허공에 매달려 있다는 자신의 역사적 상태에서 벗어날 수는 없으나 예술은 이런 인간의 무능력을 바탕으로 삼아] 인간이 현재에 있어서 자신의 거처의 원래 척도를 취할 수 있는 공간 자체를 다시 여는 데 성공을 거두며, 그 공간에서 인간은 매번 자신의 행동의 의미를 재발견한다."(MC : 114(237-238쪽))

그렇다면 예술은 '시적 과정'의 일부여야 한다. 이 시학은 우리에게 더 넓은 재현적 형식을 제공한다. 이 재현적 형식은 근대성의 분열schisms을 무효로 만들고 미래의 공동체를 위한 근거를 준비하도록 작동한다. 《내용 없는 인간》의 결론에서 우리는 나중에 무위로 재정식화될 것의 출현을, 더 나중 저작의 중요한 특징을 이루게 될 '시학'의 출현을 보게 된다.

몸짓을 향해 : 아감벤과 바르부르크

아감벤이 자신의 예술비평에서 긍정적인, 즉 생산적인 계기로 기꺼이 전환하려 했을 때, 독일의 예술사 연구자이자 문화비평가인 아비 바르부르크Aby Warburg(1866~1929)의 비평 실천은 근대 미학의 환원론적 논리의 덫에 빠지지 않는 예술사의 이미지를 제공한다.

아감벤은 1975년 런던 소재의 바르부르크연구소 도서관을 1년에 걸쳐 샅샅이 뒤졌다. 이때 한 연구는 후일 《행간Stanzas: Word and Phantasm in Western Culture》으로 출판됐다. 벤야민에 관한 아감벤의 연구가 정통이라고 한다면, 바르부르크에 대한 연구는 이단처럼 보일 수 있지만, 벤야민과 바르부르크 두 사람은 서양사의 똑같은 위기 지점에서 섬뜩할 정도로 유사한 영역을 다뤘다. 아감벤이 바르부르크에게서 발견한 것은 에밀 방브니스트의 언어학과 벤야민의 비평 기획에서 찾아낸, 특정하게 미학적인 혹은 이미지에 기초한 표명manifestation이었다.

아감벤의 바르부르크 연구는 전작인 《내용 없는 인간》과의 일종의 단절을 제공한다고 볼 수 있다. 비록 아감벤이 바르부르크 작업에 대해 정교하고 오랫동안 지속적으로 천착한 것은 아니지만, 그의 바르부르크 연구는 앞서 말한 초창기의 예술론과 더 나중의 영화론 및 더 넓은 고고학적 (혹은 계보학적) 방법 사이의 중요한 연결부를 제공한다. 바르부르크론(1975)에 나중에 덧붙인 〈후기〉(1983)에서 말하고 있듯이, "그의 작업에서 계속 중요한 것처럼 보이는 것은 그가 예술 작품(과 또한 이미지)을 예술가의 의식적 및 무의식적 구조에 관한 연구로부터 떼어 내는 결정적인 몸짓이다"(Agamben P : 102). 어떤 이미지 구조에서 예술가의 잠복해 있는 욕망을 드러내는 식으로 이미지는 종종 정신분석적 관점에서 독해되지만, 여기서는 이미지가 역사적 관점에서 독해된다. 이미지는 고립된 심급들로서가 아니라 역사적 몽타주의 일부로 독해된다. 이 독해는 흔치 않은 합류 지점들을 이끌어 내기 위해 이미지들을 합친다.

바르부르크는 서양 예술의 어떤 도상학적 역사를 겉으로 드러낼 수 있는 잠재력을 탐구하고 싶어 했는데, 이러한 도상학적 역사는 아우라를 내뿜고 있으면서 다른 것으로부터 고립되어 있는 미학적 대상이라는 공간에 주목하는 것이 아니라, 이런 이미지들을 훨씬 큰 성좌의 일부로 간주했다. 그는 화가의 심리학이나 이미지의 고정성을 검토하는 것이 아니라, 이미지들 사이의 운동을 설명하려 했다. 그는 자신의 예술사학을 '므네모시네Mnemosyne'라고 불렀다. 이것은 그리스어로 '기억'이라는 의미이다. 그의 '므네모시네'를 인도하는 원칙은 과거의 기억 흔적 같은 것 속에 이미지가 출현하는 순간을 겉으로 드러내고, 이렇게 함으로써 유럽 문화의 '지도를 그리려는' 시도였다.

이때 사용된 방법은 비슷한 이미지들을 나란히 늘어세우고서는 그 유사성similarities과 차이점divergences 둘 다를 찾아내는 것이었다. 이렇게 하면 이미지들이 응시되는 가운데, 상이한 의미가 아른거릴 수 있게 된다. 바르부르크는 이것을 "텍스트 없는 예술사"로 묘사했다. 이것은 이미지들 사이의 친화성을 드러내는 색다른 감각에 따라 그가 배열한 40개의 캔버스와 1,000장의 사진으로 이루어져 있다. 르네상스의 걸작 옆에 여성 골퍼, 증기선 회사의 광고가 놓이는 식이다. 이때 바르부르크가 도입한 원칙은, 그가 그의 방대한 장서들을 정리정돈하는 데 사용한 것과 유사하다. 그의 정리법은 '좋은 이웃'이라는 원칙에 바탕을 두고 있는데, 이 원칙에서는 문제의 해법이 우리가 찾고 있는 책 속에서가 아니라 그 책의 옆에서 발견된다고 한다 (Agamben P : 204n). 아감벤은 이 조직 원리 덕분에 일반화된 이미지 이론을 전개할 수 있었다. 그리하여 아감벤은 예술 작품을 자기에게 몰두한 예술가의 공허함을 드러내는 것이라는 견해에서, 이미지를 역사라는 더 넓은 캔버스의 일부로 간주하는 견해로 나아간다.

이때 이미지는 고립된 채로가 아니라, 역사라는 거대한 영화에서 취한 스틸사진의 부분으로 풀이된다. 이렇게 됨으로써 이미지는 예술사의 공허하고 예측할 수 있는 서사를 탈구시키고 dislocate 혼란에 빠뜨리도록 작동할 수 있다. 예술사는 더 일반적으로는 역사와 마찬가지로, 환원적이고 선형적인 조직 형식과 결부된다. 즉, 예술이 어떻게 어떤 시대에서 다른 시대로 변화하고 전개되는가를 자세하게 밝히는 서사가 있으며, 예술사가의 역할은 이것들의 순서를 정하는 것이 된다. 그러나 벤야민과 아감벤의 역사 인식을 떠올린다면, 연속체를 창출하는 이런 형식은 다른 목소리들을 듣게 만들고 이것들 사이에 흔치 않은 연결을 만들어 낼 수 있는 대안의 가능성을 제한해 버린다. 그럼에도 바르부르크가 개괄한 형태의 이미지주의적 예술사는 더 역동적이고 유동적인 예술사를 창출하게 된다. 아감벤은 〈몸짓에 관한 노트〉에서 다음과 같이 말한다.

심지어 레오나르도 다빈치의 〈모나리자〉와 디에고 벨라스케스의 〈시녀들(라스 메니나스)〉 역시 부동하며 영원한 형식이 아니라 몸짓의 단편이나 어떤 잃어버린 영화의 스틸사진처럼 간주될 수 있다면, 이런 영화만이 이 그림들에 진정한 의미를 되찾게 해 수 있을 것이다. 모든 이미지에는 일종의 긴박이, 다시 말해서 사물을 마비시키는 힘이 작동하고 있는데, 이 힘을 쫓아내 없애 버려야 한다. 마치 이미지를 몸짓으로 해방시켜 달라는 무언의 주문이 예술사 전체에서 일어나는 듯 말이다. 바로 이것이 고대 그리스에서는 전설, 즉 조각들이 자신들을 구속하던 속박에서 벗어나 움직이기 시작했다는 전설로 표현된 것이다. … 영화는 이미지를 몸짓의 고향으로 데리고 온다.(MwE : 55-56(66쪽))

우리는 여기서 '이미지주의적'인 예술 이론이 어떻게 영화적 텍스트의 독해로 우리를 직접적으로 끌고 가는지를 알 수 있다.《내용 없는 인간》에서 시행된 도식이 '파열rupture'로서의 예술사 이론으로 향하려 시도한 반면, 이미지주의적인 예술 이론은 예술 작품을 항상 이미 파열된 것이라고 설정한다. 일련의 파편화된 이미지들로 개념화된 예술사는 일종의 장편영화와 거의 비슷한데, 여기서 개별 예술 작품은 이 영화에서 취해진 스틸사진이다.

최근 필립-알랭 미쇼Phillipe-Alain Michaud는 바르부르크의 사유가 영화적 성질을 갖고 있다고 논증했다. 바르부르크의 작업에 대한 지금까지의 수용과 계승의 지배적 경향은 르네상스 안에서의 상징적인 것을 전통적인 방식으로 검토하는 것이었다. 하지만 미쇼에 따르면, 바르부르크 사유의 지배적 특징은 운동, 즉 예술 작품이 행위하고 있는 주체(주제)를 포착하려고 노력하는 방식이다. 이 운동은 동시에, 역사를 몽타주로 바라보려는 관념으로 향하는 운동이기도 하다. 그래서 미쇼는 바르부르크의 사유가 영화적 계기의 전조가 되는 것이라고 논증한다. "움직이고 있는 물체를 재현할 수 있는 최초의 이미지들이 유포되는 바로 그때, 바르부르크는 예술사를 움직이고 있는 물체에 관한 관찰에 개방했다." 미쇼는 계속해서 말하기를, 바르부르크에게서처럼, 탄생기의 영화에서 우리는 "움직이고 있는 형상들을 생명체의 애니미즘적 복제로 점진적으로 전달하는 것"(Michaud 2004 : 39)을 보게 된다. 여기서는 눈이 신체를 몸짓에서 포착할 수 있도록 훈련됐듯, 신체의 유동성을 차이가 있는 채 복제할 수 있는 영화의 능력이 열쇠이다.

| 몸짓

몸짓은 아감벤이 예술에서 영화로 나아가는 운동을 지도로 나타낼 때 열쇠가 되는 개념이다. 이것은 또한 생명정치적 근대성으로 향하는 운동이 어떻게 영화의 발전과 그토록 복잡하게 연결되어 있는지를 더 명료하게 이해할 수 있게 해 준다. 아감벤은 광고와 포르노그래피 같은 매개된 형식들이 도래하는 공동체의 새로운 신체의 전조가 될 잠재력을 갖고 있다고 주장하는데, 우리가 그의 논의 방식을 탐구할 때 몸짓은 중요해질 것이다.

〈몸짓에 관한 노트〉는 아감벤의 저작들 중에서도 매우 중요한 논문이다. 이 글은 세 개의 서로 다른 판본이 있는데, 막스 콤메렐에 관한 판본과 영화에 관한 또 다른 판본이 있다. 우리는 여기서 영화론에 초점을 맞출 것이다. 데보라 레비트Deborah Levitt가 지적했듯이, 이 논문은 아감벤이 제시하는 근대적 생명정치의 계보학과 놀라운 평행 관계를 가진 몸짓의 계보학을 제공한다(2008 : 194). 〈몸짓에 관한 노트〉는 1884년 질 드 라 투레트의 인간 보행 연구에서부터 움직이는 신체를 찍은 에드워드 머이브릿지의 연속사진, 무성영화의 탄생, 마르셀 프루스트와 라이너 마리아 릴케의 하이-모더니즘에 이르는 운동을 제시한다. 레비트가 지적하듯이, 우리는 1884년부터 1933년까지의 이 시기를, 아감벤이 말하는 생명정치적 근대성이 미디어에서 탄생한 때라고 명명할 수 있다. 아감벤은 이것을 "서양 부르주아지가 자신의 몸짓을 결정적으로 잃어버린" 지점이라고 말한다.

그러면 몸짓이란 무엇인가? 여기서 중요한 것은 복수로서의 몸짓들과 단수인 이념으로서의 몸짓의 구별을 유지하는 것이다. 복수로서의 몸짓들이란 예전에는 인간의 동작과 움직임에서 감지했던 응집성cohesion 같은 것을 가리킨다. 그것은 통합성embodiment, 소통 가능성 같은 것이다. 이것들이 쇠퇴했다는 것은 관찰과 통제를 통한 심리학적 내면성이 몰락했다는 것이다. 복수로서의 몸짓들의 상실을 세 가지 부분으로 나눠서 생각하는 게 유용할 것이다.

1. 전체로서의, 응집력 있는 것으로서의 부르주아적 주체가 상실됐다. 동일성이라는 환상의 일부인 주체화의 과정은 근대성의 생명 정치적 테크놀로지들이 초래한 자기의 파편화(단편화)—탈주체화—를 통해 무너졌다.
2. 이미지의 아우라가 상실됐다. 우리는 이미지들을 더 이상 몸짓들을 포획하고 있는 전체이자 완벽한 것으로 보지 않는다. 이제 이미지들은 산산조각 난 영화에서 취한 스틸사진인 것이다.
3. 자연언어라는 관념이 상실됐다. 자연언어란 전체이자 완벽한 것이고, 의미와 내속적으로 연결되어 있다. 이 상실 대신 이제 우리는 우리로부터 탈취된expropriated 것으로서 언어를 경험한다.

하지만 이념으로서의 **몸짓**은 복수의 몸짓들을 강조하는 가짜 통일성과 대립관계에 있다. 복수의 몸짓들이 '상실'됐다는 것은 가짜 통일성이 상실됐다는 것이고, 이런 가짜 통일성에서 출현한 균열cracks에 대해 심문하는 것은 이 매체의 본성을 새롭게 사고하는 관념에 본질적으로 중요하다. 이념으로서의 **몸짓**이란 수단을 수단으로서 보이게 하는 과정이다. 이렇게 함으로써 이념으로서의 **몸짓**은 수단성(매개성)을 증명하며, 미학, 언어, 주체성을 넘어서 윤리와 정치의 영역으로 나아간다.

아감벤 논문의 출발점은 질 드 라 투레트의 인간 보행 연구이다. 연구를 공표하기(1884) 2년 전, 질 드 라 투레트는 어떤 운동 결함motor deficiency에 대해 진단을 내렸다. 오늘날 투레트 증후군으로 알려진 것이다. 여기서 그는 일련의 기묘한 틱ticks과 "돌발적인 경련"을 지적한다. 아감벤은 이것들의 급증·확산이 "몸짓들의 영역의 일반화된 파국"(MwE : 51)으로 귀결됐다고 적었다. 얼핏 보면, 복수의 몸짓들의 상실은 마치 인구 전체가 자신들의 몸짓들에 대한 통제를 상실한 것마냥 기묘한 보행 패턴의 일반화된 분출이 있었던 것처럼 보일 수도 있다. 그러나 이와 정반대로, 복수의 몸짓들의 상실은 신체를 구현[통합]되고 경험된 전체로서 파악하는 것의 상실과 관련된다.

아감벤에게 19세기와 20세기의 테크놀로지는, 우리가 우리 자신을, 우리 신체를 지각하는 방식을 바꾸는 것으로 간주될 필요가 있다. 측정과 관찰을 위한 과학적 방법의 향상은 우리가 관찰의 시선을 취하면서 인간 신체를 미세한 운동으로 간주하기 시작했음을 뜻했다. 근대성의 관찰적 시선, 측정하고 이해하고 통제하려는 욕망은 영화의 대두와 내속적으로 결부돼 있다. 독일의 기술철학자 프리드리히 키틀러Friedrich Kittler는 19세기에 막 탄생한 '움직이는 이미지'의 형식이 어떻게 해부학 연구로부터 출현했는가를 증명했다(2003). 19세기 후반과 20세기 초반의 영화적 시선은 근대성의 과학적 관찰과 관련지어 볼 필요가 있다. 아감벤은 우리가 우리 신체를 전체이자 통일된 것으로서 '경험하고 있다'는 과거의 형식으로 회귀하고자 해야 한다고 암시하는 것이 아니라, 오히려 몸짓의 새로운 가능성을 사고하고자 해야 한다고 지적한다.

'몸짓'의 구조는 행위와 생산이라는 두 범주에 대한 '사이'로 간주된다. 이 '사이'는 수단과 목적 사이의 거짓 대립을 무위적으로 만들려고 한다. 전통적인 공리주의적 철학에서는 목적이 수단을 정당화하는지의 여부에 관한 질문이 항상 있었다. 목적이 충분히 고귀하다면, 폭력을 수단으로 정당화할 수 있을까? 정치는 종종 수단/목적 관계가 작동하는 영역으로 간주된다. 이것은 《니코마코스 윤리학》에서 아리스토텔레스가 '제작poeises〔생산〕'과 '행위praxis〔실천〕'를 구별한 것과 연결시켜 제시될 수 있다. 그러나 아감벤은 세 번째 개념, 즉 몸짓을 도입하는 로마 시대의 철학자 마르쿠스 테렌티우스 바로Marcus Terentius Varro(기원전 116~27)에게로 향한다. 아감벤은 이렇게 말한다.

"만일 제작이 목적을 위한 수단이고, 행위가 수단 없는 목적이라고 한다면, 몸짓은 도덕을 마비시키는 목적과 수단 사이의 거짓된 양자택일을 깨뜨리는 것이다. 그리고 그 대신에 〔목적과 수단이라는 양자택일을 깬다는〕 이런 이유로 목적이 되지 않고서도 그 자체로 매개성〔수단성〕의 범위를 벗어나는 수단을 제시하는 것이다"(MwE : 57〔69쪽〕). 즉, 몸짓은 목표를 향해 움직이는 수단도, 순수 목적이라는 희소화된 영역도 아니다. 몸짓은 이것들 둘 다를 산산조각 낸다. "몸짓은 매개성〔수단성〕을 전시하며〔노출시키며〕, 수단을 그 자체로 보이게 만든다"(MwE : 58〔69쪽〕).

중요한 것은 아감벤이 '몸짓'을 영화와 관련해 사용하긴 해도, 여전히 몸짓과 언어의 관계에 천착하고 있다는 점이다. 언어에서 권위의 상실은 경험의 파괴를 표식하는데, 이런 상실은 복수로서의 몸짓들의 상실과 결부되어 있다. 반면 '언어'에서 단수로서의 '몸짓'은 언어 자체로서의 언어, 소통 가능성의 소통으로서의 언어를 증명하려는 것으로 향하는 운동을 표상한다.

> 우리가 '단어'를 소통 수단으로 이해한다고 할 때, 단어를 보여 준다는 것은 우리가 단어를 소통 대상으로 만들 수 있게 해 주는 더 높은 수준 … 을 갖게 된다는 뜻이 아니다. 오히려 그것은 어떤 초월성도 없이 단어 고유의 매개성(수단성) 속에서, 그 자체의 수단으로-존재함 속에서 그 단어를 전시한다는 뜻이다.(MwE : 59(71쪽))

그러면 언어적 몸짓이란 무엇처럼 보일까? 다음 장에서는 그의 언어론을 문학 연구에 이용할 수 있는 가능성을 검토하겠지만, 나는 몸짓으로서의 언어를 사고할 수 있는 가능성을 증명하기 위해 제임스 조이스의 《율리시스》로 짧게나마 향할 것이다. 조이스는 '태양의 황소'에서 언어의 붕괴disintegration를 추적한 다음, 언어에 다시금 생기를 불어넣을 가능성을 검토하고자 〈키르케Circe〉 에피소드에서는 연극 대본이라는 형식을 활용한다. 에피소드의 첫 부분에서 스티븐 디댈러스Stephen Dedalus는 이렇게 말한다. "음악도 냄새도 아니고, 몸짓이 보편언어이기 때문이다. 즉, 문외한의lay 감각이 아니라 첫 번째 활력(현실성)을, 구조적 리듬을 가시적으로 만드는 말재간인 것이다." 이것에 대해 린치는 이렇게 응수한다. "포르노-사색적 애지론 pornosophical philotheology이다"(Joyce 1992 : 564).

조이스는 몸짓을 '보편언어'라고 생각하는 것에 매우 관심을 보였다. 그가 마르셀 주스Marcel Jousse의 강의에 참석한 것은 잘 알려져 있다. 주스는 오늘날에는 거의 잊혀진 프랑스 언어학자인데, 1930년에 《구전문체》라는 중요한 책을 출판했다. 사후 출판된 《몸짓의 인간학》(1974)이라는 강의록도 있다. 디댈러스가 주장하는 보편언어로서의 몸짓이, 구전언어의 구조적 리듬과 연결되는 어떤 물리적 리듬과 관련된 것이라고 한다면, 린치의 말참견interjection은 개그로서의 몸짓, 혹은 언어에 있어서 그리고 언어 자체의 노출로서의 몸짓과 같은 어떤 것이다. 혼성어를 만나면 독자는 이를 해독하고픈 유혹에 사로잡히지만, 그렇게 해봤자 아무 쓸모가 없다. 의미 없는 언어의 제시는 "그 고유한 수단성에 있어서의 단어"로서의 몸짓의 노출에 훨씬 더 가깝다.

하지만 몸짓의 급진적 잠재성은 그 어떤 특정하거나 제한된 범위에서가 아니라 윤리와 정치의 기반 자체를 새롭게 재사고할 토대로서 활용되어야 할 교차점, 문턱에 대한 이름으로서 드러난다. 따라서 몸짓은 무위로서 작동한다.

> 몸짓은 삶과 예술, 현실태와 잠재태, 일반과 특수, 텍스트와 상연이 마주치는 이 교차점을 가리키는 이름이다. 개인의 전기(내력)에서 벗어난 삶의 조각, 그리고 미학적 중립 상태에서 벗어난 예술의 조각. 그것은 순수한 실천이다. 사용가치도, 교환가치도, 전기적인 경험도, 비인칭적인 사건도 아닌 몸짓은 상품의 이면이다. 몸짓 때문에 "공통된 사회적 실체의 결정체"는 상황 속으로 빨려 들어간다.(MwE : 80(90쪽))

몸짓으로 향할 때의 열쇠는 동일성의 거짓 전체성으로부터의, 혹은 통일성으로서의 이미지의 허위성으로부터의 뺄셈이라는 관념이다. 생명정치적 근대성에서 뺄셈의 형식은 미디어 테크놀로지와 통치성에 의해 우리에게 일상적으로 수행된다. 몸짓은 주체성과 미학의 붕괴에 재갈을 물리는 것에 대한 이름이며, 영화는 이 몸짓의 가능성이 가장 높은 미학적 공간이다.

| 아감벤의 영화론 |

아감벤의 영화론은 한편으로는 질 들뢰즈가 개진한 영화 이론에 대한 응답이며, 다른 한편으로는 기 드보르의 실험적 영화 제작과 더불어 이루어진 '스펙터클의 사회'의 이론화에 대한 탐사이다. 질 들뢰즈Gilles Deleuze(1925~1995)는 영향력 있는 프랑스 철학자이며, 아감벤에게는 일련의 철학적 물음을 나누는 규칙적인 대화 상대이다. 영화가 인간의 눈에 의존하지 않는 이미지들을 창출함으로써 '보기'의 새로운 방식을 우리에게 제공한다고 주장하는 들뢰즈의 영화론은 매우 영향력이 컸다. 더 중요한 것은, '시간-이미지'에 관한 들뢰즈의 이론화에서 영화는 제시된 시간을 우리가 볼 수 있는 공간이 된다는 점이다. 반면 '운동-이미지'에서 영화는 인간의 삶이 영화 효과(카메라 앵글 등)를 통해 새롭게 보이게 되는 그런 공간이다. 들뢰즈에게는, 영화적cinematographic 개념들을 통해 사고할 수 있는 새로운 이미지

이론을 제공하는 것이 필수적이었다. 들뢰즈가 지적하듯이, "영화는 이미지와 기호의 합성composition일 수 있는 것, 전-언어적인pre-verbal 이해 가능한 내용(순수 기호론)인 듯 보이지만, 언어학적 영감에서 유래하는 기호학은 이미지를 폐지하며, 기호를 필요로 하지 않는 경향이 있다"(2008 : xi).

여기서는 '영화적 개념들'을 탐색하려는 들뢰즈의 시도에 파고들어갈 여유가 없으나, 아감벤은 〈몸짓에 관한 노트〉에서 들뢰즈와 거리를 두려고 노력한다. 아감벤은 들뢰즈의 '운동-이미지' 이론이 이미지의 신화적 원형에 너무도 깊게 의존하고 있다고 주장한다. 그래서 들뢰즈의 이론은 근대성에서 이미지가 근본적으로 파열된 성격을 띠고 있음을 놓치고 있다는 것이다. 곧 들뢰즈의 이미지는 너무도 관념화되어 있고 너무도 완벽하기에, 아감벤이 보기에는 이미지적인 것의 본질인 파열rupture과 전위dislocation(탈구)의 감각이 결여되어 있다는 것이다.

파열로서의 영화라는 아감벤의 개념이 가장 완벽하게 해명되는 것은 기 드보르의 영화에 관한 짧은 강연이다. 드보르의 영화는 광고, 영화, 뉴스 화면에서 취해진, 광범위하게 샘플링된 (드보르가 사용하는 프랑스어로 말하면 'détourné〔방향 전환된〕') 이미지로 이루어져 있다. 무작위적으로 배열된 이 짧은 영상들clips에 드보르가 자신의 이론적 저작을 읽어 가는 보이스오버[1]가

---

[1] 영화나 텔레비전 프로그램 등에서 화면에 나타나지 않는 인물이 들려주는 정보나 해설 등.

동반된다. 여기서의 목표는 산산조각 난 영화를 창출하는 것이다. 이런 영화에서는 미디어화된 세계의 이미지들이 원래의 맥락에서 떼어 내져 몽타주 안에 놓인다. 이렇게 하는 까닭은 이 몽타주로부터 범상치 않은 성좌가 출현할 수도 있다고 보기 때문이다.

드보르의 영화에 관한 이 짧은 논고에서 아감벤은 '몽타주의' 두 가지 '초월론적 조건들'을 식별한다. 정지와 반복이 그것이다. 여기서 반복은 기억에, 그리고 역사적 깨달음의 특수한 형태에 연결된다. 미디어는 이미지들을 취해 이미지들의 서사적 사용을 통제하려 시도하고, 관객인 우리를 무능한 채로 방치해 두는 의미를 이미지들에 가득 채운다고 아감벤은 지적한다. "…우리는 사실을 부여받는데, 그 사실 앞에서 우리는 무기력하다. 미디어는 분개하면서도 무기력한 시민을 좋아한다. 바로 이것이 텔레비전 뉴스의 목표이다. 그것은 기억의 나쁜 형태이다"(Agamben 'DR' : 316).

다른 한편, 반복은 이미지들을 가능성과 잠재성이라는 감각으로 제시한다. 반복된다는 과정은 이미지들이 그 의미로부터 자유로워진다는 것을 뜻한다. 텔레비전의 한 화면이 원래와는 다른 맥락에서 반복되면, 그것에 주어지는 의미는 더 이상 원래의 것에 국한된 의미가 아니게 된다. 그 대신 이 의미가 처음에는 어떻게 가능해졌는지를 묻고, 다른 의미가 출현할 수 있는지의 여부를 물을 수 있게 된다. 따라서 이미지는 삶에 물들어 있으며, 관객으로서의 우리는 구축 혹은 재구축의 역할을 맡아야 한다. 이 구축·재구축은 이미지를, 그리고 우리를 자유롭게 하며, 이는 '가능성'을 회복시킨다.

두 번째 조건인 정지는 중단시킬 수 있는 힘이다. 아감벤의 지적에 따르면, 이 정지는 영화를 시에 연결한다. 영화의 서사적 문체는 산문과 자주 비교되지만, 여기서 영화가 연결되는 것은 산문에 대립되는 것으로서의 시이다. 나중에 문학 논의에서 보게 되겠지만, 시는 '인잼브먼트enjambment'로 산문과 변별된다. 인잼브먼트는 구문이 다음 행으로 이월되는 것으로, 여기에서는 리듬과 내용이 불안정해질 수 있다. 그러므로 아감벤에게 시는 "음성sound과 의미 사이의 망설임"이며, 드보르의 영화는 의미의 이와 유사한 붕괴를 분명히 밝힌다. 이와 유비적으로, 시에서도 형식(리듬, 시적 기법)은 '의미'와 다툼을 일으키는 것으로 정위될 수 있다. 아감벤은 "영화, 혹은 적어도 이러저러한 영화"를 "이미지와 의미 사이에서 지연된 망설임"(Agamben 'DR' : 317)이라고 서술하게 된다.

그렇지만 드보르의 영화가 현대 미디어의 세계에서 완전히 제거되는 것은 아니라고 지적하는 것은 중요하다. 현대 미디어의 세계는 드보르 영화의 이미지의 원천이자 비판 대상이기도 하다. 아감벤은 드보르 영화의 효과를 수단, 매체가 가시적이게 되는 효과라고 서술한다. 영화가 관객에게 요구하는 현실reality의 중지, 즉 환영illusion은 드보르의 영화에서는 제거된다(여기서 베르톨트 브레히트의 서사극을 이것과 유비적으로 생각할 수도 있다. 브레히트의 서사극에서는 연기, 무대장치 등등의 모든 것이 연극의 비극적 모델에 내속해 있는 감정이입을 파괴하도록 작동한다).

영화 자체의 환영적 본성을 노출시키는 것이 영화의 궁극적 임무라고 보는 이런 견해는 《세속화 예찬》에 수록된 〈영화사에서 가장 아름다운 6분〉이라는 제목의 단편에서 다시금 반복된다. 여기서 아감벤이 참조하는 짧은 영상은 오손 웰스의 미완성 영화인 〈돈키호테〉에서 상대적으로 그다지 알려져 있지 않은 발췌이다. 웰스 판본의 〈돈키호테〉에서는 돈키호테와 산초 판사가 근대 미국(1950년대)에 있다. 아감벤이 영화에서 참조하는 장면은 다음과 같다.

산초 판사가 영화관에서 어린 소녀와 함께 영화를 보고 있으며, 돈키호테는 거기서 떨어진 곳에 있다. 영화가 시작되자, 자기 앞에서 벌어지는 폭력 탓에 행동에 나설 열의를 갖게 된 돈키호테는 자신의 돈키호테적인 임무를 수행할 수밖에 없다고 느끼며, 영화 장면을 공격해, 스크린에 구멍이 뚫리고 스크린을 매달고 있는 틀이 보이게 될 때까지 난도질한다. 스크린에 대한 돈키호테의 공격은 물론 영화에 등장하는 젊은 부인을 보호하려는 기사도적 노력이다. 이 공격은 돈키호테가 볼 수 없는 이미지와 실재reality 사이의 간극을 드러낸다. 하지만 그렇다고 해서 돈키호테의 공격이 영화의 환영을 우리가 어떻게 파괴해야 하는가에 관한 은유라고 아감벤이 주장하고 있다는 얘기는 결코 아니다. 이 장면을 묘사한 다음에 아감벤은 이렇게 묻는다. "과연 우리는 우리의 상상력으로 무엇을 하는가(해야 하는가)?"(Pr : 93(139쪽))

아감벤이 보기에, 우리는 우리가 구하고 싶어 하는 어린 소녀가, 우리의 상상에서는 돈키호테가 결코 우리를 사랑할 수 없다는 것을 깨달아야만 한다.[2] 우리가 새로운 이미지 형식을, 새로운 시학을 재구축할 수 있으려면, 우리의 상상은 "공허하고 채워지지 않는 것"으로서 노출되어야 한다. 이런 새로운 시학은 지금과 여기의 왜곡으로서의 상상을, 영화가 종종 그러하듯이, 부인한다.

아감벤이 이 환상이 깨지는 것의 예로 들고 있는 것은 논란의 여지가 있는 한 가지 사례이다. 그가 인용하는 것은, 잉마르 베리만의 영화 《모니카(모니카와의 여름)》(1953)에서 영화배우가 갑자기 카메라, 즉 우리를 직접 쳐다보는 순간이다. 아감벤은 이 기법이 포르노그래피에서 광고에 이르기까지 우리가 익숙해져 있기에 이제는 완전히 진부하다고 지적한다. 포르노그래피와 광고의 패션모델이 우리에게 보여 주는 것은 각 이미지의 배우에게는 항상 그것 이상의 이미지들이 있다는 것, 따라서 각각의 이미지는 공허하다는 것이다. 그리고 아감벤은 카메라를 빤히 쳐다보는 포르노 배우의 이미지로 돌아가는데, 여기에는 많은 경우 우리가 나중에 저속화profanation[3]로 탐구하게 될 것이

---

[2] 원문에는 소녀가 우리를 사랑할 수 없다는 것인데, 머레이는 '소녀'를 '돈키호테'로 곧바로 치환한다. "그러나 결국 상상력이 공허하고 충족되지 않는다는 것이 드러날 때, 그저 상상력이 만들어 냈던 것의 무가치함을 상상력이 보여 줄 때, 그때에야 우리는 비로소 그 진실의 대가를 치를 수 있으며, 둘시네아(우리가 구해 낸 그녀)가 우리를 사랑할 수 없다는 사실을 이해할 수 있다"(139쪽).

[3] 본서 151쪽 각주 8 참조.

요약되어 있다. 아감벤은 포르노그래피가 이제 저속화할 수 없으며, 저속화할 수 없는 것을 저속화하려고 시도하는 것이 영화의 임무라고 주장한다.

아감벤은 《도래하는 공동체》에서 자기self를 응시하는 새로운 방식으로 우리를 이끌 수 있는 이미지로서 다음의 형태를 취하는 신체의 이미지를 제공한다.

> …테크놀로지화된 것은 신체가 아니라 신체의 이미지이다. 광고의 영광스러운 신체는 이렇게 가면이 되는데, 이 가면 뒤에는 연약하고 빈약한 인간 신체가 불안정한 실존을 계속하고 있다. … 흡사 곡하는 부녀자들처럼 상품을 무덤까지 따라다니는 광고와 포르노그래피는 인간의 이 새로운 신체의 탄생을 부지불식간에 도와주는 산파들이다.(CC : 50-1(73-74쪽))

아감벤은 여기서 벤야민이 〈기술복제 시대의 예술작품〉에서 말한 것을 그대로 반복하고 있다. 이 글에서 벤야민은 영화란 영화 효과들이 인간 신체를 바라보는 새로운 방식을 산출할 수 있는 그런 공간이라고 규정한다. "카메라에 나타나는 것은 육안으로 보는 것과는 다른 성질의 것임이 분명하다. 다르다는 것은 무엇보다도 사람의 의식이 작용하는 공간의 자리에 무의식이 작용하는 공간이 대신 들어선다는 점에서이다"(Benjamin 1968 : 239(3판, 138-139쪽)).

광고와 포르노가 하는 것은 미디어의 이미지를 텅 비게 하는 것, 이 이미지들을 이것들의 허위성과 공허함에 있어서, 하지만 의도치 않게 보여 주는 것이다. 스펙터클적인 신체의 이미지로 창출된 가면이 실재와 분리될수록, 우리는 인간 신체의 취약함에 끊임없이 노출된다. 다른 한편, 드보르의 영화는 이미지를 취해서 이를 하나의 단순한 이미지로서 제시한다. 이것 덕분에 우리는 매체를 볼 수 있으며, 영화나 예술의 환상을 즉각 멈출 수 있다. 바로 이 과정에서 우리는 영화를 미학적 매체라기보다는 정치적 매체이자 윤리적 매체로 보기 시작할 수 있다.

몸짓으로서의 예술과 영화

아감벤의 예술론은 예술이 움직일 수 있는 힘을 잃고 또한 주변 세계와의 관계를 창출할 수 있는 능력을 잃게 된 근대적 허무주의의 한 형식을 도표화하려는 시도로서 시작됐다. 그는 근대적 취향의 전개, 이와 더불어 예술가가 점점 더 유아론적이게 된 것을 예술의 허무주의와 공허함을 가리키고 있는 것과 분리했다. 그리고 아무리 완곡하게 말했다 하더라도, 아감벤은 예술이 또다시 인간 역사와 결부될 것을 요구했다. 1970년대에 아비 바르부르크의 작업으로 향함으로써 아감벤은 자신의 미학관을 세련되게 만들었다. 이는 심리학으로 이미지를 설명하려는 일체의 경향도, 예술 이미지들을 다른 이미지들과 분리시켜 설명하려는 것도 거부하고, 그 대신 인간 문화를 한 편의 영화의 긴 릴로 간주하는 이미지 이론을 전개함으로써 이뤄졌다. 영화로 향함으로써 그는 이런 이미지 관념을 발전시켰다. 이는 영화가 정지와 반복을 통해 평범한 서사적 기능을 중단시키고 매체로서의 영화를 보게 강요하는 방식을 검토함으로써 이루어졌다.

제 6 장

문학이라는 실험실

Giorgio
Agamben

언어의 기능에 그토록 관심을 기울인 아감벤에게, 문학이 그의 작업에서 매우 중요한 요소라는 것은 결코 놀랍지 않다. 사실 어떤 이론적 관심사를 해명하는 데 도움을 주기 위해 어떤 (보통은 결정적인) 점에서 문학적 예들로 향하지 않는 아감벤의 작업을 생각하기란 어렵다. 하지만 이것은 그가 창조적인 작품들을 통해 말하는 것을 가능케 하려는 모종의 시도 속에서 이런 작품들을 자신의 텍스트에 단순히 끌어들였다고 주장하는 것도 아니고, 그 반대를 하고 있다고 주장하는 것도 아니다. 그는 《이탈리아적 범주Cateaorie italiane: Studi di poetica》(1996)에서 이탈리아 시에 관해, 그리고 시와 산문의 관계에 관해 광범위하게 썼다. 그는 이 책에서 가장 유명하게는 단테를 필두로 하여 이탈리아 시인들에 관한 중요한 독해를 제시한다(이 책은 좀 더 문학적이고 중성적이며, 또 시장에서 잘 팔릴 수 있는 제목인 《시의 종언The End of the Poem》으로 출판됐다). 본 장은 아감벤의 문학론을 네 부문으로 나눌 것이다.

1. 시, 철학, 비평의 관계

이 모든 관심사를 통일시키는 것은 문학이 철학적 사유에 굴종하는 것이 아니며, 문학이 진리와 같은 어떤 것이 설령 말해지는 공간은 아니라 하더라도 적어도 이를 향한 몸짓이 이뤄질 수 있는 공간이 된다는 것이다.

| 시, 철학, 비평 |

아감벤의 《행간》(1977〔1993〕)은 그의 저작들에서 내내 반복되는 후렴구와 더불어 시작된다. 곧, '시'와 '철학'이 내속적으로 연결되어 있다는 것이다. 여기서 연결은 한쪽이 다른 쪽에 부재한 조건을 채운다는 것인 동시에 둘 사이의 분열이 비평을 산출한다는 것이다. 아감벤의 문학작품 독해를 주의 깊게 생각해 보면, 아감벤에게 시·철학·비평이라는 세 항이 어떻게 연결되고 접속되는지를 보려고 시도하는 것은 값어치 있는 일이다. 아감벤이 보기에 철학과 시는 자신들의 부정적 공생과 대면해야 한다.

… 말의 분열scission이란 시는 대상을 인식하지 못하고 소유하는 반면, 철학은 대상을 소유하지 못하고 인식한다는 뜻으로 해석된

다. 서양의 말은 이렇게 두 개의 말 사이에서 분할되어 있다. 한쪽은 의식되지 않은, 마치 하늘에서 떨어진 것 같은 말이며, 이것은 인식의 대상을 아름다운 형식에서 재현함으로써 향유한다. 다른 한쪽은 자기 자신에 대해 완전히 진지하고 의식을 갖고 있으면서도, 대상을 어떻게 재현할 수 있는지를 모르기 때문에 대상을 향유하지 않는다.(S : xvii(13쪽))

여기서 아감벤은 흔한 철학적 관점을 제시한다. 즉, 언어는 자신이 말하는 바를 의미하려고 애쓴다는 관점 말이다. 스위스의 언어학자 페르디낭 드 소쉬르가 제시한 흔해빠진 구조주의적 정식에서 언어(랑그)는 '기표'(단어)와 '기의'(단어로 지시된 참조 대상 내지 대상)로 분할된다. 따라서 단어는 자신이 말하는 바를 의미하는 것이 결코 아니다. 우리는 우리의 언어 경험에서 진정으로 '말할' 수 없다는 무능력의 덫에 항상 걸려 있다(이것은 우리를 본서의 1장에서 검토한 '목소리'와 '부정적 분절'로 다시 데려갈 것이다. 아감벤이 그토록 빚지고 있는 하이데거적 언어 이해에서 출몰하는 '목소리'와 '부정적 분절' 말이다).

그러나 아감벤에게는 시와 철학 사이의 근대적 분열을 통해 어떤 것이 산출되는데, 바로 비평이라는 관념이다. 그가 《행간》에서 적고 있듯이, "비평은 (시와 철학의) 분열이 그 극치에 도달하는 순간에 태어난다." "그것(비평)은 재현하는 것도 아니고 인식하는 것도 아니라 재현을 인식한다"(S : xvii(14쪽)). 이제 우리는 처음 두 개의 항 사이에 머물러 있는 제3항을 산출하면서 이 두 항의 논리를 해체하기 위해 작동하는 균열의 낯익은 구조를 볼 수 있다. 비평은 "재현을 인식"함으로써 어떤 재현 가능성을 수행하는데, 이는 언어를 작동시킨다는 것이다. 본서의 3장을 떠올리는 것이 도움을 줄 수 있는데, 거기서 나는 아감벤이 발터 벤야민에게 빚지고 있다는 것을 자세하게 서술했다. 또 벤야민의 《독일 비애극의 근원》이야말로 20세기에 비평적이라고 불릴 만한 가치가 있는 유일한 책이라고 말한 아감벤의 특이한 진술도 언급했다. 거기서 나는 벤야민의 기획이 지닌 '비평적' 본성은 재현 방법에서 찾아낼 수 있다고 지적했다. 아감벤이 보기에, 벤야민의 기획은 예나 낭만주의Jena Romanticism의 기획과 결부되어 있다. 벤야민과 예나 낭만주의자들은 모두 비평적인 시적 실천의 형태를 발전시키려 시도했는데, 이런 비평적 실천에서는 시적 단편이 비평적 성찰의 모델을 수립했다고 본다.

박사논문 《독일 낭만주의의 예술비평 개념》에서 벤야민은 노발리스와 프리드리히 슐레겔 등의 예나 낭만주의자들이 철학자 요한 피히테의 사유를 확장하려고 했다고 주장한다. 이들에게 피히테는 의식을 위한 조건들을 겉으로 드러내기 위한 필요성으로부터 주체를 자유롭게 하려고 시도한 인물이다. 그리하여 주체는 그럴 수 있는 잠재력을 항상 이미 갖고 있다. 하지만 벤야민이 피히테에 관해 말하듯이,

〔그러나 이미 판명하듯이〕 반성에는 두 개의 계기가 〔포함돼〕 있다. 직접성〔무매개성〕과 무한성이다. 전자는 피히테의 철학이 바로 그

직접성 속에서 세계의 기원(근원)과 설명을 탐구하는 방식을 지적한다. 그렇지만 후자는 그 직접성을 모호하게 하며, 철학적 과정에 의해 반성으로부터 제거되어야 한다. 피히테는 최고 인식의 직접성에 대한 이 관심을 초기 낭만주의자들과 공유했다. (이들의 인식 이론에) 판명하게 나타나고 있는 무한자에 대한 이들의 숭배는 … 이들을 피히테로부터 분리시켰다.(1996 : 125(도서출판b, 35쪽))

벤야민의 논문은 피히테의 사상을, 그리고 이로부터 초기 낭만주의자들이 갈라서는 모습을 재구축한 후에, 슐레겔이 이 새로운 낭만주의적 사상의 체계와 형식을 어떻게 구축하려고 시도하는지로 향한다. 즉, 이 철학의 기초가 되어야 한다고 간주된 이런 직접적이지만 무한한 사유 형식을 슐레겔은 어떻게 재현할 수 있었는가?

슐레겔이 착수한 것은 한편으로는 통일성과 총체성, 다른 한편으로는 무한한 단편화fragmentation라는 이 두 가지를 형식에 있어서 매개하려는 시도이다. 슐레겔은 직관적인eidetic 것을 열성적으로 거부했다. 직관적인 것은 특히 유년기의 선명하고 지속적인 이미지나 기억(윌리엄 워즈워스, 상징적인 것)을 구성하거나 간직하는 것이다. 보통 이런 사고 형식은 신비적이고 신화적인 것과 관련되어 있으며, 사유를 상징적 구성에 열린 채로 내버려둠으로써 사유를 닫아 버리려고 시도한다. 이것은 복잡한 전체를 은유를 통해 파악하려는 시도이다. 이에 반해 벤야민에 따르면, 슐레겔은 언어 속에서 체계적 사유의 직관을 보고 있다. "용어법은 그의 사유가 담론성(직관성)과 논증 가능성을 넘어서 움직이고 있는 바로 그 영역이다. 왜냐하면 그에게서 용어는 체계의 맹아를 포함한 개념이며, 그것은 (근본적으로는) 미리 형성되어 있는 체계 자체에 다름 아니기 때문이다"(1996 : 140(도서출판 b, 72쪽)).

이 복잡한 정식화에서 벤야민은 슐레겔의 체계에서 언어적 형식이 어떤 복잡한 총체성으로 귀결되지만 이는 최소한의 형식, 최소한의 단편fragment에 반영되어 있다고 명기한다. 하지만 그 단편은 더 넓은 언어 체계 속에서, 무한한 확장 속에서 여전히 기능한다. 슐레겔은 잡지 《아테네움》에 수록한 단편들에서 이 체계를 포착하려고 시도했다. 여기서 슐레겔은 철학은 어떻게 쓰여져야 하는가를 다시 사고하려 시도한다. 이 임무는 사유와 사유의 재현 사이의 분열에 관해서는 인식하지 않았다.

단편의 표명manifestation은 바로 비평이란 무엇인가를 이해하는 데 있다고 간주됐다. 낭만주의자들에게 그러했듯이, 벤야민에게 비평은 사유의 기반이자 예술의 기반이다. 그것은 무한자의 자기반성적 의식awareness이다. 노발리스와 슐레겔이 피히테 독해로부터 전개한 사유의 무한성에 대한 의식은 예술 작품의 이해에서도 제시된다. 우리는 비평에 관해 질적인 의미로 사고하는데(내가 평가하고 있는 대상들은 얼마나 '좋은가'?), 낭만주의자들에게 비평은 이런 질적인 의미로 존재하는 게 아니라, 자기-비판(비평)의 형식으로 존재한다. 이 자기-비판은 사유가 안정되고 경직된 목적에 도달하는 것을 결코 허용하지 않는 의식의 과정이다. 그 대신 비평은 아무런 목적도 갖고 있지 않은 수단이 된다. 따라서 비판은 작품이 작품 자체의 비판을 위한 판단 기준과 잠재력을 제공한다는 것을 뜻한다. 시와 예술과 철학 같은 작품은 그 기초로서 무한하고 비평적인 프로그램을 갖고 있다.

낭만주의적 비평 개념은 계몽주의에 대한 응답에서부터, 특히 G. W. F. 헤겔의 비판 양식에 대한 응답에서부터 출현했다. 여기서 측정하고 성질을 부여하는 과정이 작품을 추월해 버림으로써 예술은 비평에 의해 침식되지만, 예술은 작품이 여전히 읽혀지고 있는 유일한 이유이다. 비평은 예술을 넘어서기 위해 예술을 무너뜨림으로써 예술을 끊임없이 작동하지 못하게 한다. 사유와 반성은 예술 작품의 권위를 거부하는 데서 출현한다. 벤야민이 말하듯이, "비평적이라는 것은 사유를 모든 구속 조건을 넘어서 고양시킨다는 뜻이다. 이런 구속의 허위성에 대한 통찰로부터 진리의 인식이 이른바 마법처럼 샘솟고 사유를 고양시킨다는 것이다. … 〔이런 의미에서〕 낭만주의자들은 비평이라는 이름 아래서 자신들의 노고가 피할 수 없을 정도로 불충분하다는 것을 고백하고, 이 불충분함을 필연적이라고 지칭하려고 애썼으며, 그리고 마침내 이 개념에 있어서, 이렇게 불러도 좋다면, '무오류성의' 필연적 '불완전성'을 암시했다"(1996 : 143 〔78-80쪽〕).

그러므로 벤야민에게 비평은 비평적 고군분투의 형식으로, 이것은 지식이 대상에 접근하는 것을 통해 얻어질 수 있다는 것을 부정하고 그 대신 지식이 재현 형식을 통해 출현한다고 보는 것이다. 이는 아감벤에게서도 마찬가지일 것이다. 비평을 산출하는 시와 철학의 분열로 회귀한다면, 우리는 아감벤의 실천이 이 둘 다와 어떻게 관련되는지를 알 수 있다. 그는 두 개의 대립하는 영역이 재통일될 수 있는 지점으로 '회귀'하는 것에는 관심이 없다. 그 대신 그런 분열의 매체와 생산이 가장 분명하게 선언되는 지점을 탐색하려고, 그가 둘 사이의 중지의 '에로틱'이라고 부른 것에 초점을 맞추려고 애쓴다. 비평이란 그런 분열의 재현에 주어진 이름이다.

하지만 이것은 문학 텍스트 독해와 관련해 무엇을 뜻하는가? 지금까지 거듭 지적했듯이, 아감벤은 철학적 관념들이 어디서 출현하는가에 관해 제한을 설정하지 않는다. 이것은 철학이 자신의 대상(언어)을 알고 있으나 이를 파악할 수 없다는 사실에 많은 것을 빚지고 있다. 문학 텍스트에서야말로 진리는 언어를 통해 출현할 수 있다. 그러므로 아래에서 보듯이, 문학은 관념들에 대한 '실험실'이다. 하지만 아감벤의 실천은 고유한 비평적 방법이 문학 텍스트에 관한 지식을 고백하는 것이 아니라, 비평이라는 매개를 통해 문학 텍스트의 진리를 재현하려는 시도임을 시사한다.

따라서 아감벤의 문학 텍스트 독해는 너무 에둘러 가고 있기에, 그의 독해 방법을 더 분명하게 하려면 해명이 필요하다. 이제 그의 카프카 독해로 향할 것인데, 아감벤의 카프카에 대한 나의 해명과 독해 과정이 아감벤의 의미에서의 비평이 아님을 분명히 해야 한다. 왜냐하면 비평은 그 대상을 보여 주는 것도 파악하는 것도 아니며, 오히려 그 대상을 재현할, 공들여 만들어진 '재현'이기 때문이다.

| 아감벤과 카프카 |

아감벤의 저작은 문학적 등장인물과 형상을 거듭 사용하고 있는데, 이것들은 모종의 '진리'가 창조적 실천을 통해 수립되는 지점들을 아감벤에게 제공한다. 다른 많은 비평 이론가들과 마찬가지로, 그는 자신의 개인적 '정전canon'을 구축한다. 이런 '정전'의 저자는 중세 후기나 19세기 후반과 20세기 초반에 글을 쓴, 주로 유럽인이고 남성으로 일반화될 수 있다. 또 이들은 종교와 신앙 문제로 고심한 인물들이다. 물론 예외가 있지만, 아감벤의 문학적 형상들의 대다수는 이런 특수한 역사적 순간으로부터 출현한다. 우리는 이런 형상들을 거칠게 말해서 두 개의 유형으로 나눌 수 있다.

첫 번째 유형은 경계적liminal(문턱적)이고 기묘한 피조물들이다. 이들은 어떤 분할(인간/동물, 인간적/신적 등)을 초월하며, 우리가 봤듯이, 아감벤에게 매우 중요한 많은 문턱 혹은 '사이' 상태를 성립시킨다. 그는 이것을 '시적 무신론'이라고 지칭하는데, 이것은 시가 주체성의 공허함과 초월적인 것의 결여를 등록할 수 있는 역사적 점(독일의 위대한 시인 횔덜린과 더불어 시작되는 점)으로 읽을 수 있다. 아감벤은 이렇게 말한다.

모든 부정신학에 대립된 것으로서의 시적 무신학을 특징짓고 있는 〔무신학에 고유한〕 것은 허무주의와 시적 실천이 그 특이한 형태에서 일치한다는 것이다. 이 일치 덕분에 시는 그 안에서 모든 알려진 형상들이 해소되고 새로워지며, 유사-인간적인 것, 혹은 반半-신적인 피조물들이 출현하는 실험실이 된다. 이 피조물들이란 휠덜린의 반신半神, 클라이스트의 꼭두각시 인형, 니체의 디오뉘소스, 릴케의 천사와 인형, 카프카의 오드라덱 … 이다.(EP : 91)

본서에서 나중에 성스러운 것과 저속한 것the sacred and profane을 다룰 때 보겠지만, 아감벤은 이런 비-주체들 안에서, 우리라면 '탈주체화된' 실체들〔존재자들〕이라고 부르고 싶은 것 안에서 우리네 주체성의 구조화되고 강제로 부과된 형태들이 해체되고 있는 이미지를 찾아낸다. 이것들은 우리가 더 이상 '초월'의 종교적 형태들에 의존하지 않게 되는, 혹은 이 경우에는 어떤 확실성과 근거 부여의 형태에도 의존하지 않게 되는 지점을 표식한다. 여기서 체코 태생의 독일어 작가 프란츠 카프카Franz Kafka(1883~1924)의 창작물을 탐구하는 것은 유용하다.

카프카 저작의 특징을 이루는 것은, 다른 세계에 있다는 기묘한 느낌, 권위주의적 권력의 손아귀에 놓여 있다는 편집증적인 속수무책의 느낌, 그리고 인간적인 것의 일그러진 이미지들인 일련의 등장인물들과 형상들이다. 카프카의 이름과 그의 많은 저작들은 가장 초기의 것《내용 없는 인간》부터 〔《벌거벗음》에 수록된〕 최근의 논문《K》에 이르기까지 아감벤의 저작 전체에 흩어져 있다.

1924년 사망한 이후, 카프카가 남긴 짧지만 밀도 높은 저작들을 학자들은 고심하면서 다뤄 왔다. 카프카 학자들 중에서 제1인자이자 분명히 가장 영향력 있는 인물인 막스 브로트Max Brod는 신학적 분석 양식을 창시했는데, 이후 이것이 지배적이게 됐다. 브로트의 독해에 따르면, 카프카의 세계관은 카프카의 유대교에서 발원하는 신학적이고 신비주의적인 질문에 대한 관심의 결과이다. 또한 권위주의적 힘들에 대한 지칠 줄 모르는 부정적 묘사, 인간 이하subhuman의 형상들과 형식들은 모두 유대교 사상을 밑에서 떠받치고 있다고들 하는 '부정신학' 같은 것의 결과이다.

그러나 아감벤에 따르면, 브로트의 이런 접근법은 카프카에게서 작동하고 있는 정치를 모호하게 만들려 애쓴 것이다. 그래서 아감벤은 브로트와 그를 추종한 해석학파에 대한 명료한 비평을 많은 대목에서 표현한다. 아감벤의 카프카는 그 비평적 궤적이 발터 벤야민과 더불어 시작되는 그런 것이다.

벤야민은 카프카에 관한 논문 〈프란츠 카프카〉에서, 카프카를 자연적이거나 초자연적인 관점으로도, 신학적이거나 정신분석적인 관점으로도 읽어서는 안 된다는 데에는 의심할 여지가 없다고 분명히 언급한다. 대신 벤야민의 지적에 따르면, 오히려 카프카의 세계에서 '정의에 이르는 문'을 제공하는 것은 **연구**이다. 그리고 산초 판사라는 수수께끼 같은 형상에서 우리는 자유의 이미지 같은 어떤 것을 본다. 벤야민의 독해가 지닌 절묘함과 아포리아는 양가성을 간직하지만, 여기서 중요한 것은 연구라는 형식, 특히 "연구되고 있으나 더 이상 실행되고 있지 않은 법"이 찬양되고 있다는 것이다. 벤야민은 카프카에 대한 정신분석적 독해와 종교적 독해 둘 다를 거부하는데, 이 두 독해는 또한 연구 형식이기도 하다. 하지만 중요한 것은 이 두 독해가 '텔로스'와 같은 어떤 것에 투자한다는 것이다. 즉, 현재를 넘어선 곳에 있는 한 점—치료가 끝난 정신분석 대상자, 도래하는 메시아적 왕국—에 투자한다는 것인데, 우리는 여기에 초점을 맞출 수 있다고 아감벤은 본다.

카프카의 〈신참 변호사〉에서 부체팔루스 박사는 시행 가능성이 없는 법을 연구하는데, 이런 연구를 한다는 것은 법에서 법의 권력을 벗겨 낸다는 것, 법을 비활성화한다는 것이다. 하지만 아감벤과 벤야민 두 사람 모두에게 카프카의 저작은 메시아적 시간의 흔적들로 가득 차 있다. 심지어 메시아적 시간이라는 이 특징은 정치적 독해와는 공약 불가능한 것으로 보이기도 한다. 아감벤의 저작들에서는, 무위화(작동 불능으로 만드는) 과정이 메시아적인 것에 가능성의 조건을 제공한다. 아감벤과 벤야민 모두 카프카 독해에서 메시아의 도래를 주장한다. 아니 더 정확하게 말하면, 두 사람 다 메시아적 시간을 주장한다(그것은 신학적인 것의 바깥, 초자연적인 것의 바깥에서 기능한다). 이 주장에 따르면, 거의 지각할 수 없는 어떤 것이, "아주 약간만 조정해도"(Benjamin 2000 : 811) 바뀔 것이다. 무위화한다는 것은 이 "약간의 조정"을 위한 길을 낸다는 것이다. 따라서 이제 우리는 카프카의 정치에 관해 생각할 수 있게 된다. 메시아적인 것으로 자주 이해되는 정치 말이다. 이 '메시아적'이라는 용어에 관해서는 다음 장에서 탐구할 것이다. 문제는 카프카에게서 정신적 세계관을 찾아내는 것도 정치적 세계관을 찾아내는 것도 아니다. 오히려 문제는, 카프카의 저작에서 정치적 유의미성이 스며들어 있는 중지의 행위를, 비-작동을 찾아내는 것이다.

시적 무신학의 모범적 형상들 중 하나인 오드라덱은 카프카의 단편집 《시골의사》에 수록된 〈가장의 근심〉에 등장하는데, 이를 가장 잘 묘사한다면, 인간의 모습을 한 실패 혹은 나무로 만든 십자가가 그 위에 놓인 납작한 모양의 실패일 것이다. 가정에 있는 색다른 물품처럼 보이는 것에 인간적 속성인 말하기 speech가 주어진다. 이 짧은 이야기 혹은 단편(1페이지 남짓)은 이 피조물이 가장에게 주는 불안감과 관련된다. 가장이 오드라덱에게서 보는 것은 (아감벤에 따르면) 말하기와는 다른 중심적인 인간적 성질, 즉 사멸성의 문제적인 붕괴이다.

사멸하는 모든 것은 죽기 전에 일종의 목표를, 일종의 행위를 가지며, 그로 인해 그 자신은 으스러지는 법이다. 그러나 이 말은 오드라덱에게는 적용되지 않는다. 그렇다면 그가 언젠가는 내 아이들과 손자들의 발 앞에서까지도 실패를 질질 끌면서 계단 아래로 굴러 내려갈 것이란 말인가? 그가 아무에게도 해를 끼치지 않는다는 것은 분명하다. 그러나 내가 죽고 난 후에도 그가 살아 있으리라는 생각이 나에게는 몹시 고통스럽다.(Kafka 1992 : 177《카프카 전집 1 : 변신》, 242쪽))

6 문학이라는 실험실 |

언뜻 보기에 살아 있지 않은 이 물체의 생명은 아감벤의 저작군에 많은 연상을 촉발하는 계기가 된다. 아감벤의 언어론 및 저속화론과 공명하는 것에 덧붙여, 여기서 부각되는 것은 생명이 불어넣어진 무생물로서의 오드라덱이다. 아감벤의 저작들에서 오드라덱이 언급되는 것은 아주 드물고 그것도 지나가면서 언급될 뿐이다. 그중 하나가 《행간》에 수록된 어떤 부部의 제목, 즉 〈오드라덱의 세계에서: 상품과 대면한 예술 작품〉이다.

여기서 오드라덱은 상당히 비밀스런 역할을 맡고 있는데, 이 이야기는 아감벤의 텍스트에서도 거의 분석되지 않는다. 여기서 분석되는 것은 세계의 이미지로, 이 속에서 상품 물신성의 복잡한 본성은 물체를 그 물질적 부분들의 총합 이상의 것으로 변형시킨다. 어떤 물체를 보고 그것에 사용가치를 배정하는 (이 도끼는 내가 나무를 베는 데 도움을 주며, 연료와 거주지를 제공해 주며, 따라서 가치가 있다) 대신에, 우리는 상품들을 갖고 우리가 할 수 있는 것을 훨씬 초과하는 가치를 상품들에 부여한다(나는 브랜드 구두 한 켤레를 사기 위해 몇 개월 동안 힘들게 돈을 모을 것인데, 이 구두는 온갖 사용가치를 훨씬 초과한다). 그래서 오드라덱은 상품의 근대적 시대를 상징하게 된다. 마르크스에 따르면, 이 시대에서 우리는 물질적 물체에 신비적 혹은 종교적 가치를 속하게 한다. 그러므로 오드라덱에는 인간적인(말을 한다) 동시에 신비적인(불멸성) 일련의 기묘한 속성들이 주어진다. 이 속성들은 현존하는 범주들을 해체하고 혼란에 빠뜨리는 것의 표시가 된다. 이것은 우리가 우리 자신의 근거로 삼는 물질적·인간적·종교적 근거 중 그 어떤 근거도 남기지 않는다.

하나의 문학적 환영을 통해 우리는 어떻게 단 하나의 형상이 아감벤의 이론적 관심사들을 조명해 주는지를 알 수 있다. 그 것은 문학 텍스트에 대한 독해를 구성하는 동시에 그 변형을 구성한다. 하지만 중요한 것은 이 텍스트가 결코 고갈되지 않으며, 그 포함의 순간을 넘어서서 항상 몸짓을 한다는 것이다. 이 텍스트는 독자가 문학적 형상과 아감벤의 더 넓은 저작들 둘 다에 적극적이고 비판적으로 관여하게끔 강제한다.

오드라덱이 문학적 형상의 '시적 무신학'의 예example라면, 아 감벤의 저작에는 문학적 형상의 또 다른 범주가 있다. '실험'에 몰두하는 이들이라는 범주 말이다. 아감벤에게 문학은 존재론 적 문제들과 윤리적 문제들이 탐구될 수 있는 실험실이다. 그 가 설명하듯이,

　… 과학뿐 아니라 시와 사고도 실험을 행한다. 〔시와 사고에서의〕 이런 실험은 과학 실험에서처럼 단순히 가설의 진위, 어떤 것의 발 생이나 비-재발에 관련된 것이 아니다. 오히려 이것〔시와 사유 실 험〕은 참이냐 거짓이냐를 결정하기 전에 혹은 결정하는 것을 넘어 서 존재 자체를 의문에 부친다. 이 실험은 진리 없는 실험이다. 왜 냐하면 이 실험에서는 진리야말로 쟁점이기 때문이다.(P : 260)

여기서 카프카는 이 실험들 중에서도 가장 중요한 두 가지에 대한 원천을 제공한다. 두 실험 모두 법을 무위〔작동 불능〕로 만

들려는 시도를 둘러싸고 이뤄진다. 첫 번째 실험은 카프카의 짧은 우화 〈법 앞에서〉에 등장하는 시골에서 온 남자의 전략이다. 《소송》에도 등장하는 이 이야기는, 법에 열려 있는 문에 들어갈 수 있는 허가를 문지기에게서 얻고자 시골에서 온 남자가 문 앞에서 기다리면서 평생을 보낸다는 것이다. 이 이야기를 데리다가 전적으로 "일어나지 않은 사건"에 관한 것으로 해석했다는 것은 유명하다. 이 해석에 따르면, '일어나지 않은 사건'은 문지기가 지키고 있는 것은 아무것도 없다는 것, 문이 아무것에도 열려 있지 않다는 것을 드러낸다. 그러나 아감벤에게 문이 아무것에도 열려 있지 않다는 것은 그저 겉으로만 그렇게 보일 뿐이며, 시골에서 온 남자를 법이라는 환상의 희생물로 보는 것은 잘못이다. 아감벤에게 문의 열려 있음은 법의 권력을 구성하며, 목표는 그것을 닫게 하는 것이다. 그는 이렇게 말한다. "시골에서 온 남자의 행동 전체는 법의 (의미 없는) 효력을 중단시키기 위해 문을 닫게 하려는 복잡하고 참을성 있는 전략이라고 상상할 수 있다"(P : 174). 이 전략은 아감벤의 무위적 정치의 지평을 구성하는 듯 보이는 메시아적 임무에서 매우 중요한 요소이다.[1]

---

[1] 데리다는 카프카의 시골에서 온 남자 이야기를 자신의 핵심 개념인 '연기' 혹은 '지연'을 통해 읽는다. 데리다는 이 남자가 재삼재사 기다리게 되는 근거인 뒤로 미뤄진 기한(지금은 안 되고 나중에는 된다는 식의 문지기의 말 때문에 무한히 기다리게 되는 '지연'의 논리)을, "도래하지 않음이 도래한" 재림(혹은 사건)이 도래하는 사태라고 이해했다. 이 이해에 따르면, 도래하는 자는 여전히 들어갈 수 없기에 부자유이지만, 나중에는 들어갈 수 있다는 식이기에, 따라서 지금은 '의미가 없으나 여전히 효력을 발휘하는 형식으로' 자유의 어떤 형식은 보증된다는 것이다(HS, 134쪽). 반면 아감벤은 아무것도 일어나지 않은 듯이 보임에도 불구하고 법의 종언과 더불어 무엇인가가 실제로

아감벤은 〈K〉라는 최근 논문에서, K라는 형상에 대한 우리의 이해를 근본적으로 시정하려 했다. 따라서 이것은 카프카의 《소송》과 《성》이라는 두 편의 소설에 대한 우리의 이해를 시정하려는 것이기도 하다. 이는 K라는 문자가 지닌 이중적 의미

일어났다는 것에서 출발하는 자신의 해석을 제시한다. 데리다에 대한 아감벤의 논박은 카프카 해석의 틀을 넘어 '의미 없는 효력'에 대한 검토를 거쳐 가는 《호모 사케르》의 서술 구조 때문에 단박에 이해하기가 어렵지만, 그래도 데리다에게 초점을 맞춘 탈구축 비판이라는 점은 분명하다. 탈구축은 "무한하게 과잉이 되는 가운데, 의미의 모든 유효한 가능성에 관해 결정할 수 없다는 사태"(HS, 73쪽)를 일으킴으로써 "의미 없는 타당[효력]"이라는 숙명적 상태를 영속화시킨다고 논하기 때문이다. 이 방법은 아무런 탈출구도 보여 주지 않고, 그저 단순히 주권의 역설을 반복하고 있을 뿐이라는 것이다. 혹은 예외상태의 논리 속에 포섭되어 있다는 것이다. "사유 스스로가 결국 문지기 역할을 하는, 즉 실제로 들어오는 것을 가로막지도 않으면서 열린 문 앞의 무를 수호하는 위험을 무릅써야 한다"(HS, 128쪽 이하). 그래서 아감벤은 핵심적 비판을 전개한다. 데리다는 (차연의 의미인) 연기라는 계기를 고집하며 양의성에 집착함으로써 "진정한" 예외상태의 출현이라는 사태, 즉 법의 종언을 철저하게 가로막고 있다는 것이다. 아감벤은 성경의 한 구절을 조금 재정식화하여, 이렇게 선언하기도 하는데, 이때에도 데리다를 염두에 뒀을 것이다. "법의 문으로 들어가려 하지 않고, 문이 닫히는 것을 허용하지 않은 너희들에게 재앙이 있으리니"(HS, 129쪽). 삶의 형태나 남은 자나 증언에 관해 자세하게 논한 아감벤의 논의가 탈구축이라는 바리새인에 의해 저지된 법의 종언이라는 복음을 과연 제대로 구원하는 것인지의 여부는 여기서는 논외로 한다. 아무튼 아감벤의 이런 비판은 분명 도발이다. 그 이유는 아마 데리다의 탈구축만으로는 이런 '허구적 예외상태'를 돌파할 수 없다고 생각했기 때문일 수도 있다. 그리고 이는 데리다가 뉴욕의 카도조 로스쿨에서 행한 강연인 〈법의 힘〉에서 보여 준 벤야민의 《폭력 비판을 위하여》에 관한 해석의 마지막 부분에 대해 아감벤이 회의적이라는 점 때문에 강해졌을 수 있다. 데리다는 《법의 힘》의 2장 〈벤야민의 이름〉에서 벤야민의 '신화적 폭력'의 두 계기인 법정립적 폭력과 법보존적 폭력을 가지고 논의를 전개하면서 벤야민을 매우 높이 치켜세우지만, 끝부분에 가서 '순수한 신적 폭력'을 강도 높게 비판한다. 이 개념은 유대인의 절멸을 신적 폭력의 사례로 이해하도록 만들 것이며, 따라서 벤야민의 논문 전체에 대해 의구심을 품을 수밖에 없게 한다고 추론했다. 그러나 벤야민의 텍스트가 없었더라면 자신의 사유의 출발점을 구축할 수 없었을 것이라고 생각한 아감벤은 이런 해석에 동의할 수 없다며 비판한다. 데리다에 대한 비판의 가장 명확한 장소로 선택된 것은 카프카의 《법 앞에서》라는 우화인 것이다.

에 관한 복잡한 검토를 통해 이뤄졌다. 고대 로마법에서 '칼룸니아토르kalumniator'는 무고자(비방자)를 이르는 말이며, 이들을 식별하기 위해 이들의 이마에 K라는 낙인을 찍었다고 한다. 그리하여 이들은 법체계에 위험한 자로 간주됐다. 아감벤에 따르면, 소설 《소송》의 주인공은 자기-고발자로 읽혀져야 하며, "모든 사람"은 K와 똑같은 입장에 처해 있다고 인식되어야 한다. 물론 자기-무고를 통해 자기에 대해 행해지는 소송은, 이것이 고발을 무효이자 공백으로 만드는 이상, 모든 소송 중에서도 가장 헛된 것이다. 소송은 기껏해야 법의 구조적 공허함 같은 것을 노출시키는 (법의) 행사일 뿐이다. 아감벤이 말하듯이, "그리하여 모든 자기-비방(자기-무고)이라는 전략의 절묘함을 이해할 수 있게 된다. 이것은 법이 존재에 대해 제기하는 고소, 고발을 비활성화하고 무위(작동 불능)로 만드는 것을 목표로 하는 전략이다."('K': 16(44쪽)) 즉, K의 자기-고소는 법을 본질보다는 체계와 구조로서 노출시킴으로써 그는 법으로부터 자기 자신을 '뺄셈' 할 수 있다. 그는 법이 작동하지 않는다는 것을 증명하기 위해 법 안으로 들어가려는 것이다.

《소송》의 K가 자기 자신을 뺄셈하고 있다면, 《성》의 K 역시 그에 못지않게 무위적 기능을 수행한다. 법에 관할권(법이라는 권한)을 부여하는 경계선을 혼란시키는 기능 말이다. 여기서 아감벤은 K가 '카르도kardo'의 약칭이라고 말한다. 카르도는 로마의 토지 측량사가 선을 긋는 과정에 부여된 이름이었다. 아감벤은 로마법에서 토지 측량사가 매우 중요했다고 지적한다. 법이 작동하려면 법의 경계선과 방벽을 가질 필요가 있었기 때문이다. 카르도는 '카스트룸castrum'이라는 공간을 측량하기 위해 사용되곤 했다. 카스트룸은 성을 뜻하기도 하며 군대 야영지라는 뜻도 있다. K는 자신의 직무가 "경계를 확정하는 것"이라고 알렸는데, 이것은 그의 이름을 통해서도 확증된다. 이는 그의 입장을 토지 측량사의 입장으로 읽어야 한다는 것을 시사한다. 하지만 K가 들은 대로, 마을에는 토지 측량사가 전혀 필요 없다. 마을의 지도는 이미 철저하게 만들어졌다.

반면 아감벤은 K를 높은 곳High과 낮은 곳Low, 성과 마을의 분할을 시정하기 위해 오는 자로 읽는다. 하지만 성으로 상징화되고, 또 K가 그것에 도전하려고 오는 것과의 관계에서 상징화되고 있는 것은 최고의 주권권력이나 신학적 권력이 아니다. 오히려 아감벤이 보기에 스스로를 높은 것high과 낮은 것low 사이의 방벽으로서 두는 자, 경계선을 영속화시키는 자는 사무원들이다. 이 때문에 K는 베스트베스트 백작을 만나지 못하고 오로지 성의 관리자들만 만날 수 있을 뿐이다. 백작의 실존은 사실상 비-실존하는 것이다.

이제 우리는 여기서 《소송》에서의 법에 관한 아감벤의 논의와 아귀가 딱 들어맞는 부분을 알 수 있다. 법은 법이 존재한다고 우리가 믿는 한에서 존재한다. 우리(성의 사무원들)가 경계를 계속 존중하기 때문에 경계는 계속 기능하는 것이다. 카프카가 이의를 제기하는 것은 신적인 것의 '제조'인 것이지 신적인 것 자체가 아니라고 아감벤은 지적한다. 그러므로 백작의 실존을 제조하고 성의 특권적 지위를 유지함으로써 성에 구조적 위치를 부여하는 관리자들이야말로 경계선 자체를 대신하고 있다. 아감벤이 결론적으로 묻는 질문은 법에 관한 우리의 개념화를 지배하는 모든 구조적·물리적 분할을 무위(작동 불능)로 만드는 것이 얼마나 중요한지를 뒷받침하고 있다.

> 높은 것과 낮은 것, 신적인 것과 인간적인 것, 순수한 것과 불순한 것은 문(즉, 이것들의 관계들을 규제하는 성문법과 관습법으로 이루어진 법의 체계)이 중립화되면 과연 어떻게 될까? 소설《《성》》의 집필을 결정적으로 중단했을 때 카프카가 쓴 이야기(《어느 개의 연구》)의 주인공인 개가 연구 대상으로 삼고 있는 '진리의 세계'는 무엇이 되는가? 그것들이야말로 측량사가 겨우 볼 수 있었던 것이다.('K' : 26(62쪽))

우리는 이 예에서 아감벤이 상황을 교란하고 권력 형식들을 무위(작동 불능)로 만들기 위해 이 등장인물들(형상이 더 좋은 단어이다)을 어떻게 사용하는지를 분명히 볼 수 있다. 아감벤이 밝히듯, 여기서의 '경계선'은 물리적 경계선이 아니라 범주적 경계선이며, K가 무위로 만들려 하는 규제와 분리의 체계이다. 하지만 신적인 것과 인간적인 것, 높은 것과 낮은 것 같은 범주들의 무위는 무위의 좀 더 수동적 형태와는 구조적 긴장 관계에 있다. 아감벤의 '시적 고고학'의 새로운 형상들은 겉으로 보기에 K와 똑같은 것이 아니지만, 이 논문을 마무리하면서 아감벤이 제시하는 기묘한 유비는 이 두 가지가 똑같은 것이라고 확증한다. K의 무위를 카프카의 〈어느 개의 연구〉에 등장하는 주인공이 추구한 '진리의 세계'와 비교한다는 유비 말이다. 무위의 정치와 나란히 읽을 때, 〈어떤 개의 연구〉는 무위적인 것의 지평에 관해, 출현할 수 있는 전술 또는 전략의 형태에 관해서도 다양한 쟁점을 제기한다.

카프카의 이 짧은 이야기의 주인공은 개이다. 개는 자신의 존재가 제한되고 저열하다고 간주하면서 자신의 존재를 초월하려고 시도한다. 하지만 그가 어떻게 시도하든 다른 실존 방식의 가능성을 언뜻 본 그는 하여튼 자신의 동물적 욕망과 충동을 초월하려고 애쓴다. 인간처럼 생긴anthropomorphic 개로서의 그는 아감벤이 칭찬하는 유사−인간적이고 무위적 존재들 중 하나이다. 하지만 이렇게 〔초월하려고 한〕 시도에 실패함으로써 그는 우리에게 무위의 정치가 지닌 중요한 특징을 제시해 준다. 그 특징이란 바틀비의 경우처럼 말하기가 아니라 침묵이다. 이야기의 서두는 근본적으로 바꾸는 것에 관한 실패, 혹은 적어도 무능력을 도입한다. "내 인생이 달라지긴 했지만 그래도 근본에 있어서 달라진 것은 아니지 않는가!"[2]

이 개의 생은 젊었을 때 한 무리의 개들이 "요란하게 짖어대는 것"(617쪽)을 목격했을 때 난생 처음으로 변화를 겪었다. 이런 짖어댐은 역설적이게도 침묵의 형태이다. "그들은 이야기를

---

[2] 프란츠 카프카, 〈어느 개의 연구〉, 《카프카 전집 1 : 변신》, 이주동 옮김, 솔, 1997, 613쪽.

하는 것도 아니었고, 노래를 부르는 것도 아니었다. 저마다 일
제히 거의 완고하게 침묵을 지키고 있지만(혈기 왕성한 표정을 하
고 입을 거의 여는 일이 없이), 허공(텅 빈 공간)으로부터 마법처럼
음악을 솟구치게 했다(마법적인 힘으로 음악을 솟아나게 했다)"(617
쪽). 화자에게 이 개들의 침묵의 음악은, 화자가 다음과 같이
말하듯이, 개의 또 다른 이미지를 언뜻 보여 준다. "이 개들은
법을 위반하고 있다"(620쪽). 처음에는 이 개들이 법을 위반했고
다른 개들의 부름에 답하기를 거부했다는 것에 대해 화자는 매
우 분개하며 불쾌해한다. 하지만 이것은 개의 지위에 관한 질문
을 가동시키며, 동물적 욕망을 부정하는 것을 목표로 하는 일
련의 '과학적' 실험이 시작된다.

하지만 이렇게 동물적 욕망을 부정하려고 시도하는 것은 화
자 혼자뿐이다. 동료 개들과 의사소통하는 데 실패하기 때문이
다. 그는 이런 소통의 결여를 둘러싸고 전개되는 자기 자신에
대한 일련의 가설적 물음을 제기한다.

그것을 물음의 형태로뿐만 아니라 대답으로서도 다 말하여라. 네
가 발표할 때 감히 이의를 제의할 자가 (누가) 있겠느냐? 그때는 기
다렸다는 듯이 갑자기 개들의 대합창이 시작될 것이다. 그리하여
너는 마음대로 진리를, 명쾌함을, 심정을 털어놓을 수도 있을 것
이다. 네가 매도하고 있는 이 저질의 생활의 천장이 뻥 뚫려, 우리
는 모두 손을 맞잡고 자유의 세계로 승천할 것이다. 혹시나 이 일
이 잘 되지 않아서 이전보다 더 처지가 악화되고, 전체의 진리가 절

반도 타당하지 못하며 침묵을 지키는 편이 옳은 생활 태도라는 것이 입증되어 우리가 아직도 품고 있는 한 가닥 희망마저 사라져 버린다고 하더라도, 네가 너에게 허용한 생활 방식대로 사는 것을 원치 않는 이상, 네 말도 역시 시험해 볼 만한 가치가 있다. 그러므로 이제 묻겠는데, 너는 왜 남의 침묵을 비난하면서도 자신은 침묵을 지키고 있는가? 나는 가벼운 마음으로 대답한다. 그것은 내가 개이기 때문이다.(2002 : 153(629-630쪽))

개라는 족속race과 한 마리 개로서의 그를 바꿀 수 없다는 것을 알고, 개는 체념 속에서 "침묵의 연구"에 스스로 복종한다. 이 구절의 정치적일 뿐 아니라 종교적인 함축은 피할 수 없으며, 바꾸려는 모든 의지된 희망은 침묵으로 환원된다. 개는 자기 자신일 수밖에 없으며, 소통할 수 없으며, 공동체를 발견할 수 없다는 사실 때문에 그렇다. 그는 고독한 형상이기를 계속한다. 그에게 물을 수 있는 유일한 질문은 "너는 이것을 얼마나 오래 참을 수 있는가?"이다. 이에 대해 그는 이렇게 대답한다. "나는 자연사할 때까지 반드시 견디어 낼 것이다. 근심을 안겨 주는 질문에 대해서는 노년기에 느끼는 마음의 평온이 더욱 효과적인 해독제이다. 나는 스스로 침묵을 지키고, 또 침묵에 둘러싸여 평화롭게 죽을 것이고, 거의 침착하게 죽음을 맞이하기를 고대한다."(631쪽)

《소송》의 마지막을 떠올리는 것도 중요하다.

파트너 중 한 명의 손이 K의 목구멍에 이미 있었고, 다른 이가 칼을 심장에 찔러 넣고 두 번 비튼다. 눈이 흐릿해지고 있는 K였으나 여전히 이들 두 사람을 볼 수 있었고, 자기 얼굴 가까이에서 이들이 뺨을 대고 마지막 행동을 관찰하고 있었다. '개처럼!'이라고 그는 말했다. 부끄러움이 자신보다 더 오래 살아남을 것 같다는 뜻이었다(1983 : 172).

〈어느 개의 연구〉의 나머지 부분은 개가 자신의 본성을 초월하기 위해 음식을 거부하려는 시도로 이루어져 있다. 이 실험은 그가 죽기 직전에, 사냥개 한 마리가 그에게 사냥터에서 떠나라고 명령하면서 실패로 끝난다. 그의 결론은, 자신의 실험은 실패였으나 자신의 과학적 무능이 자유를 추구하는 본능에, 즉 그를 추동하는 본능에 기초를 두고 있다는 점이다. 실험을 행하는 무신학적 형상으로서의 우리의 개는 아감벤의 카프카한테는 모범적인exemplary 것이다. 그 카프카는 비평 과정을 통해 조명되고 재분절화된 카프카이다.

| 시와 산문

이미 지적했듯이, 아감벤의 저작은 문학 텍스트를 비평적이고 철학적 관심사의 등록부나 색인으로 독해하는 방식을 제공하지만, 그의 문학 연구는 비평 패러다임을 각색하기 위해 창조적 작품을 [제멋대로] 윤색하는 기회주의적 독자의 연구로 간주되어 서는 안 된다. 시학과 시에 관한 그의 작업은 그가 시적 형식과 문학사를 아주 잘 알고 있음을 증명한다.

아감벤의 작업은 종종 어떤 철학적 막다른 골목을 '넘어서' 나아갈 수 있는 잠재력을 증명하기 위해 많은 중요한 순간에 시로 향하지만, 이것은 항상 그가 시적 형식에 조예가 깊다는 것을 전제한다. 1장에서 봤듯이, 《언어활동과 죽음》에서는 하이데거적 전통이 우리에게 물려준 '말할 수 없는 기반'에 의존하지 않는 언어의 사용을 시사하기 위해 12세기 프로방스 시인들의 변론술을 검토한다. 이와 마찬가지로 《행간》 3부에서는 중세 프랑스의 시집 《장미 이야기Roman de la Rose》에 대한 확장된 독해를 제시한다. 《남은 시간》에서는 아르노 다니엘Arnault Daniel의 세스티나Sestina에 관해 논의한다.[3]

---

[3] '세스티나'는 '6행 6연체, 즉 6행으로 된 6연聯과 3행의 결구結句를 가지는 시'를 가리킨다. 아감벤은 여기에서 상당히 흥미로운 하나의 가설을 제시한다. 바울의 텍스트에서 도출되는 메시아적 시간의 구조는 시詩의 구조, 특히 초기 로망스어 시에서 보이는 운율의 구조에 비교된다는 것이다. 고대의 시에서 우발적으로만 나타나는 각운은 4세기의 기독교 라틴어 시에서 발전되고, 이후 로망스어의 시로 계승되면서 시의 본질적 구성 요소가 된다. 예를 들어 "세스티나"라고 불리는 6행시로 이루어진 시는 각 행의 마지막 단어 혹은 음절syllable이 아래의 표처럼 구성되며, 운을 기초로 약속에 따르고 있다(각 행의 마지막 단어 내지 음절을 여기서는 임시로 A부터 F의 기호로 나타낸다).

	1절	2절	3절	4절	5절	6절	7절
1행	A	F	C	E	D	B	E
2행	B	A	F	C	E	D	C
3행	C	E	D	B	A	F	A
4행	D	B	A	F	C	E	
5행	E	D	B	A	F	C	
6행	F	C	E	D	B	A	

하지만 아감벤의 시론詩論을 이런 개별 예들로부터 요약하는 것은 어렵다. 그는 시가 중요하다고 전혀 애매모호하지 않게 진술하고 있으나, 그러나 이것은 시가 항상 똑같은 방식으로 읽혀진다거나 반복된 구조적 장소를 간직하고 있다는 뜻이 아니다. 내가 지적하고 싶은 것은, 이것이 그의 작업에서 시―여기서는 운문적 전통과 동일시하자―와 시학 사이의 관계에서 기인한다는 것이다. 여기서 시학이란 우리가 영화에 관한 논의에서 간

이 각운의 구조―이른바 "십자역진retrogradatio cruciata"―는 얼핏 보면 매우 복잡한 듯하지만, 실제로는 규칙적인 질서를 따른 것이다. 즉, 앞 절의 마지막 행의 마지막 단어 또는 음절이 다음 절의 처음 행의 마지막 단어 혹은 음절이 되어 이동하며(1절 6행 F가 2절 1행 F로 이동), 거꾸로 앞 절의 처음 행은 2행으로 이동한다(1절 1행의 A가 2절 2행의 A로 이동). 또 앞 절의 5행 째의 마지막 단어는 다음 절의 3행 째의 단어(1절 5행 E가 2절 3행 E)로 이동하고, 앞 절의 2행 째 단어가 1절의 4행 째의 단어(1절 2행의 B가 2절 4행의 B)로 이동하며, 앞 절의 3행 단어가 2절 6행의 단어(1절 3행의 C가 2절 6행의 C)로 이동한다. 이렇게 2절의 6행의 운율이 완성된다. 이런 식으로 2절에서 3절로, 3절에서 4절로 … 반복되며, 마지막 7절인 '코다'에서는 앞의 6절 마지막 3행의 단어가 똑같이 반복되어 한 편의 시가 완성된다.

진행과 역전, 전진과 후퇴가 동시에 일어나는 각운의 이 메커니즘을 아감벤은 '튀포스'와 '아나케팔라이오시스'라는 메시아적 시간의 구조에 포갠다. 시는 낭송되는 것인 한, 시간과 밀접한 연결을 갖고 있다. '세스티나'에서 단어(운율)를 예고하는 동시에 반복하고 약속하는 이 메커니즘은 직선적 시간의 흐름을 메시아적 시간으로 변모시킨다고 아감벤은 생각한다. 달리 말하면, 메시아적 시간의 이념은 로망스어 시의 운율 구조에서 구현되고 있다는 것이다. "역사적-계보학적(발생론적) 가설이라기보다는 오히려 인식론적 패러다임으로 받아들여져야 한다"(TCR, p. 82)고 단언한 뒤, 아감벤은 "기독교의 시에서 압운은 바울이 환기시키는 유형론typology적 관계와 집약의 놀이에 따라 구조화된 메시아적 시간을 운율적-언어적으로 초코드화transcodification하는 데에서 유래한다"고 주장한다(TCR, p. 82).

안타깝게도 이 가설의 타당성 여부를 판단할 수 있는 능력이 옮긴이에게는 없다. 하지만 메시아적 시간의 구조와 시의 구조 사이의 심층적 연결을 드러내 보여 주는 그의 기법은 시적인 것과 신학적인 것과 정치적인 것의 경계에 초점을 맞춘 아감벤 특유의 사유로, 자극적일 뿐 아니라 설득력도 충분히 갖추고 있다고 생각한다.

략하게 봤듯이, 윤리와 정치에 관한 훨씬 더 폭넓은 비전을 그 지평으로서 갖고 있는 더 일반적인 재현 형식에 대한 이름이다.

얼핏 보면 《이탈리아적 범주》(영어 번역본 제목은 《시의 종언The End of the Poem》)는 이탈리아라는 개별적 맥락의 바깥에서는 그다지 적실성이 없는 듯 보일 수도 있다. 이 책은 1970년대에 그가 이탈리아 작가인 이탈로 칼비노Italo Calvino와 클라우디 루가피오리Claudi Rugafiori와 했던 일련의 논의에서 출현했다. 이 논의에서 이들은 이탈리아 문화를 지배한 양극적 개념들을 검토하기 위해 사용될 수 있는 여러 가지 '이탈리아적 범주들'을 창출하려고 했다. 이 '프로그램'은 결코 완료되지 못했으나,[4] 아감벤의 단

---

[4] 1996년에 출판된 시론詩論인 《이탈리아적 범주》의 서문에서 아감벤은 대략 20년 전의 일을 회상하면서 실현되지 않았던 어떤 잡지의 간행에 관해 말한다. 그것에 따르면, 1974년부터 1976년 사이에 아감벤은 파리에서 이탈로 칼비노와 클라우디오 루가피오리와 자주 만나, 셋에서 에이나우디 출판사에서 새로운 잡지를 낼 계획을 세웠다. 잡지의 목적 중 하나는 그들이 "이탈리아적 범주"라고 부른 일련의 이항대립 개념을 시묻고 재정의하려는 것이다. 루가피오리는 건축/우아미, 칼비노는 속도/경보, 아감벤은 비극/희극, 권리(법)/피조물, 전기傳記/우화 등의 개념을 제시했다고 한다. 하지만 결국 잡지 계획 자체가 물 건너가 버렸다. 그러나 이런 문제의식은 당시 대두되고 있던 포스트구조주의의 문제의식과도 호응하며, 일련의 이항대립의 재고나 재정의는 이후 아감벤의 저작에서 중요한 역할을 맡았다.

이 잡지에서 아감벤이 무엇을 맡으려 했는지를 더 자세히 알 수 있는 단서는 그 몇 년 뒤에 출판된 《유아기와 역사》—이 책이 바로 구조주의적 이항대립을 논의하고 있다—에 수록된 〈어떤 잡지를 위한 계획〉에서 찾아볼 수 있다. 이것은 젊은 아감벤이 비평에 관한 신념을 말한 이른바 선언문과도 같은 것이다.

이 선언문은 비평, 시학과 정치, 역사와 시간이라는 세 가지 주요 논점으로 구성되어 있다. 우선 비평에 관해, 아감벤은 "고유한 현실성actuality(현재성)을 지닌 비평 기준"이라는 것을 제창한다. 그것은 "근본적이고 본원적인 의미에서 역사적"인 것이어야 한다. 그렇지만 "본원적originale"이란 물론 유일무이하고 다른 것과는 다르다는 통상적인 의미의 독창적이라는 뜻이 아니라, 본래적 의미, 즉 "근원orgine"과의 연결이라는 의미로 이해되어야 한다. 또 '역사적'이라는 단어도 연대기적인 것을 가리키는 게 아니

테에서부터 20세기의 시인인 조르조 카프로니에 이르는 이탈리아 시를 지배하는 여러 가지 대립을 해결하려는 노력이었다. 이

라 오히려 기존의 역사 서술의 '파괴' 또는 '파괴의 파괴'마저 의도하는 것이다. 여기서 중요한 것은 "연속성"이나 "새로운 시작"이 아니라 거꾸로 "중단interruzione"이나 "일탈scarto"이다. 여기서는 분명히 벤야민의 역사철학이 살아 있다.

그렇다면 "근원"과의 연결이란 무엇인가? 아감벤에 따르면 근대에서는, 예를 들어 중세처럼 "독창적 형식으로서의 주석glossa"의 실추와 더불어, 전승되는 것과 전승 행위 사이의, 즉 (탈무드의 말투를 빌리면) "할라하"(법 자체로서의 진리)와 "하가다"(적용이나 해석이나 위반 속에 있는 진리) 사이의, (벤야민의 말투로 하면) "본질"과 "역사성" 사이의 접합이 불가능해졌다. 거기서 요청되는 것은 "편협하고 아카데믹한(학구적인) 개념에 의해 강제된 경계를 넘어서는" 새로운 "문헌학filologia"이다. 그것은 또 "시학과 학문 사이의 재결합", "비평과 문헌학과 시학" 사이의 접합도 의미한다. 이런 접합은 일찍이 단테나 폴리치아노, 횔덜린이나 발레리, 카프카나 벤야민 등이 각각의 방식으로 실천했던 것이기도 하다.

여기서 상기되는 것은 《행간》의 〈프롤로그〉에서 아감벤이 "시와 철학 사이", "시적인 말과 사유의 말 사이"의 분리에 관해, 혹은 "인식 없는 향유와 향유 없는 인식" 사이의 분열에 관해 진단하고, 이렇게 "분열(균열)된 말의 통일성의 재발견이야말로 우리 문화에서 시급을 요하는 과제"라고 말했다는 것이다. 영역 횡단적인 《행간》 자체가 저자 자신이 제창하는 새로운 "문헌학"의 실천이었다는 것은 말할 것도 없으리라. 또 바울의 메시아주의를 현대적으로 재독해하는 《남은 시간》은 아감벤이 높이 평가하는 '주석'이라는 형식―"근원"과의 연결을 문제로 삼는다는 의미에서 '독창적'이며, 시간의 연속성을 무너뜨린다는 의미에서 '역사적'이다―의 새로운 시도로 읽을 수 있을 것이다.

다음으로, 선언문의 두 번째 주축인 시학과 정치학에 관해 살펴보자. 아감벤은 "시학과 정치(학)의 연결은 자명한 사항"이라고 단호하게 잘라 말한다. 주지하듯이, 플라톤은 《국가》에서 시나 예술의 문제를, 아리스토텔레스도 《정치학》에서 음악을 논했다. 그리스인은 예술을 좋아하는 사람들이었기 때문에 또한 뛰어나게 정치적인 존재들이기도 했다. 그렇다면 "문제는 시학이 정치학에 비해 중요한가 그렇지 않은가가 아니라, 정치학이 여전히 시학과의 관계를 유지할 수 있는 위치에 있는가 아닌가이다. 만약 정치학에 그 본래의 차원을 되찾아 주길 원한다면, 특히 비평은, 시학과 정치학 사이의 연결을 떼어내려는 움직임에 잠복해 있는 이데올로기에 스스로를 대치시킬 필요가 있다." 우리는 흔히 예술을 자율적 관점에서 논하기 십상이다. 그러나 시와 정치의 결합이 "자명한 사항"―즉, 근원적인 것―인 이상, 중화된 예술의 왕국에서 시를 논한다는 것은 원래 있을 수 없는 얘기이다. 이 경고를 우리는 진지하게 받아들일 필요가 있다. 여기서도 역시 "정치의 심미화"와 "예술의 정치화"라는 테마로 파고들어간 벤야민의 교훈이 살아 있다고 말할 수 있다. 이런 의미에서는 또한, 정치적 물음과 예

모든 논문들을 자세하게 분석할 수는 없고, 다만 시의 구조를 다루는 계기들, 특히 음성sound과 의미의 관계를 검토할 것이다.

술의 물음을 교차시키는 필립 라쿠 라바르트의 작업 등과도 접점을 갖게 될 것이다. 시학과 정치학을 떼어 놓을 수 없다고 하는 아감벤의 확신은 예를 들어 《아우슈비츠의 남은 자들》에서, '무젤만'이라고 불린 사람들의 증언 불가능성 내지 증언하는 주체의 탈주체화를 둘러싼 테마와, 시적 창조에서의 탈주체화의 테마 사이의 유비 관계에 관한 논의로 구체화된다. 시적 언어에서의 탈주체화 테마도 유년기에서의 언어나, 사도 바울이 말하는 "방언"의 테마—"방언을 말하는 것은 인간에게 말하는 것이 아니라 신에게 말하는 것입니다"(《고린토인에게 보내는 편지 1》, 14 : 2)—와도 연동하여, 이미 1982년의 시론詩論 〈파스콜리와 목소리의 사상〉(《이탈리아적 범주》 수록)에 등장했음을 꼭 덧붙여야겠다. 게다가 아감벤은 《남은 시간》에서 "방언"이라는 주제로 되돌아갔다.

마지막으로 비평적 강령의 선언문 〈어떤 잡지를 위한 계획〉의 세 번째 기둥이 되는 것은 역사와 시간에 관한 문제이다. 여기서 아감벤이 무엇보다 강조하는 것은, "근대의 역사주의를 지배했던 역사 개념은 재고되어야 한다"는 굳은 신념이다. 즉, 이제 우리는 "(직)선적이며 무한의 연속적 과정이라는 통속적 시간 관념을 역사와 동일시하는 것을 멈추고, 역사의 범주와 시간의 범주가 반드시 동일한 것은 아니라는 사실을 자각해야" 한다고 할 때이다. 이를 위해 필요한 것은, "과정, 전개, 발전 같은 개념을 비판적으로 해소하고", "연속적이고 수량화되고, 공허하고 무한한 시간 대신, 구체적 인간의 경험으로 이루어진, 분할 불가능하고 중단되고 완전히 충만된 시간"을 정립하는 것이다. 이런 아감벤의 역사주의 비판이 〈역사의 개념에 관하여〉의 벤야민에게 공명하는 것은 물론 말할 것도 없으리라.

시간과 영역의 곡예술적인 넘어서기라는 비평 스타일은, 역시 젊은 시절의 《행간》에서 유감없이 발휘되고 있다. 거기에서 아감벤은 '사랑'을 발견했다고 간주되는 중세의 로망스어 시나 이탈리아의 청신체파의 시로부터 보들레르로, 중세의 멜랑콜리 이론으로부터 프로이트=라캉의 정신분석으로, 중세의 수도사들을 덮친 "백주의 다이몬"에서부터 근대의 페티시스트들로, 바로크의 알레고리로부터 소쉬르의 언어학으로 문자 그대로 과거 속으로 "뛰어드는 호랑이의 [표적을 정하는] 도약"(벤야민, 〈역사의 개념에 대하여〉, 14)에 의해, 자유자재로 시간을 건너 뛰어넘으면서, 이질적인 역사의 단편을 뜻밖의 형태로 연결시키고, 그때까지 누구도 본 적이 없었던 듯한, 말과 이미지에 의한 상상력의 '성좌'를 우리 앞에 부각시켜 보여 주는 것이다. 그것은 또한 신화와 테크놀로지를 등을 맞대고 접근시키려고 하는 벤야민의 사유와도 근본적으로 통하는 것이다. 역사와 시간을 둘러싼 고찰이 본서 2장에서 우리가 검토하는 선언문이 수록된 《유년기와 역사》의 중심 주제이며, 《남은 시간》에서도 집중 조명된다. 이를 염두에 두고 본서 5장과 6장을 같이 읽으면서 시적인 것과 정치적인 것이 어떻게 뒤얽히게 되는지를 고민하는 게 좋겠다.

아감벤에 따르면, 음성과 의미의 관계는 시의 구조를 괴롭히는 위기를 이해하는 데 필수적이다.

아감벤의 중심적 테제는, 시가 '인잼브먼트〔구문이 다음 행으로 이어지는 것〕에 의해서만 산문과 구별된다는 것이다. 이 형식적 용어는 한 문장이 각운을 맞춘 2행 연구를 넘어서 계속될 때를 가리킨다. 그러므로 문장의 의미는 각운의 운율과 긴장 관계에 놓여 있다. 시적 산문의 구절은 내적 리듬과 운율을 갖고 있더라도, 결코 이런 긴장 상태를 가질 수 없다. 아감벤이 지적하듯이, "시는 운율상의 한계—이것 자체는 산문의 맥락에도 속할 수 있다—를 통사론적 한계에 대립시키는 것이 가능한 담론으로 정의될 수 있는 반면, 산문은 이런 대립이 불가능한 담론으로 정의될 것이다"(EP : 34). 윌리엄 버틀러 예이츠의 〈아담의 저주〉 같은 시를 생각해 보자. 여기서 운율은 산문에서도 마찬가지로 만들어질 수 있으나, 이 시의 통사— 행을 넘어서 이어지는 문장—와 운율의 관계가 긴장 상태를 창출한다. 이런 긴장 상태에서 단어의 의미와 언어의 통사는 서로 대립하며, 그리하여 이 시를 인잼브먼트의 고전적인 예, 즉 시적 담론으로 표식한다.

> We sat together at one summer's end,
> That beautiful mild woman, your close friend,
> And you and I, and talked of poetry.
> I said, 'A line will take us hours maybe ;
> Yet if it does not seem a moment's thought,

Our stitching and unstitching has been n<u>aught.</u>

Better go down upon your marrow-b<u>ones</u>

And scrub a kitchen pavement, or break st<u>ones</u>

Like an old pauper, in all kinds of w<u>eather</u> ;

For to articulate sweet sounds tog<u>ether</u>

Is to work harder than all these, and y<u>et</u>

Be thought an idler by the noisy s<u>et</u>

Of bankers, schoolmasters, and clergymen

The martyrs call the world.' (1992 : 76)

어느 여름의 끝에 우리는 함께 앉아 있었다,

네 친한 친구인, 그 아름답고 온화한 여성과,

너와 나, 그리고 시에 관해 얘기했다.

나는 말했다, "한 줄을 쓰는 데 몇 시간이 걸릴 거야,

하지만 그게 한순간의 생각처럼 보이지 않는다면,

우리가 꿰맨 것과 꿰맨 것을 풀어버리는 것은 무無가 된다.

그럴 거라면 무릎을 굽혀서,

부엌 바닥을 닦는 게 낫다, 혹은 돌을 깨부수는 게 낫다

늙은 가난뱅이처럼, 어떤 날씨에도.

왜냐하면 감미로운 소리들sounds을 함께 접합한다는 것은

이 모든 것보다 더 고된 일이니까, 그래도

그래도, 세상이 순교자라고 부르는

은행가, 교사, 성직자 같은

시끄러운 무리들은 더 게으르다고 생각하니까"라고.

〔원문에서는 음절수가 같고 각운이 달려 있다.〕

　예이츠의 인잼브먼트는 통사와 형식 사이에 긴장 상태를 강화한다. "그럴 거라면 무릎을 굽혀서,/부엌 바닥을 닦는 게 낫다, 혹은 돌을 깨부수는 게 낫다/늙은 가난뱅이처럼, 어떤 날씨에도"(Better go down upon your marrow-bones /And scrub a kitchen pavement, or break stones /Like an old pauper, in all kinds of weather)를 다뤄 보자. 여기서는 투지가 넘치는 2행 대구 형식the heroic couplet form이 문장의 의미와 겨루도록 짜여졌다. 3행이 없으면, 이 대구는 거의 의미를 갖지 못한다. 리듬과 의미는 3행으로 미뤄지며, 형식의 긴축을 겉으로 드러내도록 작동한다. 아감벤은 폴 발레리를 좇아, 시란 "음성과 의미 사이의 망설임"이라고 말하는데, 이것은 아감벤의 이 테제를 모범적으로 조명해 준다.

　이 구별은 운율 체계(작시학the science of versification)에서는 흔한 것이지만, 아감벤은 이것을 더 밀고 나가, 시는 그 '끝'에 의해, 즉 음성과 의미가 일치하게 될 점에 의해 시달리고 있다고 논한다. 담론으로서의 시의 정체성은 음성과 의미의 대립을 영속시키거나 연장시키는 것과 뒤얽혀 있기 때문에, "시의 마지막 행은 행〔운문〕이 아니다." 즉, 시의 끝은 시와 산문 사이의 '결정 불가능성'의 점이며, 이 점은 "음성이 의미의 심연에서 엉망이 되는"(EP : 112-113) 시의 '위기'와 같은 어떤 것을 구성한다. 하지만 아감벤에게 이것은 일어나지 않는 것이다. 음성과 의미는 일치하지 않는다. 오히려 결과는 그저 침묵, "끝없는 낙하"일 수 있을 뿐이다.

아감벤에 따르면, 이 속에서 시는 마침내 자신의 임무를 완수할 수 있다. "이리하여 시는 자신의 자랑스러운 전략의 목표를 드러낸다. 언어가 말해지는 것 속에서 말해지지 않은 채로 머물러 있지 않고, 언어 자체를 마침내 소통하게 한다"(EP : 115). 이 수수께끼 같은 결론은, 시의 목표가 "소통 가능성의 소통"으로서 기능한다는 것에 주목하게 만듦으로써 언어의 본성을 겉으로 드러내는 것임을 시사한다. 하지만 이것은 정확하게 어떤 것인가?

이 질문에 대한 답변은 다음과 같은 시일 것이다. 즉, 음성과 의미를 대립시킴으로써 언어를 긴장의 지점으로 밀어 대는 시, 혹은 시 자체의 허점을 겉으로 드러내려고 시도하는 시이다. 아감벤이 들고 있는 예들의 대부분은 이탈리아어, 프랑스어, 독일어로 쓴 시이며, 그의 저작에 인용된 영어권 시의 예는 드물다. 아감벤이 인용하는 시인들에는 폴 발레리, 단테, 조르조 카프로니, 스테판 말라르메, 파울 첼란, 라이너 마리아 릴케, 프리드리히 횔덜린이 포함되어 있다. 하지만 어떤 곳에선가 그는 에드가 앨런 포우나 말라르메 등의 전통을 계승한 인물로 미국 시인인 윌리엄 카를로스 윌리엄스William Carlos Williams를 언급한다. 아감벤이 《행간》에서 말하듯이, "어쩌면 그의 《패터슨Paterson》은 W. H. 오든의 《불안의 시대The Age of Anxiety》와 더불어, 현대시에서 장편시를 쓰려는 시도 중에서 가장 성공한 시도이다"(S : 54).

기묘한 선택이라며 놀랄 독자도 있겠지만, 아감벤이 《행간》의 맥락에서 보여 주는 관심은, 작품 자체보다 작품의 창조에 대한 낭만주의적 강박관념에 대한 것이다. 그에 따르면, 윌리엄스는 작품의 불가능성이 작품 자체를 대신하고, 또 작품의 불가능성에 관한 성찰이 작품 자체를 대신하는 시인이다. 이로부터 알 수 있듯이, 아감벤은 앞서 논의했던 예나 낭만주의자들로 소급되는 계보 속에 윌리엄스를 집어넣고 있다.

하지만 나는 윌리엄스에 대한 이 참조가 기묘한 여담 이상의 것을 제공할 수 있다고 지적하고 싶다. 인잼브먼트야말로 시와 산문의 구별을 유지하려는 시인의 시도라고 아감벤이 믿는다면, 윌리엄스는 오히려 긴장 상태를 전면에 끄집어내는 시인 중 한 명이다. 아감벤의 흥미를 끄는 시적 형식을 증명하기 위해 아감벤이 강조하는 윌리엄스의 시 《패터슨》의 2절에 관해 간략하게 주석을 달아 보자. 이 장편 시(어떤 이는 '서사시'라는 용어를 사용하기도 한다)는 윌리엄스의 고향인 뉴저지주의 패터슨에 관한 것이다. 유럽적인 시적 형식은 윌리엄스에게 제약을 가했으며, 구속하는 리듬을 강제했다. 그는 미국적 말하기의 자연적 리듬이 지닌 무매개성〔직접성〕으로부터 제외되어 버렸다. 윌리엄스에게 진정으로 미국적인 시, 패터슨 같은 장소에 관해 말할 수 있는 시는 유럽적인 시적 형식의 족쇄로부터 스스로를 해방하고, 미국적 억양 속에서 자연스럽게 생겨난 리듬들 사이에서 그 리듬을 발견해야 한다(여기서는 그가 《패터슨》을 낭독하는 녹음 기록을 듣는 게 유익하다 ; Williams nd.를 보라). 하지만 이것은 윌리엄스에게 아무런 시적 형식도 없다는 것을 시사하는 게 아니다. 반대로 그의 시는 시가 자기 자신과 소통하는 것을 가능케 하고 시와 산문 사이의 최소한의 차이를 겉으로 드러내는, 고도로 문체화된 시이다.

월리엄스의 후기 시를 특징짓는 것은 구도와 목소리에 관한 실험이다. 이 시에는 어떤 이는 자유 운문의 시라고 규정하는 것과 다른 이는 산문의 구절이라고 규정하는 것 사이의 규칙적인 전환이 있다. 시는 목소리의 긴장 상태에 주목하도록 미리 부과된 형식을 사용하고 또 다양한 장소 배정을 사용하지만, 그것은 결코 '자유'롭지 않다. 윌리엄스에게는 자유 운문이라는 관념 자체가 용어상 모순이었다. 리듬을 갖고 있든 갖고 있지 않든, 그런 경우 그것은 시라고는 지칭될 수 없다. 그래서 윌리엄스의 시에서 나타나는 내적 리듬의 형식은 표면 의미와 통사와 함께 작동한다. 이는 단어 자체의 소통을 언어 속에서 드러낼 수 있는 미묘한 긴장 상태를 산출한다. 이런 유형의 시가 E. E. 커밍스의 악명 높은 '메뚜기 시grasshopper poem'[5]와 같은 어떤 형식을 취하는 것이 가장 논리적이라고 생각될 수도 있지만, 내가 지적하는 것은 카프로니 같은 시인들에 관한 아감벤의 분석이 훨씬 더 미묘한 어떤 것을 시사하고 있다는 것이다. 가령 《패터슨》에 나오는 다음 구절을 예로 들어 보자.

The decent

---

[5] 20세기 전반기의 시인 겸 소설가인 커밍스는 전통적인 시적 기교를 버리고, 시각적으로 메뚜기 형태처럼 보이는 실험적인 철자법과 구두법, 구문법 등을 시 형식에 도입했다.

made up of despairs

    and without accomplishment

realizes a new awakening :

      which is a reversal

of despair.

    For what we cannot accomplish, what

is denied to love,

    what we have lost in the anticipation -

      a descent follows,

endless and indestructible   .   (Williams 2000 : 261-2)

하강은

    절망들로 이루어져 있고

    성취가 없으나

새로운 깨달음〔각성〕을 실현한다 ―

      그 각성은 역전이다

절망의.

    왜냐하면 우리가 성취할 수 없는 것,

그것은 사랑에 대해 부정된 것,

    기대 속에서 우리가 상실한 것 ―

      그 뒤를 따르는 하강은

끝없이, 파괴될 수 없는 것   .

(Williams 2000 : 261-2)

만일 행 바꿈과 자간(여백)을 모두 제거한다면, 이 구절은 내적 리듬과 주의 깊은 구두점을 갖춘 시적 산문의 한 조각으로 읽을 수 있다. 하지만 자간은 산문이 할 수 없는 방식으로 리듬에 주목하게 만든다. 그리하여 여백을 불규칙하게 배열한 것이 구절들을 고립시키고 통사적 수준에 내속한 '의미'에 도전함으로써 몇몇 단어들에 강세가 놓이는 것은 아닌지 묻도록 우리에게 강제한다. 이것을 시각적으로 읽을 가능성도 있다. 즉, 페이지를 교차시켜 읽는 것이 아니라, 맨 앞에 나와 있는 구절들에만 주목하여 아래쪽으로 읽는 것이다. 그렇게 하면 시각적인 1행이 양가적인 의미를 취하면서 긴장 상태가 더 확연하게 드러난다.[6]

사랑은 절망의 하강으로부터 구출되는가? "끝나지 않고 파괴될 수 없다"는 하강일까, 아니면 사랑일까? 이 시를 순서대로 나열하고 그 운율적·통사적 한계들을 어떤 방식을 선택하든, 여기서 깨닫게 되는 경험은, 언어가 언어 그 자체에 있어서 그리고 언어 자체에 관해서 의미하는 것이 아니라 오히려 언어란 언어 자체일 뿐이라는 경험이다. 언어는 "끝나지 않는" 하강이라는 덫에 걸려 있는 것이다. 하지만 언어가 "파괴될 수 없다"고 하더라도 언어는 묵시록적이지 않다. 오히려 언어는 방언적(알

---

[6] 행의 앞부분에 있는 구절들만 읽으면, "절망의 새로운 각성을 실현한 하강은 끝나지 않고 파괴될 수 없는 사랑에 대해 부정되고 있다 / 하강은 절망의 새로운 각성이지만, 끝나지 않고 파괴될 수 없는 것으로서 사랑에 대해 부정되고 있음을 깨닫는다"(Th decent realized a new awakening of despair is denied to love, endless and indestructible)가 된다는 의미.

아들을 수 없는 것)이다. 이렇게 방언적이라는 점에서, 언어는 의미할 수 있는 잠재력과 의미하지 않을 수 있는 잠재력을 그 안에 갖고 있다. 이런 잠재력을 요약하고 있는 바로 그 시에서, 언어는 언어의 발생(장소를 가짐)과 활력에 주목하게 한다. 이것은 "끝없는(끝나지 않는) 낙하"가 시의 관념을 표시한다는 아감벤의 규정을 반향한다.

윌리엄스는 《자서전》에서 시의 역할에 관해 다음과 같은 놀라운 언급을 한다. 이것은 폭포에서 영감을 얻은 것이다. "폭포는 폭포 아래의 바위에 부딪쳐 굉음을 내지른다. 상상력에 있어서는, 이 굉음은 말하기(발화)나 목소리, 특히 발화이다. 이 발화에 대한 답변이 시 자체인 것이다"(1951 : 392). '언어 자체'에 말하기로 답변하는 시라는 이런 관념은 아감벤의 시론詩論, 더 넓게는 언어론에 대한 적절한 은유를 제공한다. 폭포의 굉음은 우리가 접근할 수 없는 목소리를 상징한다. 시는 언어 자체를 가지고 응답하는 수단이다. 그것은 목소리의 귀청이 터질 듯한 침묵에 대한 유일한 답변으로서의 필연적 의미가 없는 소통이다.

| 시학을 향해 |

책 전체에서 내내 지적했듯이, 아감벤의 언어론·정치론·예술론·영화론은 하나의 통일되고 지속된 철학적 기획의 일부로 함께 묶일 수 있다. 앞서 이미 시학에 관한 다양한 정의를 제시했기에, 여기서는 이렇게 말하는 것으로 충분하다. 즉, 시학은 어떤 재현 형식에 관한 것이며, 우리가 천착하려고 시도하는 매체 medium(매개)에 주목하게 하는 양식에 관한 것이라고 말이다. 그러므로 어떤 것이든 '시적'일 수 있다.

문학을 다룬 이번 장을 마감하면서, 나는 제임스 조이스의 저작과 씨름함으로써 시학 일반에 관해, 또 그 연장선에서 산문문학 일반에 관해 어떻게 생각할 수 있는지를 제시하고 싶다. 영문학에 진정 흥미를 느낀다면, 조이스의 《피네간의 경야 Finnegans Wake》는 지금도 여전히 읽어야 할 책이다. 경멸을 토로하든 최고의 칭찬을 토로하든, 《피네간의 경야》가 이룩한 영어의 파괴와 재구축은 여전히 다른 무엇과도 비할 데가 없다. 또 《피네간의 경야》는 아감벤의 저작에도 특별 출연하기도 한다. 이 작품에 대한 아감벤의 짧은 분석을 이용하면, 영어의 산문 작품을 연구할 때 아감벤의 작업을 어떻게 사용할 수 있을지를 알 수 있다. 《유아기와 역사》의 마지막 절에서, '〈경험(체험)〉'에 관한 아감벤의 탐구는 언어에 관한 물음으로 향한다.

여기서 관건은 언어를 통하지 않고서 깊이 느껴진 경험을 포착하는 것의 (불)가능성이다. 아감벤은 독일어 'Erlebnis(체험)'라는 단어를 사용하는데, 이것은 영어로 번역하는 게 불가능하다. 이것은 경험과 똑같은 것이 아니다. 이 단어는 깊이 느껴지고 "겪게 된" 경험(따라서 체험)을 가리킨다. 경험의 파괴에 관한 아감벤의 논문은 바로 열정적으로 겪게 된 경험 및 그 재현 형식들의 파괴에 관한 것이다. 아감벤에 따르면, 경험을 '재현'할 수 없는 현대인의 무능력은 조이스에 의해 포착됐다.

"(조이스의) 명석함은 바로 의식의 흐름이 '독백'이라는 실재─즉 언어라는 실재─외에는 다른 어떤 실재도 갖고 있지 않다는 점을 이해한 데 있다. 그래서 《피네간의 경야》에서는, 모든 '겪게 된 경험(체험)'이나 (언어에) 선행하는 모든 심적 실재의 너머에서, 내적 독백이 언어의 신비적 절대주의에 자리를 내줄 수 있는 것이다"(IH : 54-55(93쪽)).

조이스의 책을 언어의 독백이라고 보는 아감벤의 규정은 중요하다. 잘 알려져 있듯이, 《피네간의 경야》는 '혼성어'를 대량 사용한 오염된 영어로 이루어져 있다. 혼성어란 루이스 캐롤의 《거울나라의 엘리스》에 등장하는 땅딸보Humpty Dumpty의 서술로 유명하다. 엘리스가 땅딸보에게 "slithy"라는 단어의 뜻을 묻자, 그는 이렇게 대답한다. "음, 'slithy'[7]는 'lithe and slimy'를 뜻해. 'lithe'는 '활동적이다active'와 같은 뜻이지. 즉 이것은 큰 여행가방Portmanteau 같은 거야. 한 단어에 두 가지 뜻이 쑤셔 넣어진 거지"(1998 : 187).[8] 조이스의 책은 음성적인 글쓰기와 더불어 혼성어portmanteau를 다루면서, 글쓰기에서 '말하기'의 리듬을 포착하려고 시도한다. 《피네간의 경야》의 서두를 보면, 조이스의 새로운 언어 세계가 얼마나 기묘한지를 어느 정도 알 수 있다.

---

[7] slimy(끈적끈적한, 비열한)와 lithe((몸이) 유연한)의 합성어.
[8] 쪽수 표기의 오류이다. 1998년도 판은 215쪽이다.

riverrun, past Eve and Adam's, from swerve of shore to bend of bay, brings us by a commodius vicus of recirculation back to Howth Castle and Environs.

강줄기는 이브와 아담이 있던 곳을 지나, 강기슭을 굽이 굽이쳐 해안의 만에 이르고, 재순환의 코모디우스 비쿠스를 따라 호트 성 및 그 주변으로 우리를 데려간다.

이어지는 문장도 많은 불가해한 혼성 단어들을 담고 있다. 'Wielderfight',[9] 'penisolate',[10] 'themselse',[11] 'mumper all',[12] 'tauftauf thuartpeatrick', 'kidscad regginbrow' 등이다(Joyce 2000a : 3). 이 언어의 독해 불가능성(읽을 수 없음) 탓에 우리는 암호 해독 과정으로, 의미의 탐색 과정으로 향할 수밖에 없다. 우리는 이것이 영어라는 것을 알고 있다. 그래서 단어들을 원래의 형태로 재구성하고, 이것을 '정규' 영어로 번역할 수만 있다면, 의미는 통할 것이다. 이것이 《피네간의 경야》에 대한 지배적인 독해 방식 중 하나이다. 많은 주석가들은 줄거리, 배경, 등장인물을 복원하거나, 상징적 통일성을 지닌 설명을 산출하려고 시도한

---

[9] '넓적다리' + '빼앗다'

[10] '반도' + '고립되다/홀로 있다'

[11] '그들' + '기타의' ⇒ '그 밖의 그들'

[12] 영국 방언 mumper는 '가짜 거지'를 뜻하지만, 여기서는 동사로 사용됐다. "(과실 등이) 너무 익어 터지다, (상처 등이) 짓무르다, 무너지다 ; (태도와 옷차림 등이) 지저분하다" 정도의 의미다.

다. 이렇게 함으로써 그들은 의미와 질서가 가능할 뿐 아니라, 사실상 바람직하다고도 주장하는 듯하다.

《피네간의 경야》에 관한 아감벤의 짧은 노트는, 이런 종류의 해석 방법에 대한 반격이다. 아감벤은 이것이 언어의 독백이라는 사실에 주목하게 할 뿐, 다른 것과는 거의 관련이 없다(자기 자신에 대해 말하는 언어라는 하이데거의 진술을 떠올려도 좋을 것이다). 더 말해야 할 것은 아무것도 없다.

조이스의 글쓰기를 언어의 독백이라고 보는 아감벤의 규정은, 한 단어가 다른 단어들과의 관계에서만 의미를 담고 있을 뿐이라고 보는 소쉬르 언어학의 모델로부터 우리를 떼어 내려는 시도이다. 소쉬르 언어학의 모델을 따르면, 단어는 단어 자체로, 단어 자체에 관해서 의미하는 것이 아니다. 아감벤은 소쉬르의 언어학 모델을 고대 그리스 신화에 나오는 오이디푸스 모델과 나란히 놓는다. 그리고 스핑크스의 관점에서 새로운 모델을 제시하고 싶어 한다. 스핑크스가 등장하는 이야기의 대부분의 판본에서, 스핑크스는 사자의 신체와 여성의 머리를 지닌, 동물 모양의 형상이다. 그것은 테바이라는 도시국가의 입구를 지키고 있으며, 테바이를 떠나거나 테바이로 들어오는 모든 여행자에게 수수께끼를 내고, 대답할 수 없는 자를 목 졸라 죽이고 먹어 치운다. 그 수수께끼는 다음과 같다고 전해진다. "아침에는 네 발, 점심에는 두 발, 저녁에는 세 발로 걷는 피조물은 무엇인가?" 오이디푸스는 정답을 말한다. "그것은 인간이다. 태어났을 때는 기어 다니고, 성인이 되면 서서 걸으며, 노인이 되면 지팡이를 짚고 다니니까." 내기에서 진 스핑크스는 자기가 앉아 있던 높은 바위에서 뛰어내려 죽었다. 소쉬르의 기호학은 항상 언어를 수수께끼로 설정했다는 것이 아감벤의 주장이다. 즉, 언어는 자신의 기의를 숨기고 있는 수수께끼 같은 기표라고 설정했다는 것이다. 스핑크스의 관점에서 기호학을 포용한다면, 언어는 의미를 숨기고 있는 것으로서가 아니라, 의미로 향하는 필연적 충동을 중지시키는 것으로서 파악될 것이다.

> 스핑크스가 제안한 것은 단순히 '수수께끼 같은' 기표 뒤에 기의가 숨겨지고 감춰져 있는 어떤 것이 아니라, 말하기의 양식이다. 이것은 한 단어가 지시하는 대상과 무한정하게 거리를 두면서도 그 대상에 접근하는 단어라는 역설에 있어서, 현전의 원초적 균열이 암시되는 말하기 양식이다.(S : 138(278쪽))

이 기호학의 정확한 규정─이것은 무엇처럼 보이는가, 이것은 아무튼 무엇을 의미하는가─에 관해 아감벤 자신은 여전히 분명하게 말하지 않고 수수께끼인 채로 있지만, 《피네간의 경야》에서의 조이스의 모델은 그 대상에 접근하면서도 그 대상과 거리를 유지하는 단어의 상황으로 우리를 데려간다. 하지만 언어의 대상은 기의로서가 아니라 언어 자체로서 읽혀져야 한다. 아감벤에게서 그러하듯이, 조이스에게서도, 의미작용의 패턴이 무너졌을 때, 단어가 의미하기를 그만두고 단어 자체에 관해 말하기 시작할 때, 언어는 자기 자신에 접근할 수 있다. 문학의

'수수께끼 같은 기의'는 언어 자체의 충만된 공허함을 향해 열기 위해 우리가 넘어서야 할 바로 그것이다.

이것은 아감벤 식의 문학이 그 본성상 실험적이어야 한다는, 읽을 수 없는 것이어야 한다는 뜻일까? 그렇지 않다. 내가 이미 분명히 밝혔듯이, 시학이 시학의 매체로부터 그것에 내속하는 무위를 이끌어 내는 한, 시학은 정밀하게 묘사할 수 있기 때문이다. 이번 절은 조이스의 또 다른 예를 인용하면서 끝마칠까 한다. 이 예에서는 실제로는 아무것도 의미하지 않는 언어의 노출이 훨씬 더 정묘하게 성취되고 있다. 조이스의 《더블린 사람들Dubliners》(2000b)의 마지막 이야기인 〈죽은 자들〉은 하녀의 관점에서 얘기가 시작되는 것으로 유명하다.

이 구절에서는, 릴리가 언어를 오용하고 있다는 점을 포착하기 위해 화자가 자유간접화법을 사용하는데, 이렇게 함으로써 이런 오용 속에서 언어 자체라는 매체를 노출시키는 언어를 제공한다. 문자 그대로 단어의 너무도 흔한 오용에서부터, 부적절한 형용사(가령 wheezy),[13] 형편없는 통사(가령 It was well for her she had not to attend to the ladies also, 나는 부인들이 돌보는 것을 하지 않아도 좋으니까 다행이었다)에 이르기까지, 이런 구절이 우리에게 질문하도록 강제하는 것은 매체에 관한 것이지 의미에 관한 것이 아니다. 분명히 조이스는 다양한 이유에서 이렇게 하기로 선택

---

[13] 원래는 숨을 쉬기가 힘들어서 '쌕쌕거리다'는 의미인데, 릴리는 이를 '쌕쌕거리며 말한다'는 의미로 사용한다.

했다.

첫째, 조이스는 대조적인 서사 문체(릴리와 가브리엘)를 제공함으로써, 그렇지만 이들의 서사 문체가 어디서 서로 뒤바뀌는지를 분명하게 하지 않은 채 제공함으로써, 리얼리즘적 허구를 지배한 전능한 화자라는 것을 의문에 부치고 싶어 한다. 둘째, 그는 글로 적힌 단어의 지배를 무너뜨리고 싶어 한다. 글로 적힌 단어는 말하기의 복잡성과 뉘앙스를 공평하게 다루지 못한다는 것이다. 셋째, 그는 이야기의 마지막 장면이 지닌 극적이고 시적인 아름다움을 부각시키기 위해 파열된 서사적 목소리를 제공하고 싶어 한다. 마지막 장면에서 가브리엘의 복잡하고 따분한, 예술적 기교를 가장한 시도는 통일되고 통일시키는 서사적 목소리에 자리를 내준다. 이것이 시학에 관한 아감벤의 이해와 완전히 일치하는 예이든 아니든, 다음은 분명할 것이다.

즉, 〔《피네간의 경야》에 비하면〕 상대적으로 "관례에 충실한" 이 산문문학에서조차도, 조이스는 우리가 언어를 언어 자체의 수단성(매개성) 속에서 다루는 입장을, 언어가 언어 자체를 위해 이야기할 수 있게 하는 그런 입장을 취하도록 우리를 강제한다는 것이다. 이렇게 함으로써 결국 조이스는 자신의 문학을 '실험실'로 사용하면서 텍스트를 넘어선 곳에 이르게 하는 것이다.

문학은 아감벤에게 많은 중요한 계기를 제공한다. 첫째, 문학 덕분에 그는 시가 언어와 맺는 관계를 의문에 부칠 수 있다. 이것 덕분에 아감벤은 자신의 '비평적' 실천을 더 명확하게 정의할 수 있게 됐다. 둘째, 문학은 모범적인 무위적 형상들인 다양한 등장인물들을 그에게 제공한다. 이것은 복잡한 철학적 형식을 극화dramatisation할 수 있게 해 준다. 셋째, 아감벤은 시를 신문과 계속 구별하려고 노력하는데, 이것 덕분에 그는 언어에 의해 완전히 뒤덮인 '목소리'와 시가 맺는 관계를 탐색할 수 있다. 마지막으로, 문학은 시적인 것을 이해하기 위한 기반을 제공한다. 이때 시적인 것이란 형식과 내용 사이의 전이trasition 매체를 검토하기 위해 형식과 내용의 관계를 중지시키는 저 광대한 재현 체계를 가리킨다.

제 7 장

증언과 메시아적 시간

Giorgio
Agamben

아감벤이 문학을 '실험실'로 간주한다면, 그는 또한 문학을 가장 절박한 윤리적 물음이 탐색될 수 있는 공간으로 여기기도 한다. 실제로 아감벤은 윤리를 위한 새로운 공간을 묘사하려고 하는 가운데 문학적인 것, 시적인 것으로 향한다.

본 장에서는 전후의 윤리라는 장場에서 이루어진 아감벤의 개입을 소개한다. 아감벤의 개입은 아우슈비츠를, 그리고 홀로코스트에 관한 서사들에서 증언의 문제를 탐색함으로써 이뤄진다. 이후 우리는 저속화profanation 관념으로 옮겨 간다. 아감벤의 작업에서 이 관념은 분리의 논리를 생각하기 위한 수단으로서 출현한다. 신적인 영역과 저속한the profane 영역 사이에서 기원하는 이 저속화 관념은 자본주의 아래서 퇴색됐다. '저속화할 수 없는 것을 저속화하라profane the unprofanable'는 그의 호소는 도래하는 세대의 임무와 또다시 연결되어 있다. 그의 정치를 떠받치고 있는 적확한 시간성은 메시아적인 것, 지금의 시간에 관한 논의에서 탐구되며, 이 시간성은 에토스를 탐구하는 '윤리'의 진정한 공간이 항상 현재와 관련되어 있다는 것을 확인한다.

| 윤리 |

철학의 중심적 물음들은 수없이 많지만, 그 모든 지류들에 놓인 근본적인 물음은 가장 좋은 삶의 방식이란 무엇인가이다. 플라톤의 《국가》에서 존 로크, 나아가 피터 싱어 같은 현대 지식인에 이르기까지, 철학은 무엇이 '좋은 삶'을 구성하는지를 탐구하고 묻고자 하는 과정이었다. 심지어 아감벤의 동시대인이자 윤리를 근본적으로 제한적이며 악하다고 간주하는 알랭 바디우에게도, 설령 부정적이라고 할지라도, 이 화두를 던질 필요가 여전히 있다.

아감벤의 윤리의 첫 번째 원칙은 "인간이 행사하거나 실현해야 할 그 어떤 본질도, 그 어떤 역사적이거나 정신적인 소명도, 그 어떤 생물학적 운명도 없다"(CC : 43 (65쪽))는 것을 파악하는 것이다. '텔로스', 기원이나 소명이 없기 때문에, 있는 것은 인간 존재에 내속하는 잠재성뿐이며, 그 잠재력을 겉으로 드러내는 것이야말로 일차적인 윤리적 임무이다. 따라서 아감벤에게 유일한 악은 잠재성을 억압해야 할 위협으로 간주하는 것이다. 아감벤에게는, 잠재성보다 현실성이 우위에 있다면서 의미를 불어넣고 고정시키려는 모든 시도는 거부되어야 한다.

《도래하는 공동체》에서부터 이미 이 논의가 보이기는 하지만, 그게 이야기의 전부는 아니다. 이후 윤리의 물음은 '호모 사케르' 시리즈로 옮겨 간다. 이 시리즈에서 아감벤의 윤리 이해는 결정적인 순간에 인간의 부끄러움의 기반을 어떻게 이해하느냐의 문제가 된다. 이것은 또다시 그를 언어로, 재현의 문제들로 이끌 것이다. 윤리적 임무라는 물음에 대한 아감벤의 응답은 복잡하고 다면적이지만, 이를 다음처럼 둘로 나누는 것이 유용할 수 있다.

1. 가장 거대한 악에 관한 물음을 접했을 때, 윤리는 판단이나 단죄의 문제가 아니라, 가장 거대한 부정의가 자행된 이들을 기억하고 표상한다는 불가능한 임무를 시도하는 문제이다. 그러므로 윤리는 역사와 언어에 관한 물음이다.

2. 윤리란 공동체의 새로운 이념을 구축하려 시도하는 임무이며, 따라서 현재의 권력 체계와 권력 구조에 대한 비판의 문제이다. 뿐만 아니라 그것은 이 새로운 에토스가 출현할 수 있는 잠재성의 조건들을 사고하는 문제이다. 그러므로 윤리는 정치에 관한 물음이다.

이것은 어디까지나 윤리에 대한 아감벤의 접근법을 축소하여 도식화한 것이지만, 이 덕분에 우리는 다음을 아주 분명하게 볼 수 있다. 즉, 그의 저작은 어느 부분도 서로 분리될 수 없다는 것이다. 윤리를 정립하려고 노력하더라도, 그 윤리가 정치적이지 않다면, 이와 동시에 철학적 물음으로서의 언어에 결부되어 있지 않다면, 그런 정립의 시도는 근본적으로 비윤리적이다. 이런 연유로 본 장에서는 앞 장들을 얼마간 요약할 수밖에 없다. 이 요약은 우리가 지금까지 추적했던 아감벤 사유의 다른 요소들을 새로운 빛 아래에서 제시할 때 유용한 반복으로 기능할 것임이 틀림없다.

이미 봤듯이, 아감벤의 작업은 미셸 푸코의 작업을 뒤쫓아, 서양의 정치적 전통에 있어서 통치 권력의 행사를 노출시키는 것과 관련되어 있다. 하지만 이것은 또한 이 주권권력의 산물들을 관찰하는 것이기도 하다. 주권의 논리가 산출하는 '호모 사케르'와 같은 경계적(문턱적) 형상들은 아감벤의 더 넓은 저작들에서 볼 수 있는데, 이것은 우리가 주권의 논리를 추적할 때 도움을 주는 매우 중요한 것이다. 그의 역사 개념과 윤리 개념은 이런 경계적 형상들에 내속적으로 결부되어 있다. 이 형상들은 그 근대적 형태에 있어서 가장 절박한 윤리적 문제들을 제기한다. 윤리는 우리에게 '타자'인 이들을 향한 개방성으로 자주 생각되는 반면, 아감벤은 윤리를 이런 주권권력 행사의 손아귀에서 가장 잔혹하게 고통을 겪은 이들에 대해 '증언'하는 임무라고 설정하면서 논의의 배치를 바꾼다.

| 아우슈비츠 |

아감벤이 윤리를 어떻게 이해하는지를 지도로 그려 내기 위해서는, 현대 사상에서 아우슈비츠가 놓인 장소를 간략하게 탐색함으로써 그의 개입 배경을 이루는 것을 제시할 필요가 있다.

현대철학과 비평이론에서는, 20세기에 나치당이 저지른 홀로코스트는 벗어날 수 없는 윤리적 지평이다. 아우슈비츠 이후 글을 쓰는 자는 누구든, 어떻게 하면 이 가장 참혹한 사건을 설명할 수 있는가를 물어야 할 뿐 아니라 어떻게 하면 미래에 이런 일을 피할 수 있는가를 물어야 한다. 이 역사의 어두운 시기에 자행된 모든 악 중에서도 아우슈비츠에서 발생한 악, 이렇게도 대규모로 이루어진 인간 생명의 철저한 파괴는 상징적 중심을 형성한다. 거기서 경험된 잔혹함이 어떤 규모였는가 하는 실상이 1940년대와 1950년대에 드러나면서, 아우슈비츠에 관한 물음을 맨 먼저 접하지 않고서는 '좋은 삶'을 관조하는 것, 일체의 지적 활동에 연루되는 것이 불가능해졌다. 독일의 철학자 테오도르 W. 아도르노는 다음과 같이 말한 것으로 유명하다. "비운에 관한 가장 극단적인 의식조차 쓸데없는 잡담으로 변색될 우려가 있다. 문화 비평은 문화와 야만의 변증법의 최종 단계에 직면했다. 아우슈비츠 이후, 시를 쓰는 것은 야만이다…"(1981 : 34).

이 진술은 아우슈비츠가 중차대하다고 강조한다. 제2차 세계대전 이후, 많은 사람들에게는 유일하게 물을 수 있는 윤리적·철학적 물음은 어떻게 하면 수용소의 공포를 피할 수 있는가라는 것이었다.

홀로코스트에 대한 철학적 응답들 중에서 에마뉘엘 레비나스 Emmanuel Levinas(1906~1995)의 응답은 의미심장했다. 레비나스는 마르틴 하이데거와 에드문트 후설의 세미나에 모두 참석한 리투아니아 태생의 유대인이다. 그는 전후 프랑스의 지적 무대에서 저명한 인물이었다. 그는 윤리, '타자성otherness' 혹은 이타성alterity에 관한 작업으로 주로 알려져 있다. 그의 작업은 그와 거의 동시대인인 자크 데리다의 철학부터 포스트-식민주의와 비판적 법 이론에 이르기까지 많은 분야에서 막대한 영향을 미쳤다. 전쟁 포로로 억류됐던 레비나스는 작업의 대부분을 상호-주관적 관계에서 생기는 현상들이 어떻게 작동하는가라는 물음에 답하는 데 할애했다.

레비나스에게는 이 같은 물음의 핵심에 타자의 요청(부름)call의 중요성, 타자들을 향한 윤리적 의무가 자리했다. 중요한 것은 이것이 말로 하는 요청verbal call이 아니라는 것이다. 응답해야 할 필요성을 느끼기 위해 내가 타자에게 귀를 기울여야 할 필요는 없다. 그러니까 레비나스에게 언어는 항상 하나의 응답 형식이기에, 나는 언어의 기초를 갖기 위해 타자에게 응답해야 한다. 따라서 언어와 존재는 타자의 현전에 관해서는 우연적이며, 윤리적 임무는 타자들에 대한 나의 책임이다. 이 '책임responsibility'이라는 말은 전통적인 관념에서의 책임이자 타자의 요청에 '응답한다respond'는 의미에서의 응답 가능성이기도 하다. 타자들과의 '대면face to face'이라는 이 형식은 윤리를 어떤 목적(예를 들어, 좋은 삶이라는 집합적 관념)을 위한 수단이 되지 않게 하려는 레비나스의 시도이다. 이는 윤리가 단순히 수단이 되지 않게 해 줄 뿐 아니라, 자기로서의 타자의 경험을 넘어선 초월론적 원칙이라는 관념 자체를 거부할 수 있게 해 준다.

아감벤의 저작이 레비나스의 저작과 교전하는 것은, 《아우슈비츠의 남은 자들》에서 부끄러움에 관해 짧게 논의한 것이 예외일 정도로 그렇게 많지 않다. 하지만 아감벤의 독해는 우선 틀림없이 윤리에 관한 레비나스/데리다의 설명과 이 두 사람이 홀로코스트와 맺는 관계를 뒷받침하는 원칙들에 대한 무언의 비판을 제공한다.

아감벤의 연구, '호모 사케르' 시리즈의 3권 《아우슈비츠의 남은 자들》은 윤리라는 문제에 비하면 그다지 대단하지 않은 영토를 포괄하려고 한다. 증언이라는 영토이다. 아감벤은 서문에서 아우슈비츠라는 물음이 과잉 단순화되었거나 모호해지는 경향에 있었다고 지적한다. "어떤 이들은 너무나 많은 것을, 너무도 빨리 이해하고 싶어 한다. 이들은 모든 것에 대한 설명을 갖고 있다. 다른 이들은 이해하기를 거부한다. 이들은 그저 값싼 신비화만을 제공한다. 우리에게 유일한 길은 이 두 가지 선택지 사이의 공간을 탐색하는 데 놓여 있다"(Agamben RA : 13 ; 15-16).

여기서 아감벤이 무엇을 염두에 두고 있는지를 짐작해 볼 수 있기는 하지만, 아무튼 그의 목표는 분명하다. 그것은 홀로코스트의 작은 측면, 즉 생존자들이 쓴 증언을 이해하는 것이다. 이 목표를 그는 다음과 같이 겸손하게 묘사한다. "저자로서는, 증언의 장소와 주제가 들어설 곳을 정하려고 시도하면서, 새로운 윤리적 영토를 작성하는 미래의 지도 제작자들에게 방향을 제시해 줄 수 있는 몇 가지 길잡이를 세우는 데 성공했다면, 이 작업이 허사가 아니었다고 생각하고 싶다"(Agamben RA : 13(17쪽). 하지만 이런 겸손함은 겉보기에만 그럴 뿐이다. 아감벤은 자신이 윤곽을 그리려고 하는 것은 '새로운 윤리적 영토'라고 주장하는 데, 이 영토는 타자에 관한 현상학적 설명이 아니라 언어에 관한 물음과 결부되어 있으며, 인간적인 것이라는 관념 자체를 증언한다는 것과 결부되어 있다.

어떤 수준에서 보면, 아감벤의 책은 홀로코스트 서사를 직설적으로 연구한 것이다. 아감벤은 홀로코스트 서사가 생존했음을 부끄러워하는 생존자들에 의해 지배되고 있다고 간단하게 지적한다. 그들은 증언한다. 그런데 무엇에 대해 증언하는 걸까? 그들은 궁극적인 부정의를, 죽음을 겪지 않았다. 그 대신 그들은 생존했으며, 증언할 수 없는 이들의 경험을 올바르게 전할 수도 결코 없다. 그러므로 아감벤이 윤리적 논쟁에 개입할 때 기초가 되는 것은 증언과 증언하기의 문제이다. 수용소에 관한 세레니Sereny의 서사에 대해 논평하면서, 아감벤은 이렇게 말한다. "이것은 그의 증언 능력이 명확하게 파산했음을, '저 어둠'이 자기 자신 위에서 절망적으로 붕괴해 버렸음을 표시한다. 그리스[비극]의 영웅은 우리를 영원히 떠나 버렸다. 그는 어떻게 하든 더 이상 우리를 위해 증언할 수 없다. 아우슈비츠 이후, 윤리(학)에서 비극의 패러다임을 이용하는 것은 불가능하다"(Agamben RA : 99[149쪽]).

비극적인 것을 윤리와 고통의 경험을 재현하는 모델로 사용하는 것은 이렇게 종언을 맞이하지만, 이 비극적인 것의 종언은 증언의 불가능성과 근본적으로 관련되어 있다. 아감벤에게 증언은 궁극적인 부끄러움을 제공하는 과정인데, 주체성의 기초에 있는 것이 바로 이 궁극적인 부끄러움이다. 프리모 레비와 로베르 앙텔므 같은 저술가들의 서사를 생존한 것에 대한 죄책 감을 드러내는 것이라고 해석하기란 쉬울 것이다. 반면, 아감벤 은 이들의 서사를 실제로는 죄책감의 경험이 아니라 부끄러움 의 경험이라고 주장한다.

아감벤에게 윤리란 고유하게 철학적인 공간인데, 죄책감은 법 에 결부되어 있기에 윤리적 범주일 수 없다. 법은 규범적 원칙 을 창출하려고 시도한다. 그 법적 규범은 도덕적 규준code으로 번역되며, 옳은 것과 그른 것 사이에서 획정하려고 시도한다. 아감벤이 말하듯이, "윤리(학)는 죄책감도 책임도 인식(승인)하지 않는 영역이다. 스피노자가 알고 있었듯이, 윤리란 행복한 삶의 교설이다. 죄책감과 책임을 떠맡는다는 것은—때로는 그렇게 할 필요가 있으나—윤리의 영토에서 나와 법의 영토로 들어가 는 것이다. 일단 이 어려운 발걸음을 내디딘 사람은 누구나 자 신이 방금 닫고 들어간 문을 통해 원래 있던 곳으로 되돌아갈 수 있다고는 생각할 수 없다"(Agamben RA : 24(33쪽)).

아감벤은 이것이 기독교의 유산이 아니라, 세속적 문화에서 법적 원칙이 윤리적 원칙과 제휴한 결과라고 주장한다. 죄책감 이 법적 측면을 갖고 있다는 것은 그가 다음과 같이 단언하기 때문에 중요하다. 즉, 증언은 사실상 증언하지 않는 것의 심급 이다. 그것은 증언의 불가능성을 빼고서는 아무것도 증언할 수 없다는 것의 심급인 것이다. 따라서 윤리는 법의 영역에 있는 것이 아니라 다른 곳에 있다. 즉, 언어에 있는 것이다.

증언의 어려움은 수용소의 경험을 소통하는 데 있어서 언어의 실패에 본질적으로 관련되어 있다. 하지만 이것이 의미하는 것은, 아우슈비츠 이후에 시를 쓰는 것은 야만이라고 했던 아도르노의 유명한 선언을 아감벤이 시인한다는 것이 아니다. 오히려 아우슈비츠는 시의, 혹은 시학의 필요성을 부각시킨다. 앞 장을 떠올려 보자. 시, 언어의 발생, "음과 의미 사이의 망설임"에 대해, 정치와 철학은 성실한 채 있어야 한다고 아감벤은 지적했다. 그렇다면 윤리가 다른 자들이 주장하듯 법의 물음이 아니라 언어의 물음이라고 하는 것도 놀랍지 않다. 그래서 증언이란, 뭔가 말할 수 없는 것에 대한 증언이게 된다.

우리는 살아남은 자들의 증언을 조사하며, 거기서 뭔가의 의미나, 이해에 도움이 될 것의 윤리적 진리 등을 탐구해야 하는 게 아니다. 아감벤에 따르면, 우리가 탐구해야 하는 것은 언어가 무너지고 무위화되고〔작동 불능이 되고〕 "언어를 갖지 않은 것" 이외의 무엇에 관해서도 증언할 수 없게 되는 순간이다. 그는 수용소로부터 생존한 사람들의 사례를 많이 소개하고 있는데, 그것들은 의미를 소통하는 것으로서가 아니라 무위적인 것으로서의 언어와 굳건히 연결되어 있다. 그 가장 두드러진 형상 중 하나는, 프리모 레비가 묘사하는 후르비네크Hurbinek의 중얼거림이라는 예이다.

후르비네크는 "아무도 아니며, 죽음의 자식이며, 아우슈비츠의 자식이었다." 이 아이는 죽어 가면서 한 단어를 반복해서 입에 담았는데, 주변 사람들은 아무리 노력해도 이 단어를 이해할 수 없었다. 레비가 '마스-클로mass-klo' 혹은 '마티스클로 matisklo'라고 필사한 이 단어는, 아감벤에게는 언어의 안인 동시에 바깥으로서 기능한다. 아감벤은 단어를 만들어 내려고 하는 필연성에 연결되지 않은 기호론을 요구했다. 그것을 떠올린다면, 이 단어를 어떻게 읽어야 하는지는 곧바로 분명해진다. 그는 다음과 같이 지적한다. 레비는 이 단어가 정의되지 못한 채여야 한다는 것을 이해했으나, 후르비네크를 추모하면서 역설적이게도 "그는 나의 이 말을 통해 증언한다"고 간주했다. 아감벤에 따르면, 후르비네크의 사례로 드러나는 것은 다음과 같다.

윤리와 증언은, 언어 이외의 무엇도 증언할 수 없다는 무능력을 등록하는 것과 관련된다. "증언의 언어는 이제 의미 없는 언어인데, 의미하지 않는다는 것에 있어서 언어로의 들어섬, 또한 다른 무의미 작용을 모으는 데 이른다. 전면적 증인의, 정의상 증언할 수 없는 자의 무의미작용을 말이다"(Agamben RA : 39(58쪽)) 증언할 수 없는 자란 죽은 자들이며, 수용소의 침묵한 형상들이다.

수용소에 관한 아감벤의 언급 중에서 가장 놀라운 특징은 '무젤만Muselmann'이라는 형상이다. 이것은 문자 그대로는 '무슬림Muslim'으로 번역된다. 이 용어의 정확한 의미와 기원은 모호하며, 이에 대해서는 서로 각축을 벌이는 몇 가지 해석들이 있다. 어떤 이들은 이들이 극단적인 영양실조를 겪고 그리하여 수용소의 '산 송장'이 된, 신체적으로 붕괴되고 정신적으로는 의식 능력이 떨어지고 먹을 것을 찾아 사방팔방을 누비는 형상으로, 멀리서 봤을 때는 예배하고 있는 무슬림이라는 인상을 줬기에 그런 이름이 붙여졌다고 한다. 하지만 아감벤에게 "이 용어에 관한 가장 그럴싸한 설명은 아랍어의 '무슬림'이라는 축자적 의미에서 발견된다. 신의 의지에 무조건적으로 복종하는 자 말이다"(RA : 45(66쪽)).

이 형상은 '궁극적 증인'으로서의 힘을 갖고 있는데, 이 힘은 이들이 인간과 비인간의 미구별 지대로 진입한다는 것에서 유래한다. 이들은 신체적으로는 살아 있으나, 자신들의 운명에 굴복했으며 그리하여 이미 죽어 있다. 이는 물론 아감벤의 '호모 사케르'를 떠올리게 한다. 또 '무젤만'이 처음 등장한 것도 《호모 사케르》라는 책에서이다. 주권권력은 다양한 형태의 벌거벗은 생명을 산출하도록 작동하는데, '무젤만' 자체는 그 작동 방식을 체현한다. '무젤만'은 수용소의 '호모 사케르'이다. 다만 '호모 사케르' 시리즈의 1권이 벌거벗은 생명의 생산을 주시하는 것과 관련되는 반면, 시리즈의 3권에 해당하는 《아우슈비츠의 남은 자들》은 이런 형상들에 관해 증언하려는 시도가 지닌 문제를 살펴본다.

윤리적 임무로서의 이것은 다양한 물음을 제기한다. '무젤만'이 말할 수 없다고 한다면, 우리는 어떻게 그의 관점을 이해할 수 있는가? '무젤만'이기 위해서는 죽어야 한다면, 그들은 자신의 이야기를 말할 수 있는가? 그런 형상들에게 또다시 침묵하게끔 폭력을 휘두르지 않고, 이들이 말하는 것을 가능케 하려면, 어떤 종류의 언어를 사용하면 좋을까? 아감벤은 이런 물음들에 대답하는 것이 어렵다고 솔직하게 털어놓는다. "'무젤만'은 〔알 수 없다는 불가능성, 볼 수 없다는 불가능성 외에는〕 아무것도 보지 못했고, 아무것도 알지 못했다. 이 때문에 '무젤만'을 위해 증언하는 것, 볼 수 없다는 불가능성을 관조하려는 것은 쉬운 임무가 아니다"(RA : 54(81-82쪽)).

지금까지 본서에서 확인한 언어와 '호모 사케르'에 관한 논의를 떠올린다면, 우리는 '무젤만'이라는 형상의 뒤에 놓인 더 넓은 철학적 물음들 중 몇 가지를 보기 시작할 수 있다. '호모 사케르'의 한 형상으로서의 '무젤만'은 인간도 아니고 비인간도 아닌 형상이다. 그는 생명정치적 기계의 산물을 재현한다. 따라서 그는 생명정치적 기계의 포함적 배제의 논리를 가리킨다. 그렇다면 '무젤만'은 서양 정치의 전통을 관장하는 역설들을 조명하는 데 도움을 줄 수 있다. 하지만 인간이 언어의 자리, 언어가 위치하는 곳, 곧 말하는 존재라면, 언어는 어떻게 '무젤만'의 비인간성을 표현할 수 있는가? 이제 우리는 아감벤의 윤리가 어떻게 재현의 윤리인지, 또 홀로코스트에 대해 쓰려는 시도가 어떻게 새로운 윤리의 언어를 발견하려는 시도인지를 알 수 있다.

윤리의 새로운 언어는 침묵의 언어임이 거의 틀림없다. 여기서는 로베르 앙텔므의 회상록 《인간이라는 종The Human Race》에 대한 아감벤의 설명을 검토하는 것이 도움을 줄 것이다. 아감벤은 볼로냐 출신의 어떤 젊은이의 특별한 사건사고에 초점을 맞춘다. 이 젊은이는 사살 대상으로 지목되어 무리들 속에서 무차별적으로 끌려 나왔을 때 얼굴이 붉게 물들었다고 한다. 이 젊은이의 겉보기의 당혹스러움은 처음에는 범상치 않아 보인다. 사살당하는 것인데 도대체 왜 당혹스러워 하는 것일까? 하지만 앙텔므와 그의 주변 사람들은 젊은이의 얼굴을 물들인 홍조를 〔누구에게나 일어나는〕 보편적 조건이라고 읽는다. "죽을 준비가 되어 있다고 나는 생각하고, 우리는 생각한다. 〔아니 사실은〕 죽음에 무작위로 선택될 준비가 되어 있다. 죽을 준비가 되어 있는 사람은 없다. 손가락이 나를 지명한다면, 나는 놀라서 이탈리아인들의 낯빛처럼 분홍색이 될 것이다"(1992 : 232).

아감벤은 다음과 같이 말한다. "그것은 마치 그의 뺨에 떠오른 홍조가 마침내 다다른 어떤 한계를 드러냈다. 마치 생명 존재 속에서 새로운 윤리적 질료 같은 어떤 것이 건드려진 것처럼 말이다. 당연히 그것은 그가 다른 식으로 증언할 수 있는 사실의 문제, 말을 통해 표현할 수도 있었을 사실의 문제가 아니다. 하지만 아무튼, 그 홍조는 몇 년의 시간 차이를 넘어서 우리에게 이르고, 그를 위해 증언하는 무언의 돈호법 같은 것이다"(RA : 104(157쪽)).

아감벤이 주체의 부끄러움을 언어의 형식성과 등치시킬 때, 그것은 결코 시적 비유conceit의 순간이 아니다. 아감벤에게 증언에 실패한 행위, 소통으로서의 경험 말고는 아무런 경험도 소통하지 못한 행위야말로 윤리의 이 새로운 개념화를 강조한다.

그토록 많은 철학자와 저술가들이 그렇게 하듯이, 인간 존재를 말하는 존재와 등치시킨다면, 부끄러움이 언어에서의 표현의 한계에 놓여 있는 것이라는 아감벤의 부끄러움 개념이 우리의 주체 개념, 인간 개념의 한계에 놓여 있는 것이기도 하다는 점은 놀랍지 않다. 부끄러움 때문에 얼굴이 붉어질 때, 이 부끄러움은 개인이 행한 것에 대한 부끄러움이 아니라 죽어야 한다는 부끄러움, 이토록 쉽사리 파괴되어 버린다는 것의 부끄러움이다. 그는 다음과 같이 말한다. "[부끄러움에 있어서] 주체는 자신의 탈주체화 외에는 다른 내용을 갖지 않는다. 그것은 자기 자신이 엉망진창이 됐다는 것, 주체로서의 자기 자신이 망각됐다는 것의 증인이 된다. 주체화이자 탈주체화이기도 한 이 이중적 운동이 부끄러움이다"(RA : 106(159쪽)). 부끄러움과 언어의 관계는 볼로냐 출신 젊은이의 붉은 얼굴에서 [시간의 간극을 뛰어넘어] 날아드는 돈호법에 이르는 운동이다. 이 운동은 복잡하지만, 아감벤의 새로운 윤리 개념의 본질을 제공하며, 또한 쓴다는 행위에 관해 우리가 사고하는 방식에 관한 도발이기도 하다.

여기서 주체화와 탈주체화의 관계를 아감벤이 어떻게 이해하는가를 간결하게 검토하는 것도 도움이 될 것이다. 4장에서 지적했듯이, 푸코와 마찬가지로 아감벤은 생명권력의 장치들을 주체들을 구축하기 위해 작동하는 것이라고 보지만, 동시에 이와 정반대인 탈주체화가 일어날 수 있는 것이라고도 본다. 아감벤이 어떤 인터뷰에서 지적하듯이, "오늘날 정치적 지형은 두 개의 과정이 펼쳐지는 일종의 전장인 듯 싶습니다. 전통적인 정체성이었던 모든 것의 파괴와 (물론 저는 아무런 향수도 없이 이렇게 말합니다.) 국가에 의한 즉각적인 재주체화가 동시에 펼쳐지는 것입니다. 아니, 재주체화는 국가뿐 아니라 주체들 자신들에 의해서도 이뤄집니다"('I am', 116). 아우슈비츠는 극단적인 탈주체화의 계기이지만 또한 재주체화의 계기이기도 하다. 아우슈비츠는 아감벤이 탈주체화의 과정을 탐구할 수 있고 언어가 이것, 즉 주체의 발화 자체의 탈구축을 증언할 수 있는 방식을 탐구할 수 있는 중요한 공간이 된다.

아감벤에 따르면, '나'라고 말한다는 것은 언표 행위의 주체가 된다는 것인데, 이것은 증언의 불가능성을 가장 분명하게 알 수 있는 계기이다. 본서의 1장에서 봤던 것과 똑같은 방식으로, '나'라고 말하는 것은 주체성 자체의 불가능성을 드러낸다. 아감벤은 이렇게 지적한다.

> 〔이 계기는〕 담론의 사건에 대한 단순한 참조 외에는 아무런 실체성과 내용을 절대로 갖지 않는다. 하지만 모든 언어 외적 의미를 벗겨내고 언표행위의 주체로서 구성된다면, 주체는 자신이 말하기의 가능성에 접근한 것이 아니라 말하기의 불가능성에 접근했다는 것을 발견한다. 아니 오히려 주체는 자신이 결코 통제하지도 장악하지도 못한 방언적glossolalic 잠재성에 의해 자신은 항상 이미 앞서 있다는 것 말이다.(RA : 116)

방언적glossolalia[1] 잠재성이 바로 아감벤의 새로운 윤리적 언어

---

[1] 종교적 황홀경에서 하는 알아들을 수 없는 말인데, 여기서는 물론이고 앞의 6장에서도 '방언'의 의미로 옮긴다.

이다. 왜냐하면 이것은 우리 존재의 본질 자체, 즉 말하는 존재의 부정적 기반을 드러내기 때문이다. 뿐만 아니라 이 방언적 잠재성은 어떻게 재현 가능성의 한 형식이 이 부정성 자체를 중단시킬 수 있는지를, 또 아감벤이 추구하는 새로운 공동체 관념을 위한 가능성의 조건을 초래할 수 있는지를 우리가 알 수 있는 계기도 드러낸다. 윤리는 이 새로운 공동체로 향하는 열림이다. 그것은 언어 자체의 비잠재성을 사용함으로써 잠재성을 가능케 하는 것이다. 증언이 진정으로 도전하는 것은 "그것이 마치 죽은 언어인 양 살아 있는 언어 안에 자리를 차지하는 것, 혹은 그것이 살아 있는 언어인 양 죽은 언어 안에 자리를 차지하는 것"(RA : 161(237쪽) ; A 1998a, 150)이다. 분명히 해 둬야 하는데, 언어를 언어로서 제시하는 것을 통해 증언하려는 이 시도는 단순히 홀로코스트 문학을 읽기 위한 수단인 것이 아니다. 이것은 더 넓은 시도, 즉 생명정치적 상태의 탈주체화 속에서 이런 탈주체화를 넘어선 삶을 위한 가능성을 보려는 시도와 결부되어 있다.

| 저속화 |

언어를 다룬 장과 정치를 다룬 장을 모두 떠올려 본다면, 아감벤에게 성스러운 것이 얼마나 중요한가를 알 수 있다. 아우슈비츠에서 '무젤만'은 주권적 예외[화]의 한계들을 드러내고, 주권권

력이 기능하는 가장 놀라운 실례들 중 하나가 됐다. 하지만 성스러운 것이 끔찍한 벌거벗은 생명과 똑같은 형태를 항상 띠는 것은 아니다. 스펙터클의 사회에는 오히려 분리의 논리가 작동하는데, 이 논리는 성스러운 것에 내속적으로 결부되어 있으나 그 결과물은 대중 소비주의의 진부함이다. 그렇지만 저속화 관념을 보는 것으로 나아가기 전에 다시 한 번 개괄할 만한 가치가 있는 것은, '호모 사케르'가 어떻게 분리와 배제의 과정에 휘둘려지는지이며, 그렇지만 이 과정이 고유하게 불안정하다는 것이다.

성스러운 인간은 신들에게 속하는 자이며, 인간human kind의 속적 세계profane world로부터 얼마간 제거되어 있다. 그러므로 성스러운 인간은 무엇보다 우선 두 세계 사이의 분리 행위에 종속되어 있다. 그렇지만 그는 여전히 속적 세계에 머물러 있으나, '성스러움의 축소될 수 없는 잔해'에 의해 표시된다. 그러므로 그가 속적 세계의 법칙으로부터 제거되어 있다는 것은, 그가 이미 신들의 소유물이기 때문에 희생제의에 바쳐질 수 있다는 것을 뜻한다. 즉, '호모 사케르'는 두 세계 중 어떤 세계의 일부도 아니다. 오히려 그는 신체, 즉 세계들 사이의 분할이나 구별이 작동되는 동시에 해소되는 바로 그 신체이다. "로마의 희생제의에서는 〔신들에게〕 봉헌된 동일한 제물의 일부가 접촉〔인간에 의한 오염〕에 의해 저속화되고 인간에 의해 소비되지만, 다른 부분은 신들에게 할당된다"(Pr : 79(115쪽)).

'호모 사케르'가 중요한 것은 이 분리의 논리가 한 개인에게서 분명해진다는 데 있다. 이 분리와 구별은 본성적이고 주어진 것이 아니라 구축되고 오류일 수 있는 것으로서 스스로를 드러낸다. 아감벤은 좀 더 최근 연구인 《세속화 예찬》에서 논증을 더 밀어붙여서, 희생이 인간들의 영역과 신들의 영역을 분할하는 문턱이며, 또한 분할 자체를 산출하는 실천이라고 한다. 그러나 만일 희생이 성스러운 것에서 저속한 것으로의 운동을 표시하는 것이라면, 그것은 예전에는 성스러웠던 것을 인류 공통의 사용으로 되돌림으로써 둘 사이의 구별이 무위적으로(작동 불능이) 될 수 있는 지점이다.

아감벤은 다음과 같은 희생의 예를 꼽는다. 어떤 동물의 일부가 인간적 영역으로부터 신적 영역으로 변용될 것이라는 예 말이다. 신들을 달래려면, 제물의 내장의 일부가 신들을 위해 따로 남겨져야 하고 남은 것을 인간이 소비해야 할 필요가 있다. 하지만 신들을 위해 따로 남겨진 내장의 일부를 인간이 건드린다면, 그것은 인간적 영역에 의해 오염된 것이기에, 인간적 영역으로 되돌려질 것이다. 즉, 문턱 활동으로서의 희생은 분리와 배제가 출현할 수 있는 지점이 되지만, 그것은 저속한 것의 영역으로 되돌려질 수 있는 잠재력을 항상 갖고 있다.

이것은 아감벤의 친숙한 정식으로, 이미 강한 인상을 줬을 것이다. 아감벤에게 종교는 인간의 세계와 신들의 세계의 관계를 질서 정연하게 하는 방식에 주목한다는 것을 표시한다. 몇몇 어원은 '종교religion'가 'religare(인간적인 것과 신적인 것을 묶고 통일하는 것)'에서 유래한다고 지적하는 반면, 아감벤은 'relegere'(Pr

: 74-75(109-110쪽))라는 어원을 따른다. 그의 지적에 따르면, 이것은 영역들의 분리를 엄수할 때의 그 주도면밀함을 가리킨다. 아감벤의 어원론은 영역들 사이의 구별과 분열을 유지하는 데 연구 혹은 재독해의 중요성을 재차 확인해 준다.

두 영역 중 하나인 성스러운 영역과 여기서 이뤄지는 희생제의 행위와 대립시켜, 아감벤은 다른 영역인 저속한 것을 찬양한다. 저속한 것은 "분리를 무시하는, 아니 오히려 분리를 특수하게 사용하는 소홀함의 특별한 형식이 지닌 가능성을 여는 것을 뜻한다"(Pr : 75(110쪽)) 즉, 희생이 한쪽 영역에서 다른 쪽 영역에 이르는 경로를 표시하듯이, 저속화는 법의 이해를 통해 성스러운 것을 공통의 사용으로 되돌아가게 하려 한다. 그렇다면 종교의 도그마를 검토하는 과정, 속적인 것을 통한 종교 연구는 종교의 논리를 극복하고 폭로하는 수단이다. 따라서 그는 세속적 사상가가 아니라고 적어 두는 것이 중요하다. 세속성secularity은 속적인 영역 안에서 성스러운 것의 구조와 논리를 고스란히 내버려 두는 것이기 때문이다. 그가 드러내려고 한다는 점에서 "종교적 기계는 한계점 또는 결정불가능성의 지대에 도달하는 것처럼 보인다. 신적인 영역이 붕괴되어 항상 인간적 영역 안으로 들어가는 과정에 있으며, 인간이 항상 이미 신적인 것(영역)으로 침입하는 그런 지점 말이다"(Pr : 79(116쪽)).

여기서 아감벤은 성스러운 것과 저속한 것의 관계를 주의 깊게 중지 상태로 유지한다. 성스러운 영역을 거부하는 것이 문제는 아니다. 둘이 서로 판연하게 분리되지 않을 듯한 점, 그것에 의해 분리 자체가 작동하지 않게 되는 점을 식별하는 것이야말로 문제인 것이다. 모든 봉헌된 것에는 "저속성의 잔해〔잔여물〕, 그리고 저속화된 모든 대상에 존재하는 성스러움의 잔여〔나머지〕가"(Pr : 78〔114쪽〕) 있다는 것은 그런 의미에서이다. 그러면 우리는 어떻게 하면 저속한 것에서 성스러운 것을, 성스러운 것에서 저속한 것을 볼 수 있는가?

아감벤은 발터 벤야민의 다음 논점으로 향한다. 벤야민은 자본주의가 본질적으로 종교적이라고 주장한다. 자본주의는 죄책감의 논리를 사용하는데, 그것은 속죄atonement나 구원redemption 없는 죄책감이며, 자신을 끊임없이 죄책감으로 향하게 하는 죄책감이다. 이것이 바로 부채의 논리이다. 그것은 우리를, 결코 벗어날 수 없는 죄책감, 훨씬 더 부채를 갖고서 만날 수밖에 없는 죄책감으로 떠민다. 성스러운 세계와 속적인 세계 사이의 분할로서의 종교 관념과 자본주의가 구별되는 것은 여기에서이다.

사실상, 종교로서의 자본주의는 "모든 것, 모든 장소, 모든 인간 활동에서 〔이것들〕 자체를 분할〔분리〕하기 위해 엄습해 오는"(Pr : 81〔118쪽〕) 끝없는 분리의 과정을 향해 작동한다. 이 분할의 논리는 상품화의 본질적 부분이다. 자본주의는 우리 소비자에게 물품을 팔기 위해 이 물품들로부터 우리를 분리해야 한다. 우리는 정체성을 구축하기 위해 옷, DVD, 신발 등을 사지만, 그런 정체성, 우리의 섹슈얼리티, 우리의 신체는 이제 '파악할 수 없는 물신'이다. 우리가 결코 이것들에 도달할 수 없다는 것, 우리가 그것들을 결코 사용할 수 없다는 것, 따라서 이것들을 거듭 거듭 구매하도록 영원히 저주 받을 것이라는 것, 우리로부터 분리된 것을 끊임없이 추구하도록 저주 받을 것이라는 점을 알고 나서야 안심하며 우리에게 제공되는 것이다. 이 과정은 우리더러 더 많이 사라고 유도하는 죄책감을 산출한다.

이 분리와 분할이라는 관념은, 전후 소비자 문화를 '스펙터클 사회'로 간주한 기 드보르의 진단과 분명히 관련되어 있다. 이미 영화에 관한 논의에서 봤듯이, "이미지에 의해 매개된, 사람들(개인들) 사이의 사회적 관계"(Debord 1995 : 12)로 특징지어지는 세계에 우리가 살고 있다는 드보르의 진단에 아감벤은 동의한다. 자본주의란 소유를, 사람들이 자유롭게 사용할 수 있는 영역으로부터 다른 영역으로 변형하는 과정이다. 이 다른 영역에서 소유(물)는 우리에게서 제거되어 분리된 소비 영역으로 이행한다. 아감벤이 보기에 이것은 소비자로서의 우리가 왜 불행한지를 설명해 준다.

우리는 일체의 사용 가능성도 없이 이런 제품들을 끊임없이 소비하며, 끊임없이 자신이 그것들로부터, 또한 우리 자신으로부터 분리된다고 느낀다. 자본주의가 우리에게 강제하고자 했던 것은 저속화의 불가능성이다. 우리를 우리 자신으로부터 분리하고, 사용 가능성이 없는 채로 우리를 내버려 두면서, 우리는 대상을 우리에게 복속시킬 수도 없고, 대상을 저속한 것으로 만들 수도 없다. 하지만 아감벤에게 이것은 그저 겉보기에만 그럴 뿐이다. 자본주의는 우리에게 그런 간계를 확신하게 만들고 싶어 하는데, 아감벤의 작업은 '저속한 배설profane defecation'을 통해 "새로운 사용 방식"을 발견할 수단을 겉으로 드러내는 것이 가능하다. 심지어 필연적이기도 하다는 점을 지적한다. 이런 '저속한 배설'은 우리를 분할하고 있는 분리를 갖고 놀 수 있게 해 준다.

여기서 중요한 것은 아감벤이 차이와 분리의 폐지를 옹호하는 것이 아니라, "새로운 사용을 가능하게 만들기 위해서, 그런 〔계급적〕 차이를 만들어 내는 장치들을 비활성화하는"(Pr : 87(126쪽)) 것을 배워야 한다고 말한다는 것이다. 여기서도 우리는 그가 성스러운 것과 저속한 것의 분할을 취하는 것을 볼 수 있다. 그는 현대사회에서 이런 분할이 (저속화될 수 없는 분리의 논리를 강제함으로써) 어떻게 무위적이게 되는가를 논증하며, 이런 분리의 논리를 그 절대적인 결론으로 밀어붙이는 (저속화할 수 없는 것을 저속화하는) 것이 얼마나 필요한가를 논증한다. 그가 거듭 우리에게 환기시키는 것은 이것, 즉 "도래하는 세대의 정치적 임무"(Pr : 92(135쪽))이다.

| 메시아주의 |

도래하는 공동체, 도래하는 정치, 도래하는 세대라는 아감벤의 탄원invocation(주문)은 그것이 어떤 종류의 시간적 논리를 취할 것인가라는 질문을 제기한다. 그것은 언제 일어날 것인가? 어떻게 일어날 것인가?

아감벤이 주창하는 절대적 저속화는 그가 자본주의에서 간파하는 분리의 논리에 도전할 뿐만 아니라, 아감벤이 《언어활동과 죽음》에서 암시한 새로운 에토스를 위한 기반을 준비하는 것이기도 하다. 본서의 3장에서 봤듯이, 잠재성과 무위는 아감벤의 저작에서 종종 메시아주의와 연결되어 있다. 그는 이 용어를 무엇보다 벤야민에게서 차용하는데, 거기서 그는 구원적 정치를 위한 모델을 찾아내고 있다. '메시아주의'라는 용어는 유대교 신학과 기독교 신학 둘 다에서 오랫동안 논쟁이 됐다. 이 용어에 대해서는 상세하고 갈피를 잡기 어려울 만큼 많은 주석이 있으며, 이 용어로부터 무수한 의미가 추출됐다. 가장 간결한 정의로는 츠비 베어블로우스키Werblowsky의 것을 들 수 있다.

> 메시아주의라는 용어는 히브리어의 'mashiah'(기름을 끼얹다(기름 부음을 받다), anointed)에서 유래하며, 신이 내린 특별한 사명을 지닌 인물이라는 유대의 종교적 개념을 나타낸다. [하지만] 이것은 넓은 의미, 때로는 아주 느슨한 의미로 사용되며, 그런 경우는 인간의 상태나 세계 상태의 종말론적인 (최후의 시간들에 관한) 개선과 역사의 최종적 완료에 관한 신앙이나 이론을 가리킨다.(Fitzmeyer 2007 : 5에서 재인용)

넓게 말해서, 유대교 신학은 두 개의 메시아적 전통을 갖고 있다. 둘 다 바빌로니아 《탈무드》에서 발견되는 랍비 요하난의 예언에서 유래한다. 이른바 "다비드의 아들은 모두가 의인이거나 모두가 악인인 세대에서만 도래할 것이다." 이런 양의성 때문에 메시아의 도래를 구원적 도래라고 보는 흐름과 묵시록적 도래라고 보는 흐름 사이의 분열이라는 결과가 생겨났다. 이 중에서 '구원적' 전통으로부터 20세기의 일군의 사상가가 나왔다. 이들은 메시아적인 것이라는 신학적 개념에서, 근대세계를 구원하기 위해 도래할 수 있는 역사적이고 정치적인 이론을 본다. 메시아적 철학을 동반하는 논리는 세계가 영광스런 통일성과 더불어 시작되었으나 이후 분열되고 타락해 버렸다. 원래의 조화를 회복하기 위해서든, 혹은 낡은 분할에 입각하지 않은 새로운 통일된 세계를 창출하기 위해서든, 세계는 함께 묶여야 한다는 것이다((하지만) 이것들의 종합은 타락한 세계의 잔재를 남기고 있을 것이다).

벤야민과 에른스트 블로흐 같은 유대계 독일인 사상가들에게서 출현한 세속적 메시아주의는 자주 마르크스주의와 결부되며, 이들은 '구원'을 도래하는 공산주의적 유토피아 같은 것으로 여겼다. 그렇다면 기독교도 분명히 고유한 구원 개념을 갖고 있고 또 인류의 도래하는 구원을 탐구한 저술가들의 오랜 전통이 있는데도, 왜 유대인의 '구원' 개념일까?

벤야민의 절친한 친구이자 유대교 학자인 게르숌 숄렘에 따르면, 기독교적 모델과 유대교적 모델에는 실질적인 차이들이 있다. 기독교에서 구원은 순수하게 정신적인 영역에서 발생하는 것으로 설정된다. "그런 사건은 ⋯ 영혼 속에, 각 개인의 사적인 세계 속에 반영되어 있으며, 외적인 그 어떤 것과도 일치할 필요가 없는 내적 변형을 초래한다"(Scholem 1963, 7-8). 반면에 유대교의 구원은 아주 공적인 사항으로, "역사의 무대"에서 발생하며, 등장해야 하고 보여져야 한다(Scholem 1971 : 1). 구원된 개인과 구원된 세계 사이의 균열은 유대교 세계에서 중요한 것인데, 이것은 *보편적 구원*을 목표로 하는 마르크스주의와 결부된다.

하지만 유대교적인 메시아주의 관념 안에는 두 개의 또 다른 분열이 있다. 이것이 벤야민과 아감벤 둘 다의 작업에 있는 모종의 긴장 상태를 이해하는 열쇠가 된다. 그것은 회복적 메시아주의와 유토피아적 메시아주의이다. 숄렘에 따르면, 회복적 메시아주의는 "[지금은] 이상적이라고 느껴지는 과거 상태로의 회귀와 재창조로 …, 사물의 원래 상태의 재수립(회복)으로, 그리고 '조상들과 함께 하는 삶'으로" 그 시선을 돌린다(Scholem 1971 : 3). 하지만 유토피아적 전통은 완전히 새로운 어떤 것, 결코 존재한 적이 없는 세계를 산출하려고 한다. 이 두 경향은 항상 공존하며, 서로가 서로를 건드리고 있으며, 섞이지는 않으나 서로 확연히 분리된 적이 결코 없다. 우리는 벤야민의 메시아주의를, 그리고 이에 대한 아감벤의 사용을, 이 두 경향을 동등한 척도로 함께 묶고 '정지 상태'에서 이것들 각각을 불안정하게 하려는 시도라고 범주화할 수 있다.

아감벤은 메시아주의의 그 어떤 '회복적' 측면에 관해 아무런 향수도 없음을 분명히 밝힌다. 사실상 메시아주의는 파괴적 성격을 갖고 있다. 그것은 세계를 한 번도 존재한 적이 없던 지점으로, 새로운 에토스로 '회복(복귀)'시키려 한다. 본서의 1장(p.19 ; 42-43쪽)에 나온 조르조 카프로니의 시를 떠올린다면, 이 지점과 새로운 에토스는 근본적으로 새로우며 완벽하게 낯익은 것이다. 메시아적인 것에서, 우리는 아감벤과 벤야민의 역사 관념이 함께 묶이는 것을 볼 수 있다. 이 역사 관념은, 현재에 새로운 미래를 산출하기 위해 지배적 구조와 체계를 묘사하려는 시도이다.

아감벤은 《남은 시간The Time That Remains》에서, 메시아적인 것의 본성을 더 명료하게 제시한다. 또 메시아적 '소명'이 얼마나 정치적·윤리적으로 중요한지도 제시한다. 《남은 시간》에서는 메시아적인 것의 시간적 차원이 더 명료하게 해명된다. "[이런 의미에서] 메시아적 소명은 내재성의 운동이다. 아니, 이렇게 말해도 좋다면, 내재와 초월 사이의, 이 세계와 미래 세계 사이의 절대적인 비식별 지대이다"(TTR : 25). 여기서 열쇠는 메시아적인 것이 현재와 미래 사이의 시간적 구별을 식별 불가능하게 만든다는 것이다. 그리고 이 '소명'에 대한 열쇠가 잠재성이라는 것은 아마 놀랍지 않을 것이다. 메시아적인 것의 왕국(영역)에 있다는 것은 윤리와 마찬가지로, "~이 아닌 듯이as not"의 잠재성에, 그 가능성에 열려 있다는 것이다. 사도 바울이라는 성경의 형상이 열쇠인 까닭은, 그가 유대교의 법을 무위로 만듦으로써 이를 중지시키려 하기 때문이다.

바울의 무위는 열쇠가 되는 또 다른 아감벤의 용어로 우리를 이끈다. 그것은 남은 것the remnant이라는 용어이다. 바울이 유대

교의 법을 무위로 만듦으로써 산출하는 것은 남은 것이다. 그
것은 법의 분리로부터 남아 있는 것이지만, 분리된 것으로 환원
될 수 없다. 여기서 중요한 분할은 남은 것을 산출하는 유대인
과 비유대인 사이의 분할이다. 신학에서 남은 것은 "종말론적
파국에서 생존한" 이들로 흔히 이해됐다. 즉, 최종적 파괴에서
생존한 소수의 선택된 자들인 것이다. 하지만 아감벤은 시간의
종언 후에 시간을 정립하는 이 묵시록적 메시아주의를 거부한
다. 오히려 아감벤이 주장하려는 것은, 남은 것이 메시아적 사
건과의 관계 속에 항상 포함되어 있다는 것이다.

그것은 구원될 필요가 없다. 그것은 종말론적 시간의 남은 것
이 아니라 보통의 시간 안에 존재하는 것이다. 고대 그리스어에
서 '크로노스chronos'는 연대기적(시간순으로 계기하는) 시간을 뜻
하는 반면, '카이로스kairos'는 일종의 '사이in-between'의 시간을
의미한다. 아감벤의 지적에 따르면, 이 대립은 메시아적인 것과
관련하여 가짜 대립이다. "우리가 '카이로스'를 붙잡고 있을 때,
우리가 포착하는 것은 또 다른 시간이 아니라 수축되고 단축된
'크로노스'이다"(TTR : 69). 따라서 메시아적인 것은 시간 이후의
어떤 시간에서가 아니라 보통의 시간에서 열려져 있다. 그 남은
것은 모든 시간에서 존재하지만, 초래되고 파악되어야 한다.

메시아는 이미 도착해 있다. 메시아적 사건은 이미 일어났다. 하지
만 그 현전은 자기 내부에 또 다른 시간을 담고 있다. 그 시간은 메
시아적 '임재parousia'를 늘어지게 하지만, 이는 임재를 지연하기 위

해서가 아니라 이를 파악할 수 있는 것으로 만들기 위해서이다. 이 때문에 매 순간은, 벤야민의 말을 사용한다면, "그것을 통해 메시아가 들어오는 그런 작은 문"이다. 메시아는 항상 이미 그의 시간을 갖고 있으며, 이는 그가 시간을 그의 것으로 만드는 동시에 시간을 충만하게 한다는 것을 뜻한다.(TTR : 71)

우리는 이제 메시아적인 것을 떠받치고 있는 시간성을 더 잘 이해할 수 있는 위치에 있다. 아감벤이 말하는 도래하는 정치에 관해서도 그럴 것이다. 바울이 겉으로 드러낸 것인 법의 비활성화에 있어서 열쇠는, 이 비활성화가 부정하거나 무화시킨다는 것이 아니라, 무위로 만든다는 것이다. 이렇게 하는 데 있어서 그것은 시간의 종언을, 종말론을 창출하려 애쓴다는 것이 아니다. 이것들 이후에 어떤 다른 것을 정립해야 하는 그런 종말론을 창출하려 애쓴다는 것이 아니다. 다른 한편으로, 이는 법의 구조들이 회귀할 수 있도록 허용한다는 것도 아니다. 그러므로 그것은 종말론적인 것이든 무한한 연기의 하나이든, 미래를 향한 응시가 아니며, 과거로의 회귀도 아니다. 오히려 그것은 새로운 형태의 사용으로, 새로운 공동체 모델로, 행복한 삶으로 자기 자신을 여는 시간이다.

아감벤은 벤야민에 관한 어떤 논문에서 이렇게 말한다. 행복은 결코 일어난 적이 없는 것을 경험할 때에만 성취된다고 말이다. 여기서 시간성은 중요하며, 아감벤은 그 중요성을 강조하기 위해 이 용어를 강조 표시를 달아 거듭 말한다. "하지만 이것—

결코 일어난 적이 없었다—이야말로 인류의 역사적이고 또한 전적으로 현행적인 고향이다"(P : 159 ; A 2005 a, 235). 그것이 결코 일어난 적이 없었다는 사실은 그것이 항상 이미 일어나고 있다는 것을 뜻한다.

바로 이 지점에서 우리는 《언어활동과 죽음》에서 우리가 마주쳤던 인류의 윤리적 고향과 마주친다. 그것은 아감벤의 모든 사유를 떠받치고 있는 윤리적 고향이다.

증언과 무젤만, 저속화와 남은 것

아감벤은 타자와의 관계를 통해 사고하려는 시도로서 윤리에 접근하는 게 아니라, '인간의 고향'과 마주치려는 시도로 접근한다. 이 시도는 인간 존재의 방언적 잠재성으로 향함으로써 이뤄진다. 그가 아우슈비츠와 마주치고, 또 홀로코스트 생존자들의 증언과 마주치는 것은 언어의 사용 방식을 사고하려는 시도로 볼 수 있다. 즉, 언어가 홀로코스트 이후에 쓰기의 불가능성을 재현하기 위해 사용될 수 있다는 게 아니라, 권력 체제를 와해하기 위해 언어 사용이 필연적임을 재현하기 위해 사용될 수 있다는 것이다. 이것이 저속화에 대한 아감벤의 탐구를 열게 만들었다. 그의 논증에 따르면, 자본주의를 추동하는 분리를 파괴하기 위해서는, 또 세계를 저속화된 것으로 만들기 위해서는, 그리하여 인류의 영역에 속하게 하기 위해서는 저속화가 필요하다. 자본주의를 저속화함으로써 새로운 사용 방식이 열린다는 것은, 메시아적 시간의 이해가 비활성화의 힘을 조명하게 되는 방식과 유비적이다. 사도 바울에 관한 아감벤의 분석에서 우리는 남은 것의 생산을 본다. 이때 남은 것이란 연대기적인 시간도 종말론적인 시간도 아니다. 이것이 여는 공간에서 도래하는 공동체는 인류의 진정한 고향을 겉으로 드러낼 수 있다.

아감벤 이후

Giorgio Agamben

아감벤은 매우 생산적이다. 그것은 바라건대 앞으로도 여러 해 동안 그럴 것이다. 그렇다면 장의 제목을 '아감벤 이후'라고 붙이는 것에는 명백한 모순이 있다. 그래서 여기서는 아감벤 이후에 관해 말하는 대신, 그가 사회과학과 인문과학에서 어떻게 다뤄졌는가를 탐구하고 싶다. 그의 작업에 대한 생산적 흡수와 부정적 흡수를 둘 다 강조하기 위해서다. 그래서 이번 장은 두 개의 절로 나뉜다. 1절은 정치철학에서 몇 가지 대표적 오독의 사례들을 검토한다. 2절은 좀 더 사변적이다. 2절에서는 아감벤의 사유가 현대를 이해하는 데 어떤 방식으로 도움을 줄 수 있는지를, 바라건대 확고하게 보여 줄 것이다. 이것이야말로 그의 작업이 갖고 있는 진정한 효력이리라.

| 아감벤을 읽는 것의 정치　　　　　　　　 |

아감벤의 작업이 가장 대서특필된 것은 정치철학 분야라고 해도 과언이 아니다. 《호모 사케르》의 영어판이 출판된 것이 1998

년이다. 이듬해에는 네 권의 책이 영어판으로 나왔고, 무수한 분야에서 아감벤의 존재를 곧바로 알아차리게 됐다. 하지만 최근까지도, 그 분포는 일반적으로 정치철학이라고 규정된 분야에 편중되어 있다. 아감벤의 작업에 응답하는 글을 쓴 사람들은 문학 연구, 비교문학, 법학 연구 등의 영역에 속한 비평가들이었는데, 이런 반응은 대개 《호모 사케르》 시리즈에 대한 것이었다. 예외는 있다. 독자들은 아감벤에 관해 다뤘던 두 개의 잡지 특집호를 읽는 편이 좋을 수 있다. 하나는 《패러그래프 Paragraph》 25권(2호, 2002)이며, 다른 하나는 지금은 폐간된 《콩트르탕 Contretemps》 5권(2004)이다. 이 특집호들에는 미리 정해진 주제가 없었기 때문에, 그 이후에 나온 특집호들[논문집]과 비교하면 아감벤의 저작군을 더 광범위하게 포괄했다. 단행본으로 처음 나온 2차 문헌집은 앤드류 노리스가 편집한 《정치, 형이상학, 죽음 Politics, Metaphysics and Death: Essays on Giorgio Asamben's 'Homo Sacer'》이다. 이 논문집은 다양한 분야의 학자가 《호모 사케르》에 대한 비평적 평가를 했다는 특징이 있다. 이 책에 수록된 많은 글들은 유용한 개입과 논평을 제공했다. 하지만 어느 정도까지만 그렇다고 말할 수 있는데, 이 논평들은 《호모 사케르》를 아감벤의 다른 저작들로부터 너무 많이 떼어 놓은 채 다루고 있다. 본서에서 지적했듯이, 아감벤 사유를 관장하는 초점과 구조는 아감벤의 좀 더 후년의, 좀 더 정치적인 저작들에 초점을 맞추게 되면 놓치게 된다.

단행본으로 나온 두 번째 논문모음집은 매튜 칼라르코와

스티븐 데카롤리가 편집한 《아감벤에 관하여: 주권과 생명On Agamben: Sovereignty and Life》이다. 이 책이 포괄하는 범위는 첫 번째 논문모음집보다 넓으며, 안토니오 네그리, 도미니크 라카프라, 폴 패튼의 중요 논문들이 수록되어 있다. 우생학과 생명정치를 다룬 캐서린 밀즈의 것처럼 몇 개의 논문들은 중요한 간학제적 개입을 제공한다. 하지만 다른 논문들은 아감벤을 정치적 허무주의자라고 보는 흔해빠진 비난을 반복하는 듯하다. 이런 주장이 뭔지를 탐구하고 또 그 주장이 어느 정도나 타당한지를 묻기 위해서는, 에르네스토 라클라우의 논문인 〈벌거벗은 생명 혹은 사회적 미결정Bare Life or Social Indeterminacy〉을 검토해야 한다.

라클라우는 널리 알려진 마르크스주의 정치철학자이자 샹탈 무페와 함께 《헤게모니와 사회주의 전략Hegemony and Socialist Strategy》(1985)[1]이라는 영향력 큰 연구서를 썼다. 라클라우의 아감벤 비평은 아감벤의 계보학적 혹은 어원론적 방법론에 대한 비판에 기초를 두고 있다. 라클라우는 이렇게 말한다.

그의 텍스트를 읽어 보면, 용어나 개념이나 제도의 계보[학]을 수립하는 것으로부터, 현대적 맥락에서 이것이 현실적으로 어떻게 작동하고 있는지를 규정하는 것으로 너무도 빨리 비약하고 있다는

---

[1] 에르네스토 라클라우, 샹탈 무페, 《헤게모니와 사회주의 전략》, 이승원 옮김, 후마니타스, 2012.

아감벤 이후 |

느낌을 받는 경우가 종종 있다. 어떤 의미에서 기원은 그 뒤에 일어나는 것보다 은밀하고 결정적인 우위를 갖고 있다는 느낌 말이다.(Laclau 2007, 11)

라클라우에 따르면, 이 계보학은 구조주의에 빠지고 말 것인데, 아감벤의 구조주의는 너무 경직되어 있다. 그리하여 결국 아감벤은 아감벤 같은 필자가 혐오하는 종류의 접근법인 목적론적·구조주의적 사상가로 귀결된다. 그래서 라클라우는 아감벤이 도달하는 결론이 근본적으로 허무주의적이라고 지적한다. 왜냐하면 아감벤의 결론은 작금의 정치적 영역에서 구조적 다양성에 대한 잠재성을 부정하며, 따라서 정치적 행동(활동)의 가능성을 부정하기 때문이다. 이는 아감벤이 강제수용소 이미지를 서구 정치의 이미지로 내세운다는 점에서 포착된다. 이 점에 관해 라클라우는 이렇게 노골적으로 말한다.

근대의 정치적 구축 과정 전체를, 강제수용소라는 극단적이고 멍청한 패러다임을 둘러싸고 통일시킴으로써 아감벤은 어떤 왜곡된 역사를 제시하는 것에서 그치지 않고 더 많은 것을 한다. 즉, 그는 우리의 근대적 유산이 열었던 해방의 가능성들에 대한 모든 가능한 탐색을 차단해 버린다.(Laclau 2007, 22)

이런 입장은 다음과 같이 주장한다. 즉, 현재의 (사)법적-정치적 구조에는 근본적으로 값어치 있는 것들이 있고, 이런 것들을 내다 버려서는 안 된다. 이런 구조들이 (생명정치적) 운명을 겪기는 했으나, 그런 극단적인 예들은 그런 구조에 내속적으로 결부된 것이 아니기 때문이다. 라클라우와 같은 사상가에게 우리의 '근대적 유산'은 지배하는 힘들에 의해 형성된 것인 동시에, 이런 힘들에 대한 저항으로도 형성됐다. 그리고 근대적 유산을 형성하는 요소에 포함되어 있는 어떤 유동성은 지배하는 힘들과 이 힘들에 대한 저항을 경직되게 하지도 않으며, 진정으로 영속적인 헤게모니를 행사하게 하지도 않는다. 라클라우와 무페가 개괄하려 애쓴 마르크스주의는, 사회체로부터 어떤 형태의 적대적 정치를 끌어 낼 수 있는 마르크스주의이다. 사회운동의 힘을 활용할 수 있는 적대적 정치. '고전적' 마르크스주의처럼 교조적이지 않고 오히려 전환과 변화에 대응할 수 있는 적대적 정치. 이들이 개괄하는 것은 "사회적인 것의 복수성이 발생되는 해방적 담론이 지닌 저 무한한 상호 텍스트성으로" 스스로를 "희석시킬"(Laclau & Mouffe 2001, 5) 수 있는 마르크스주의에 대한 요구이다.

우리가 여기서 얻는 이미지는 정치적 전략이라는 관념에 급진적으로 열려 있는 이미지이다. 따라서 라클라우 등이 말하는 적대적 정치는 하나의 체계가 사물을 총체화할 수 있다고 주장해서는 안 된다. 혹은 주권이나 국가의 수준이라기보다는 사회적인 것의 수준에서 일어날 수 있는 변화에 이 체계가 대응할 수 없다고 결코 주장해서는 안 된다. 하지만 아감벤이 자신의 작업들 전체를 통해 분명히 하듯이, 또 내가 본서를 통해 줄곧 지적했듯이, '전략'은 아감벤 작업의 핵심 부분이다. 아감벤의 작업에 힘을 부여하고 그의 생명정치 비판에 강점을 부여하는 것은 바로 도래하는 공동체라는 관념이다. 기 드보르와 메트로폴리스에 관한 강연에서 아감벤이 말하듯이, "아무리 '순수'하고 일반적이고 추상적이고자 노력하더라도, 모든 사유는 항상 역사적·시간적인 기호에 의해 표시되며, 따라서 전략과 긴급성 속에서 포획되고 다소간 연루되어 있다"(ᴹ¹). 그렇다면 아감벤의 저작은, 아무리 추상적이라고 하더라도, 현재에 대한 그의 관심과 항상 관련되어 있다.

라클라우의 아감벤 독해는 아감벤의 정치적 입장에 관해 지난 10년 동안 회자됐던 많은 '비판들'을 보여 주는 징후이다. 그의 입장에 대한 여타의 직접적인 비판은 보통 아감벤의 문헌학에 대한 대항—문헌학이 되고 있다. 그리하여 아감벤의 비판적 계보학이 지닌 고도로 색다른 본성을 드러낸다. 로랑 뒤브레유 Laurent Dubreuil를 예로 들어 보자. 그는 다음의 것을 강조한다. 아감벤은 조에와 비오스의 구별에 관한 한나 아렌트의 독특한 이해를 추종하고, 이로부터 삶에 관한 고대 그리스적 관점에 대한 총체화된 이해를 추정해 냈다는 것이다. 뒤브레유의 논증에 따르면, 여기에는 특수한 언어적 형식이 개입하며, 이것이 과잉일 정도로 개념적으로 작동하고 있다. 이런 작동은 구체적인 역사적 정초라기보다는 고도로 정치화된 술책으로 이해되어야 한다. 뒤브레유는 다음과 같이 말한다.

아감벤은 아리스토텔레스의 텍스트들을 단순화한 다음, 이 텍스트들을 '그리스인들'이라는 거창한 실체[존재자]로 녹여 버린다. 권위에 의해 근거가 마련되지 않은 논점 속에 내장되어 있는 것은 입에 담지 않은 모티프[동기]들의 네트워크이다. 우리는 이것을 노출시키고, 이어서 고발해야 한다. '정치적 실존' 전체를 언어[로고스]에 단단히 정박시킬 때조차도, 아감벤은 혀에 있어서의 의미론적 현상에 귀를 기울이지 않는다.(Dubreuil 2006 : 86)

여기서의 논점은 아감벤의 저작이 '그리스인들'을 서구 문화의 근간이라며 특권화하지만, 이렇게 함으로써 이런 진술에서 유통되고 있는 권력과 권위에 관한 물음을 완전히 덮어 버리고 싶어 한다는 것이다. 고대 그리스 문화의 복잡성과 언어 사용의 복잡성은 삶[생명]을 정치적 삶으로 포괄적으로 묶으려는 아감벤의 시도를 불안정하게 만든다. 뒤브레유의 목표는 모든 삶이 생명정치라는 덫에 걸려 있다는 관념, 그리고 저항의 유일한 기반은 그런 질서 내부로부터만 나올 수 있다는 관념에 굴복하기보다는 "정치의 바깥에 있는 삶을 긍정한다"(Dubreuil 2006, 97)는 것이다. 어쩌면 뒤브레유는 아감벤이 생명정치적 포획을 넘어선 삶을 찬양하고 있다는 것, 아감벤의 저작에서 무위를 더 폭넓게 의지처로 삼고 있다는 것을 간과하는 것일 수도 있다.

이렇게까지 비판적으로 관여하는 것은 아니더라도, 피할 수 없는 시도도 속속 출현하고 있다. 그것은 '호모 사케르'라는 패러다임과 벌거벗은 생명에 대한 심문을 문화적·정치적·문학적 현상들을 독해하는 수단으로 사용하려는 시도이다. 4장에서 봤듯이, 아감벤의 저작은 동시대 생명정치적 실천들의 본성을 파악하기 위해 활용됐다. 현재라는 정치적 시점moment의 복잡성을 드러내는 진단 장치로 아감벤을 사용하려 하는 시도는, 엄격함을 유지하고 있는 한 중요하다. 또한 이런 시도들이 이용하는 예들이 아감벤의 실천의 유효성을 드러내는 예라기보다는 그의 실천에 대한 성찰의 수단으로 사용되는 한 중요하다. 하지만 이런 형태의 '실천적' 탐문이 아감벤을 자신의 담론 영역에 끌어들여 '호모 사케르 찾기spotting' 놀이를 하고 싶어 하는 비평가들로 인해 무색해지고 있다는 것도 확실하다.

이런 방법론 지지자를 여기서 개별적으로 지목하고 싶지는 않으나, 일부 개별 저자, 예술가, 영화감독들이 자기들 작품이 벌거벗은 생명의 역설적 본성을 표상[재현]하고 있음을 드러내려 하는 것은 사실이다. 그 목적은 물론 작가/예술가가 아감벤을 읽지 않고도 주권적 예외[화]와 벌거벗은 생명의 본성을 포착하는 데 얼마나 경이로운 통찰력을 갖고 있는지를 증명함으로써 작가/예술가의 급진화를 급진적인 방식으로 파악하는 것이다. 연상association에 의한 이런 종류의 급진화는, 설령 그것이 생산적인 개입을 제공할 수 있다손 치더라도, 아감벤을 통해 중요하지 않은immaterial 탐사와 검토를 하고, 잘해 봤자 작가/예술가에 대한 비판적 재검토일 뿐이다. 최악의 경우에는 단순히, 비평 이론에서 일시적 유행을 좇아 차세대 '거물'을 사용하는 것일 뿐이다. 현대의 학계를 지적인 생산 방앗간이라고 규정한다면, 아감벤은 거기에 놓인 새로운 곡물인 셈이다.

| 현대인인 아감벤 |

본서를 마무리하기 위해 나는 다음을 지적하고 싶다. 아감벤의 사유는 문헌학이나 정치 이론에 관한 아카데믹한 논쟁보다 훨씬 더 많은 것을 우리에게 제공한다. 아감벤의 저작을 지적 문제들에 대한 진단 키트로서 읽으려는 시도는 완전히 엇나간 것이다. 우리가 살고 있는 스펙터클 문화에서 우리는 자신의 예종 subjection을 소비하고, 타인들의 심각한 예종을 못 본 척하고 있다. 이 문화에서 정치가 정말로 '지속적인 퇴색lasting eclipse'에 들어서고 있음을 인정하기란 어렵지 않다. 하지만 몇몇 나라들에서 행해진 민주주의적 선거라는 히스테리한 서커스가 최근 보여 줬듯이, 좌파와 우파라는 범주는 공허해지고 있다. 좌파는 단순히 "좋은 민주주의 체제의 가면〔선량한 민주주의적 시민이라는 위선적 가면〕"인 반면, 우파는 "거리낌 없이 탈주체화로 향한다"(Agamben WA? : 22). 주권권력에 맞서 모이고 싸울 수 있는 집합적인 사회적 주체들, 행위자들이라는 과거의 관념은 '오이코노미아'에게 철저하게 밀려나고 있다.

아감벤의 최근 저작에서 '오이코노미아oikonomia'는 행정의 자기 증식하는 이코노미로서의 통치 형태를 부르는 이름이 된다. '오이코노미아'는 순수한 존재에 대해 자신의 의지를, 또 자신의 통제와 지배의 과정을 부과하면서 주체성 범주를 통제하기 위해 이 범주를 탈주체화하려고, 텅 비게 하려고 한다.

'오이코노미아'의 예전 형태들은 주체화를 실정적으로 구축하는 것을 목표로 했지만, 아감벤이 보기에 우리는 이제 주체화와 탈주체화가 '서로 차이가 없어진' 세계 속에서 살고 있다. 아감벤이 "지금까지의 인류 역사에 존재했던 것 중에서 가장 유순하고 가장 겁이 많은 사회체〔지금까지 인류 역사상 가장 순종적이고 허약한 사회체, 45쪽〕"라고 서술한 주민은 관찰과 감시의 과정을 통해 우리를 탈주체화하려는 시도를 판에 박힌 듯 뻔하게 받아들이고 있다. 하지만 그렇다고 해서 우리가 궁극적인 '유순한 신체'가 됐다는 안도감을 국가장치가 얻게 된 것은 아니다. 아감벤에 따르면, 다음은 역설이 아니다.

> … 후기산업 민주주의의 시민이 … 주문 받은 것은 뭐든지 열심히 수행하면서도 일상적인 몸짓이나 건강, 휴식이나 일, 영양 섭취나 욕망을 가장 미세한 부분에 이르기까지 장치들에 의해 지휘되고 통제되도록 내버려 둘 때, 권력은 이런 무해한 시민을 (어쩌면 바로 그 때문에) 잠재적인 테러리스트로 간주하게 된다.(WA? : 22-3(45-47쪽))

세계의 모든 국민국가들이 우리 모두를 테러리스트 용의자로 간주할 필요를 느껴서 생체 인식과 감시를 행한다는 사실은 우리를 통제하려는 장치들의 시도가 무위임을 가리킨다. 이 전 지구적 통치기계는 우리를 파국으로 효과적으로 이끌고 간다. 우리가 아무 생각 없이 껴안고 있는 듯한 파국으로 말이다.

하지만 이 비판은 어떤 일이 있더라도 결코 어떤 형태의 향수로 간주되어서는 안 된다. 과거를 찬양하고 우리 시대를 쇠퇴의 시대로 간주하는 시도 말이다. 오히려 우리는 아감벤의 저작을 최선의 방식으로 동시대적이라고 간주해야 한다. 아감벤은 과거를, 과거의 구조와 논리와 구조물을 탐구하는데, 이 탐구는 과거가 현재에도 영속되고 있음을 알아차리는 눈과 더불어 이뤄진다. 동시대적이라는 것은 궁극적으로는, 현재의 어둠이 과거로 자신의 그림자를 어떻게 투사하는지(87-88쪽)를 본다는 뜻이다. 그렇다면 아감벤의 저작은 그림자를 추적하는 것이며, 우리의 역사적 구조를 보려는 시도이다. 곧, 아감벤에게 현대적(동시대적)이라는 것은 현대의 어두운 빛을 통해 과거와 대면한다는 것이다. 하지만 그 과정은 현재를 바꾸지 않은 채로 가만 두는 게 아니다. "이런 뜻에서 동시대인이 된다는 것은 우리가 결코 있어 보지 못한 현재로 되돌아간다는 것을 뜻한다"(WA? : 51-2 (85쪽)).[2]

---

[2] 1장의 카프로니 대목을 참조.

아감벤의 모든 것

Giorgio Agamben

아감벤의 저작은 대부분 영어로 번역되어 있지만, 최근 이탈리아어로 출판된 상당수의 책들은 지금 번역 작업이 진행 중이다. 따라서 다음의 저서 목록은 향후 더 확충되어야 한다. 거듭 지적했듯이, 아감벤의 저작군은 사방팔방으로 뻗어 나가고 있다. 그의 저작이 명쾌한 논증이나 설명적 방식으로 전개되는 경우는 드물다. 그러므로 어떤 책부터 읽기 시작해야 할지를 조언하기란 어렵다. 다만, 《잠재성들: 철학 논문 모음집Potentialities: Collected Essays in Philosophy》[1]은 연대기와 내용이라는 두 가지 면에서 아감벤의 문체와 방법에 대한 감을 전달하기에 충분한 범위를 다루고 있다. 반면, 《목적 없는 수단》은 아감벤의 가장 명석하고 직접적인 모습을 제시한다. '호모 사케르' 시리즈를 읽기 전, 이 시리즈와 씨름하는 데 필요한 어느 정도의 명쾌한 독해를 얻을 수 있다. 《언어활동과 죽음》은 아감벤의 저작에 진입하는 데 여전히 가장 중요한 입구가 되는 책이다. 아감벤은 이 책에서 언어에 대한 자신의 접근법을 어느 정도까지 제시하며, 기반에 관한 중요한 물음들에 관해 논의한다. 그러나 이 텍스트는 추상적이며, 마르틴 하이데거에 친숙하지 않은 독자들은 많은 것을 얻기가 어렵다. 그래도 아감벤의 언어 탐구를 진척시키는 데 필요한 강력한 기반을 독자들에게 제공할 것이다. 그 다음부터는, 독자들이 걸어야 할 길은 정해져 있지 않다. 많은 것이 개별 독자의 관심에 달려 있다. 정치로 나아갈 수도 있고, 문학에 흥미를 품을 수도 있다. 그래도 쩔쩔매는 독자가

---

[1] 영어로 독자적으로 편집된 논문집이다. 오히려 영어판이 나오고 나서 이탈리아어로 《사유의 역량》이 나왔다. 물론 두 책은 내용이 상당 부분 겹치지만, 《사유의 역량》쪽이 증보된 것이라고 보면 되겠다.

있다면《행간Stanzas: Word and Phantasm in Western Culture》으로 나아가고, 그런 후에《호모 사케르Homo Sacer: Sovereign Power and Bare Life》, 그러고 나서《열림The Open: Man and Animal》으로 가라고 권하고 싶다.

| 아감벤의 저작[*] |

1) 머레이가 언급한 책

Agamben, G. ('B') "Bodies without Words : Against the Biopolitical Tatoo", *German Law journal* 5, no. 2 (2004) : 168-9. ; "Se lo stato sequestra il tuo corpo," *La Repubblica*, Roma : La Repubblica, Jan. 8, 2004, pp. 42-43.

_____ (CC) *The Coming Community*, trans. Michael Hardt, Minneapolis : University of Minnesota Press, 1993. ; *La comunita che viene*, Torino : Einaudi, 1990.(《도래하는 공동체》, 이경진 옮김, 꾸리에, 2014.)

아감벤이 말하는 '임의의 존재'라는 개념은 공동체 개념을 재사유하는 기반이 되는 것인데, 이 개념을 개괄하는 소론과 단편을 모은 책,

---

[*] 알렉스 머레이의 원서에는 영어판과 그에 따른 '약칭'의 순서로 정리되어 있다. 이를 존중하면서 영어판, 이탈리아어판, 한국어판 순서로 정보를 추가했다. 또한 머레이가 여기에 적지 않은 책들도 추가했다. 이런 경우 약칭을 먼저 제시하지 않고 한국어 제목 후에 이탈리아어 서지 정보를 붙였고, 책에 대한 정보는 옮긴이가 직접 작성했다.

문체라는 측면에서 보면 그의 저작 중 가장 도발적인 책이지만, 그의 사유 지평을 이해하는 데 필수적인 저작이다.

_____ ('DR') 'Difference and Repetition : On Guy Debord's Films', trans. by Brian Holmes, in Tom McDonough (ed.) *Guy Debord and the Situationist International*, Cambridge, MA : MIT Press, 2002, pp. 313-20.

_____ (EP) *The End of the Poem : Studies in Poetics*, trans. Daniel Heller-Roazen, Stanford, CA : Stanford University Press, 1999. ; *Categorie italiane. Studi di poetica*, Venezia : Marsilio, 1996.

단테 알리기에리Dante Alighieri부터 조르조 카프로니에 이르는 이탈리아 시에 관한 일련의 논문을 수록한 책. 아감벤은 시를 시 작품poem 의 끝(종언) 부분에서 리듬적 요소와 의미적 요소 사이의 긴장을 말소함으로써 의미를 정하려고 하는 것에 대한 불안에 의해 정의되는 것이라고 이해하는데, 이런 그의 이해가 개괄되어 있는 책이다.

_____ (HS) *Homo Sacer : Sovereign Power and Bare Life*, trans. Daniel Heller-Roazen, Stanford, CA : Stanford University Press, 1998. ; *Homo sacer. Il potere sovrano el a nuda vita*, Torino : Einaudi, 1995.(《호모 사케르 : 주권 권력과 벌거벗은 생명》. 박진우 옮김. 새물결, 2008.)

아감벤의 저작들 중에서 가장 영향력이 높고 가장 유명한 텍스트. 이 책은 서양의 법-정치적 사상에 대한 비판에 착수한다. 이 비판은 주권의 역설을 탐구하고 또한 정치 체계로부터 배제되면서 포함되는 형상들을 탐구함으로써 이뤄진다.

_____ ('I am') "'I am sure that you are more pessimistic than I am ...'" : An Interview with Giorgio Agamben', *Rethinking Marxism* 16, no. 2 (April 2004) : 115-24. ; "Une bioplotique mineure," Mathieu Potre-Bonneville et al., (interviewer), *Vecarme*, no. 10(Paris : Vacarme, winter 1999), pp.4-10.

_____ (IH) *Infancy and History : The Destruction qf Experience*, trans. Liz Heron, London : Verso, 1993. ; *Infanzia e storia. Distruzione dell'esperienza e origine della storia*, Torino : Einaudi, 1979.(《유아기와 역사: 경험의 파괴와 역사의 근원》, 조효원 옮김, 새물결, 2010.)

이것도 논문 모음집이다. 책 제목이기도 한 중심 논문은 근대성에서 경험과 경험의 파괴라는 관념을 해명한 중요한 텍스트이다. 이 논문은 특히 임마누엘 칸트와의 교전을, 또 문학에 관해 시사하는 바가 풍부한 논의를 제공한다.

_____ (IP) *The Idea of Prose*, trans. Michael Sullivan and Sam Whitsitt, New York : State University of New York Press, 1995. ;

Idea della prosa, Milano : Feltrinelli, 1985.

철학 텍스트들과 문학 텍스트들 둘 다를 다루는 일련의 범상치 않고 밀도 높은 소론들과 단편들을 모은 책. 프란츠 카프카에 관한 중요한 논의도 포함되어 있다.

_____ ('K') "K," in *The Work of Giorgio Aagamben : Law, Literature, Life*, edited by Justin Clemens, Nick Heron and Alex Murray, Edinburgh : Edinburgh University Press, 2008, pp.13-27. ; "K," in Nudità, Roma : Nottetempo, 2009, pp.33-57.(〈K〉, 《벌거벗음》, 김영훈 옮김, 인간사랑, 2014.)

_____ (LD) *Language and Death : the Place of Negativity*, trans. Karen Pinkus with Michael Hardt, Minneapolis : University of Minnesota Press, 1991. ; *Il linguaggio e La morte. Un seminario sul luogo della negatività*, Torino : Einaudi, 1982.

마르틴 하이데거와 G. W. F. 헤겔의 철학과 씨름한 기이한 책. 언어철학 및 존재의 부정적 기반에 대한 그만의 접근법을 제출한다. 아감벤은 이 기반을 통해 그리고 이 기반을 넘어서 사유하려 한다.

_____ ('M') "Metropolis", Lecture, 16 November 2006.

오디오 파일은 다음에서 찾을 수 있다.

http://archive.globalprojcet.info/art-9966.html

머레이는 아리안나 보브Arianna Bove의 영어 번역본을 사용했다.

http://www.generation-online.org/p/fpAgamben4.htm

〔2006년 11월 16일 이탈리아의 베네치아에서 개최된 '메트로폴리스/다중'
이라는 제목의 심포지엄에서 한 강연〕

_____ (MwE) *Means without End : Notes on Politics*, trans.
Vincenzo Binetti and Cesare Casarino, Minneapolis : University
of Minnesota Press, 2000. ; *Mezzi senza fine*, Torino : Bollati
Boringhieri, 1996. (《목적 없는 수단: 정치에 관한 11개의 노트》, 김상운 · 양
창렬 옮김, 난장, 2009.)
논문 모음집으로, 대부분은 《호모 사케르》에서 더 복잡한 모습으로
출현하게 될 작업에 대한 주석이다. 또한, 《몸짓에 관한 노트》라는 아
감벤의 중요한 논문의 어떤 판본을 비롯해 이탈리아 정치와 미디어에
관한 성찰도 포함되어 있다.

_____ (O) *The Open : Man and Animal*, trans. Kevin Attell,
Stanford, CA : Stanford University Press, 2004. ; *L'aperto. L'uomo
e l'animale*, Torino : Bollati Boringhieri, 2002.
하이데거 검토를 중심으로 서양 사상의 인간학적 기반을 연구한 책.

_____ (P) *Potentialities : Collected Essays in Philosophy*, trans.,
edited Daniel Heller-Roazen, Stanford, CA : Stanford University
Press, 1999.
아감벤의 오랜 경력에서 선별한 일련의 중요 논문들을 모은 책. 아리

스토텔레스, 벤야민, 멜빌 등에 관한 핵심 논문들이 포함되어 있다. 데리다와 들뢰즈에 관한 몇몇 논문들은 그가 직전 세대의 사상가들과 맺고 있는 관계를 이해하는 데 중요하다.

* *La potenza del pensiero, Saggi e conferenze*, Vicenza : Neri Pozza, 2005. 《사유의 역량》. 김상운 · 양창렬 옮김. 도서출판 길. 근간.) 이 판본에는 멜빌의 〈바틀비〉가 수록되어 있지 않고, 몇 편의 논문들이 더 추가됐다.

_____ ('PA') "Philosophical Archaeology", trans. Giulia Bryson, *Law and Critique* (2009) 20 p.211-231. ; "Archeologia filosofica," Signatura rerum, Torino : Bollati Boringhieri, 2008, pp.82-111.《철학적 고고학》. 《사물의 서명》. 양창렬 옮김. 난장. 2014.)

_____ (Pr) Profanations, trans. Jeff Fort, New York : Zone Books, 2007. ; *Profanazioni*, Roma : Nottetempo, 2005.《세속화예찬: 정치미학을 위한 10개의 노트》. 김상운 옮김. 난장. 2010.) 다양한 화두를 논한 논문 모음집. 중심 논문인 〈세속화 예찬〉은 아감벤의 비평적 방법이 지닌 무위의 힘에 관해 명료한 감각을 제공해 준다.〔이 책의 1장 〈게니우스〉는 단행본으로 먼저 나온 적이 있다. Genius, Roma : Nottetempo, 2004.〕

_____ (RA) *Remnants of Auschwitz : The Witness and the*

Archive, trans. Daniel Heller-Roazen, New York : Zone Books, 1999. ; *Quel che resta di Auschwitz. L'archivio ei testimone.* Homo sacer. Vol 3, Torino : Bollati Boringhien, 1998.(《아우슈비츠의 남은 자들: 문서고와 증인》, 정문영 옮김, 새물결, 2012.)

《호모 사케르》 시리즈에 속하는 이 책은, 상호주관적 책임이 아니라 증언의 재현 형식들을 탐구함으로써 제2차 세계대전 후의 윤리를 재사유한다. 단순히 피수용자들의 홀로코스트의 기억에 관한 연구로서 서술되고 있으나, 윤리에 관한 더 넓은 이해와 윤리가 문학과 맺는 관계를 개괄하고 있다.

_____ (S) *Stanzas : Word and Phantasm in Western Culture*, trans. Ronald L. Martinez, Minneapolis : University of Minnesota Press, 1993. ; *Stanze. La parola e il fantasma nelle cultura occidentalle*, Torino : Einaudi, 1977.(《행간》, 윤병언 옮김, 자음과모음, 2015.)

아감벤의 가장 중요한 저작 중 하나로, 구조주의를 포함한 몇 가지 비평 패러다임에 대한 광범위한 비판서이다. 그는 서양 철학을 추동했던 것이 의미에 대한 욕망이라고 주장하는데, 여기서 의미에 대한 욕망과 결부되지 않은 기호학이라는 관념이 개괄된다. 그는 정신분석이라는 방법론과 비판적인 관계를 유지하지만, 이 책은 그가 정신분석과 교전하는 가장 명료한 텍스트이기도 하다.

_____ (SE) *The State of Exception*, trans. Kevin Attell, Chicago

: University of Chicago Press, 2005. ; *Stato di eccezione*. Homo sacer. Vol 2-1, Torino : Bollati Boringhieri, 2003.(《예외상태》, 김항 옮김, 새물결, 2009.)

《호모 사케르》에 관한 후속 연구. 주권적 예외(화)에 관한 더 심층적인 논의를 제시하며, 아감벤의 작업에서 칼 슈미트가 차지하는 장소를 더 확대하여 이해하는 데 중요하다.

_____ (TTR) *The Time That Remains : A Commentary on the "Letter to the Romans,"* trans. Patricia Daly, Stanford, CA : Stanford University Press, 2005. ; *Il tempo che resta. Un commento alla «Lettera ai romani»*, Torino : Bollati Boringhieri, 2000.(《남은 시간: 로마인들에게 보낸 편지에 관한 강의》, 김상운 · 양창렬 옮김, 난장, 근간.)

사도 바울이라는 인물〔형상〕에 관한 자세한 주해. 이 책은 메시아적인 것, 메시아적 시간에 관한 가장 명료한 그림을 제공한다. 또한 아감벤이 기독교의 성서 해석과 문헌학을 사용하는 전형적인 저작이다.

_____ (WA?) *What Is an Apparatus?*, trans. David Kishik and Stefan Pedatella, Stanford, CA : Stanford University Press, 2009. ; *Che cos'è un dispositivo?*, Roma : Nottetempo, 2006.(《장치란 무엇인가? 장치학을 위한 서론》, 양창렬 지음 · 옮김, 난장, 2010.)

논쟁적인 논문들을 모은 아주 짧은 모음집. 수록된 논문들은 현대의 사건들에 관한 아감벤의 입장이 무엇인지에 대해 탁월한 예를 제공한다. 또 그의 고고학적 기술이 유효하다는 것을 강력하게 진술한다.

_____ ('WP') "What is a Paradigm?," *European Graduate School Lecture*, 2002.
http : //www.egs.edu/faculty/Agamben/Agamben-what-is-a-paradigm-2002.html
〔《사물의 표시》(양창렬 옮김, 난장, 2014)에 수록된 〈패러다임이란 무엇인가?〉와 제목이 같으나 세부적인 내용은 약간 다르다. 그 다른 내용은 《사물의 표시》 국역본에 표시되어 있다. 스위스에 소재한 유럽대학원EGS에서 2002년에 한 강의록.〕

2) 추가해야 할 목록(출판 순서)

《내용 없는 인간》: *L'uomo senza contenuto*, Milano : Rizzoli, 1970. (《내용 없는 인간》, 윤병언 옮김, 자음과모음, 2017.)
〔1970년에 출판된 아감벤의 첫 번째 저서. 1994년에 복간됐다. 그는 이 책에서 근대의 예술 작품과 예술가의 관계를 다룬다. 나중의 저작과 비교하면 전통적인 '철학적' 문체로 작성되어 있다고 할 수 있다. 그의 사유가 어떻게 생성되었는지를 이해하는 데 매우 중요한 자료이다.〕

《바틀비: 창조의 정식》: *Bartleby, la formula della creazione*, Macerata : Quodlibet, 1993.
〔영어판에서는 《잠재성들: 철학적 논문 모음집》에 포함되어 있으나, 이후 이탈리아어로 출판된 《사유의 역량》에는 빠져 있다.〕

〈인간과 동물은 빼고〉 : "Sauf les hommes et les chiens," *Libération*, Paris : Libération, Nov. 7, 1995, p.37.

《이미지와 기억》 : *Image et mémoire*, Marco Dell'Omodarme et al., trad., Paris, Hoëbeke, 1998.

[여기에는 특히 〈기 드보르의 영화Le cinéma de Guy Debord〉가 수록되어 있다.]

〈기억과 망각을 잘 사용하기에 관해〉 : "Du bon usage de la mémoire et de l'oubli," trans. Yann Moulier-Boutang, in Toni Negri, *Exil*, trans. François Rosso et al. Paris : Mille et une nuits, 1998, pp.57-60.

〈국가와 테러: 비밀스런 공범관계〉 : "Stato e terrore : Un abbraccio funesto," *Il manifesto*, Roma : Il manifesto, Oct. 27, 2001, extra(Alias), p.8.

〈예외상태〉 : "L'état d'exception," trans. Martin Rueff, *Le monde*, Paris : Le monde, Dec. 12, 2002, pp.1, 16.

〈삶, 저자 없는 예술작품〉 : "Das Leben, ein Kunstwerk ohne Autor," Ulrich Raulff (interviewer), *Süddeutsche Zeitung*, München : Süddeutscher Verlag, Apr. 6, 2004, p.16.

《우정》: *L'amico*, Roma : Nottetempo, 2007.

《님프》: *Ninfe*, Torino : Bollati Boringhieri, 2007.

《왕국과 영광: 경제와 통치의 신학적 계보학을 위해》: *Il regno e la gloria. Per una genealogia teologica dell'economia e del governo*, Vicenza : Neri Pozza, 2007[Torino : Bollati Boringhieri, 2009].(《왕국과 영광》, 박진우 · 정문영 옮김, 새물결, 2016.) «호모 사케르» 시리즈 2-2.

《동시대인이란 무엇인가》: *Che cos'è il contemporaneo?*, 2007.

《사물의 표시: 방법에 관하여》: *Signatura rerum*, Torino : Bollati Boringhieri, 2008.(《사물의 표시 : 방법에 관하여》, 양창렬 옮김, 난장, 2014.) 〔〈패러다임이란 무엇인가?〉, 〈표시론〉, 〈철학적 고고학〉이 수록되어 있다.〕

《언어의 성사: 맹세의 고고학〉: *Il sacramento del linguaggio. Archeologia del giuramento*, Roma/Bari : Laterza, 2008. «호모 사케르» 시리즈 2-3.(《언어의 성사 : 맹세의 고고학》, 정문영 옮김, 새물결, 2012.)

〈테러리즘 혹은 비극 – 희극〉: "Terrorisme ou tragi-comédie,"

trans. Martin Rueff, *Libération*, no. 8566, Paris : Libération, Nov. 19, 2008, p.36.

〈민주주의라는 개념에 관한 권두 노트〉; "Note liminaire sur le concept de démocratie," in *La démocratie, dans quel état?*, Paris : La Fabrique, 2009, pp.9-13. (〈민주주의라는 개념에 관한 권두 노트〉, 《민주주의는 죽었는가?》, 김상운 · 양창렬 · 홍철기 옮김, 난장, 2010.)

《벌거벗음》: *Nudità*, Roma : Nottetempo, 2009. (《벌거벗음》, 김영훈 옮김, 인간사랑, 2014.)

《말할 수 없는 소녀》: *La ragazza indicibile. Mito e mistero di Kore*, con Monica Ferrando, Milano : Mondadori Electa, 2010. ; *The Unspeakable Girl : The Myth and Mystery of Kore.* Seagull Books, 2014.(《말할 수 없는 소녀》, 지은현 옮김, 꾸리에, 2017.)

《교회와 왕국》: *La Chiesa e il Regno*, Roma : Nottetempo, 2010. (〈교회와 왕국〉, 김운찬 옮김, 《문학과 사회》, 2014년 겨울호(제27권, 제4호, 통권 108호), 2014, 453-465쪽.)

《극빈: 수도원의 규칙과 삶의 형태》: *Altissima povertà. Regola e forma di vita nel monachesimo*, Vicenza : Neri Pozza, 2011. 《호모 사케르》 시리즈

《오푸스 데이: 성무의 고고학》: *Opus Dei. Archeologia dell'ufficio*, Torino : Bollati Boringhieri, 2012. «호모 사케르» 시리즈 2-5.

《악의 신비》: *Il mistero del male*, Roma/Bari : Laterza, 2013.

《빌라도와 예수》: *Pilato e Gesú*, Roma : Nottetempo, 2013. ; *Pilate and Jesus*. trans. Adam Kotsko, Stanford University Press, 2015.(《빌라도와 예수 : 죽은 자와 죽임을 당한 자》, 조효원 옮김, 꾸리에, 2015.)

《명령이란 무엇인가?》: *Qu'est-ce que le commandement?*, Joël Gayraud, Paris : Rivages, 2013.

《불과 이야기》: *Il fuoco e il racconto*, Roma : Nottetempo, 2014. (《불과 글》, 윤병언 옮김, 책세상, 2016.)

《신체의 사용》: *L'uso dei corpi*, Vicenza : Neri Pozza, 2014. «호모 사케르» 시리즈 4-2. 〔〈비정립적 역량 이론을 위한 개요Elementi per una teoria della potenza destituente〉(김상운 옮김, 《문화/과학》, 2014년 겨울호(통권 80호), 274~296쪽)은 이 책의 마지막 장이기도 하다.〕

《내전: 정치적 패러다임으로서의 내전》: *Stasis. La guerra civile come paradigma politico*, Torino : Bollati Boringhieri, 2015. ; *Stasis : Civil War as a Political Paradigm*, Stanford University

Press, 2015.

3) 《호모 사케르》 시리즈 목록

I-1. 《호모 사케르: 주권 권력과 벌거벗은 생명》, 박진우 옮김, 새물결, 2008. ; *Homo sacer. Il potere sovrano el a nuda vita*, Torino : Einaudi, 1995.

II-1. 《예외상태》, 김항 옮김, 새물결, 2009. ; *Stato di eccezione*, Torino : Bollati Boringhieri, 2003.

II-2. 《내전: 스타시스, 정치의 패러다임》, 조형준 옮김, 새물결, 2017. ; Stasis. La guerra civile paradigma politico, 2015.

II-3. 《언어의 성사: 맹세의 고고학》, 정문영 옮김, 새물결, 2012. ; *Il sacramento del linguaggio. Archeologia del giuramento*, Roma/ Bari : Laterza, 2008. 《호모 사케르》 시리즈 2-3. ;

II-4. 《왕국과 영광: 오이코노미아와 통치의 신학적 계보학을 향하여》, 박진우 · 정문영 옮김, 새물결, 2016: *Il regno e la gloria. Per una genealogia teologica dell'economia e del governo*, Vicenza : Neri Pozza, 2007[Torino : Bollati Boringhieri, 2009].

II-5. 《오푸스 데이: 성무의 고고학》 : *Opus Dei. Archeologia dell'ufficio*, Torino : Bollati Boringhieri, 2012.

III. 《아우슈비츠의 남은 자들: 문서고와 증인》, 정문영 옮김, 새물결, 2012. ; *Quel che resta di Auschwitz. L'archivio ei testimone. Homo sacer*. Vol 3, Torino : Bollati Boringhien, 1998.

IV-1. 《극빈: 수도원의 규칙과 삶의 형태》 : *Altissima povertà. Regola*

e forma di vita nel monachesimo, Vicenza : Neri Pozza, 2011.

IV-2.《신체의 사용》: *L'uso dei corpi*, Vicenza : Neri Pozza, 2014.

| 아감벤에 관한 2차 문헌 |

아감벤이 현대 사상의 핵심 사상가 중 한 명으로 실제로 명성을 갖게 된 것은 겨우 10년 정도의 일일 뿐이다. 현대 사상의 무대에 그가 이처럼 상대적으로 뒤늦게 등장한 결과, 아감벤에 관한 2차 문헌은 질적으로 고르지 못하며, 분명한 패턴이나 핵심 논평가들을 앞으로도 계속 발굴해야 한다. 아래에 나열된 저작들 외에도 출판 준비 중인 책이나 최근 출판된 책들이 있다. 아감벤에 관한 세 권의 논문집과 세 개의 잡지 특별호는 대부분《호모 사케르》에 초점을 맞추고 부정적인 어조로 말하고 있으나, 각 논문에서 교전하는 것은 그 범위가 꽤 분산되어 있다. 아감벤을 탐구하는 데 이 문헌들이 취하는 특별한 방침을 따르겠다고 한다면, 이 문헌들 전체를 읽기보다는 개별 논문들을 읽어야 할 것이다. 본서에서 인용한 특정한 논문들에 관해서는 인용 문헌에 적어 뒀다.

단행본

Deladurantaye, L. (2009) *Giorgio Agamben : a Critical Introduction*, Stanford, CA : Stanford University Press.

Mills, C. (2008) *The Philosophy of Giorgio Agamben*, Stocksfield

: Acumen Press.

논문집

Calarco, Matthew and Decaroli, Steve (eds) (2007) On *Agamben : Sovereignty and Life*, Stanford, CA : Stanford University Press.

Clemens, Justin, Heron, Nick and Murray, Alex (eds) (2008) *The Work of Giorgio Agamben : Law, Literature, Life*, Edinburgh : Edinburgh University Press.

Norris, Andrew (ed.) (2004) *Politics, Metaphysics, and Death : Essays on Giorgio Agamben's 'Homo Sacer'*, Durham, NC : Duke University Press.

잡지 특집호

Bailey, Richard, Mcloughlin, Daniel and Whyte, Jessica (eds) (forthcoming) *Form of Life : Agamben*, Ontology, Politics, Special issue of Theory & Event.

Contretemps 5 (2004) http : //www.usyd.eclu.au/contretemps/ contretemps5.html

Paragraph 25 , no. 2 (2002).

Ross, A. (ed.) (2008) *The Agamben Effect*, Special issue of South Atlantic Quarterly 107, no. 1.

| 참고문헌 |

Adorno, T. (1955) 'Cultural Criticism and Society', *Prisms*, trans. Shierry Weber Nicholson and Samuel Weber, Cambridge, MA : MIT Press.

Antelme, R. (1992) *The Human Race*, trans. Jeffrey Haight and Annie Mahler, Marlboro, VT : Marlboro Press.

Baugh, B. (2003) *French Hegel : From Surrealism to Postmodernism*, London : Routledge.

Beckett, S. (1982) *Company*, London : Calder.

Benjamin, W. (1968) *Illuminations*, trans. Harry Zohn, New York : Schockcn Books.

_____ (1996) *Selected Writings*, vol. 1 : 1913-26, edited by Marcus Bullock and Michael W. Jennings, trans. David Lachterman, Howard Eiland and Ian Balfour, Cambridge, MA : Belknap Press.

_____ (1998) *The Origin Of German Tragic Drama*, trans. John Osborne, London : Veso.

_____ (1999) *The Arcades Project*, trans. Howard Eiland and Kevin McLaughlin, Cambridge, MA : Belknap Press.

_____ (2000) 'Franz Kafka', *Selected Works*, vol. 2, edited by Howard Eiland and Michael Jennings, Cambridge, MA : Belknap Press, pp.794-818.

de Boever, A. (2009) 'Agamben and Marx : Sovereignty, Governmentality, Economy', *Law and Critique* 20, no. 3 : 259-79.

Carroll, L. (1998) *Alice in Wonderland and Through the Looking Glass*, London : Penguin.

Debord, G. (1995) *The Society of the Spectacle*, trans. D. Nicholson-Smith, New York : Zone Books.

Deladurantayc, L. (2000) 'Agamben's Potential', *Diacritics* 30, no. 2: 3-24.

Deleuze, G. (2008) *Cinema I : The Movement Image*, trans. H. Tomlinson and B. Habbcrjam, London: Continuum.

Derrida, J. (1976) *Of Grammatology*, trans. G. Chakravorty Spivak, Baltimore, MD: Johns Hopkins University Press.

_____ (1982) *Margins of Philosophy*, trans. Alan Bass, Brighton, UK : Harvester Press.

Dubreuil, L. (2006) 'Leaving Politics: Bios, zoē, Life', *Diacritics* 36, no. 2: 83-98.

Fitzmeyer, J. (2007) *The One Who Is to Come*, Grand Rapids, Ml: Eerdmans.

Foucault, M. (1977) 'Nietzsche, Genealogy, History', in Donald Bouchard (ed.) *Language, Counter-Memory, Practice,* Ithaca, NY: Cornell University Press.

_____ (1997) 'The Birth of Biopolitics', *The Essential Works of Michel Foucault, vol. I : Ethics: Subjectivity and Truth*, edited by Paul Rainbow, New York : New Press.

Franchi, S. (2004) 'Passive Politics', Contretemps 5: 30-1.

Hegel, G. W. F. (1977) *Phenomenology of Spirit*. Trans A.V. Miller, Oxford: Oxford University Press.

Heidegger, M. (1971) *Poetry, Language, Thought*, trans. A. Hofstadter, New York : Harper & Row.

_____ (1978) *Being and Time*, Oxford : Blackwell, 1978.

_____ (1993) *Basic Writings*, rev., exp. edn, edited by David Farrell Krell, Abingdon : Routledge.

Joris, P. (1988) Translator's preface to Maurice Blanchot, *The Unavowable Community, Barrytown*, NY : Barrytown/Station Hill Press.

Joyce, J. (1992) *Ulysses*, London: Penguin.

_____ (2000a) *Finnegans Wake*, London : Penguin.

_____ (2000b) *Dubliners*, London : Penguin.

Kafka, F. (1983) *The Penguin Complete Novels of Franz Kafka*, London:

Penguin.

_____ (1992) *Metamorphosis and Other Stories*, edited, trans. M. Pasley, London : Penguin.

_____ (2002) *The Great Wall of China and Other Short Works*, edited, trans. M. Pasley, London : Penguin.

Kant, I. (1965) *Critique of Pure Reason*, trans. Norman Kemp Smith, New York : St Martin's Press.

Kittler, F. (2003) 'Man as a Drunken Town-Musician', *MLN* 118: 637-52.

Laclau, E. (2007) 'Bare Life or Social Indeterminacy', in Matthew Calarco and Steven Decaroli (eds) *On Agamben: Sovereignty and Life*, Stanford, CA : Stanford University Press.

Laclau, E. and Mouffe, C. (1985) *Hegemony and Socialist Strateay : Towards a Radical Democratic Politics*, London : Verso.

Levitt, D. (2008) 'Notes on Media and Biopolitics: "Notes on Gesture"', *The Work of Giorgio Aagmben: Law, Literature, Life*, edited by Justin Clemens, Nick Heron and Alex Murray, Edinburgh : Edinburgh University Press.

Marx, K., with Engels, F. (1983) *Selected Works*, vol. I, Moscow: Progress Press.

_____ (1998) *The German Ideology*, New York : Prometheus.

Melville, H. (2003) *Billy Budd and Other Stories*, London : Penguin.

Michaud, P. (2004) *Aby Warburg and the lmage in Motion*, trans. Sophie Hawkes, New York : Zone Books.

Mill, J. S. (1996) 'Nationality', in *Nationalism in Europe*, 1815 to the Present, edited by Stuart Woolf, London : Routledge.

Mills, C. (2008) 'Playing with Law: Agamben and Derrida on Postjuridical Justice', *South Atlantic Quarterly*, no. 1 : 1 5-36.

Murray, A. (2008) 'Beyond Spectacle and the Image : The Poetics of Guy Debord and Agamben', in Justin Clemens, Nick Heron and Alex Murray (eds) *The Work of Giorgio Agamben : Law, Literature, Life*, Edinburgh: Edinburgh University Press.

Negri, A. (2003) 'The Ripe Fruit of Redemption', Review of Giorgio Agamben, *The State of Exception, II Manifesto - Quotidiano Comunista* (26 July) (in Italian). Trans. Arriana Bove at: http://www.generation-onlinc.org/t/negriAgamben.htm (accessed 12 Mar 2008).

Rajaram Kumar, P. and Grundy-Warr, C. (2004) 'The Irregular Migrant as Homo Saccr: Migration and Detention in Australia, Malaysia and Thailand', *International Migration* 42, no. : 32-64.

Ross, A. (2008) Introduction to *The Agamben Effect*, Special issue of South Atlantic Quarterly 107, no. I : 1-12.

Schmitt, C. (2005) *Political Theology: Four Chapters on the Concept of Sovereignty*, trans. George Schwab, Chicago: University of Chicago Press.

Scholem, G. (1971) *The Messianic Idea in Judaism and Other Essays on Jewish Spirituality*, London : Allen & Unwin.

Thurschwell, A. (2005) 'Cutting the Branches for Akiba: Agamben's Critique of Derrida', in Andrew Norris (ed.) Politics, Metaphysics, and Death: Essays on Giorgio Agamben's 'Homo Sacer', Durham, NC : Duke University Press.

Tiedemann, R. (1999) 'Dialectics at a Standstill', trans. Howard Eiland and Kevin McLaughlin, in W. Benjamin (ed.) *The Arcades Project*, Cambridge, MA: Belknap Press.

Vaughan-Williams, N. (2007) 'The Shooting of Jean Charles de Menezes: New Border Politics?', *Alternatives* 32: 1 77-95.

Williams, W. C. (1951) *The Autobiography of William Carlos Williams*, New York: Random House.

_____ (2000) Selected Poems, London: Penguin.

_____ (nd) 'William Carlos Williams', Pennsound, Center for Programs in Contemporary Writing, University of Pennsylvania, website. http://www.writing.upenn.edu/pennsound/x/Williams-WC.html

Yeats, W. B. (1992) *Collected Poems*, edited by Augustine Martin, London: Vintage.

조르조 아감벤

2018년 10월 20일 초판 1쇄 발행

지은이 | 알렉스 머레이
옮긴이 | 김상운
펴낸이 | 노경인·김주영

펴낸곳 | 도서출판 앨피
출판등록 | 2004년 11월 23일 제2011-000087호
주소 | 우)07275 서울시 영등포구 영등포로 5길 19(37-1 동아프라임밸리) 1202-1호
전화 | 02-336-2776   팩스 | 0505-115-0525
전자우편 | lpbook12@naver.com

ISBN 978-89-92151-34-6   04160